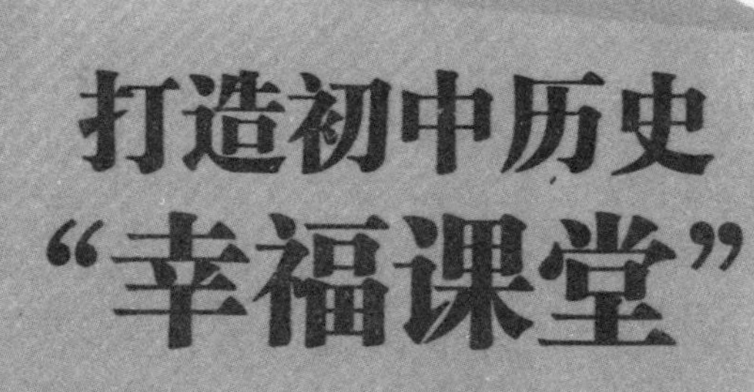

打造初中历史“幸福课堂”

DAZAO CHUZHONG LISHI XINGFU KETANG

主　编　李荣学
副主编　韦云凌　郝燕虹
编　委　王进荣　唐咸斌　覃　静　曾海玲
　　　　黄　莉　王海英　吴春艳　葵柳春
　　　　覃汉宽　温景安　覃远平

岳麓書社·长沙

序

世纪之交的2001年，国家新一轮基础教育课程改革全面推开，柳州市初中历史教师的同行们乘着课程改革的东风，迎着课程改革的大潮扬帆起航。十年来，他们在风雨中前行，在前行中成长，在课改中取得了丰硕的成果。在党的十八届三中全会提出深化教育领域综合改革的大背景下，柳州市教科所历史教研员李荣学老师以高度的使命感提出了旨在促进初中历史教师转变教学方式和学生转变学习方式的“初中历史学科打造‘幸福课堂’，建构‘五个一’教学模式研究”的课题。“五个一”即：“讲述一个故事，激发学生兴趣”，“发出一阵笑声，营造课堂气氛”，“设计一个情境，让学生有效参与教学”，“提出或解决一个深层次问题，促成课堂生成”，“设置一个教学悬念，促进学生发展”。

这一课题的设计由于贴近课堂、贴近学生、贴近教师，激起了广大历史教师的极大兴趣，吸引了全市30多所学校200多名教师参加。参研教师既有市区骨干，也有乡村教师，不论专业起点高低，大家都站在同一起跑线上，互相扶持、城乡共进，在课题研究中累并快乐着：大家为一个个纠结于心的问题逐渐破解而欢喜，为绞尽脑汁调整课题设计的偏差而忙碌，为预设实验步骤及现象的一步步被证实而雀跃。日常繁忙的教学消磨不去他们对教学研究的热情，近四年的潜心耕耘换来了这本来之不易的集子。这是一本教育科研的成果集，也是一盘充满乡土气息的水果拼盘。从专家的高度看和专业的角度看，它显得那么的稚嫩和青涩。他们的论述也许还嫌粗浅，缺乏理论高度，却是经过教学一线摔打的成果，是参研教师领悟的升华，是可贵探索的结晶。愿这本集子的出版能激励参研教师们以及更多的初中历史教师继续深化研究，探索出更多提高初中历史教学质量的新路子。

教学科研没有止境，愿教育的执炬者们整装待发，继续前行。

湖南省长沙市教育科学研究院副院长、中学特级教师、湖南师范大学历史文化学院硕士生导师　雷建军

2015年8月

目 录

第一篇

理论探究

借力课题研究，推进初中历史课程改革

——对“初中历史学科打造‘幸福课堂’，建构‘五个一’教学模式”课题研究的思考

柳州市教育科学研究所　李荣学

世纪之交开始的基础教育课程改革极大地促进了教师和学生学习方式的转变，虽取得了丰硕的理论和实践成果，同时也遇到一些阻碍课程改革向纵深发展的问题。为了在课程改革的路上走得更远，我们针对柳州市初中历史课程改革存在的问题，从2011年上半年开始，扎实开展了“初中历史学科打造‘幸福课堂’，建构‘五个一’教学模式”的课题工作。几年来，在自治区教育科学规划领导小组的帮助和支持下，在全体参研教师的共同努力下，我们初步探索出一种符合我市初中历史教学实际的教学模式——“五个一”教学模式，找到了一条适合我市初中历史教师专业发展、提高我市初中历史学科教育教学质量的途径。在本课题的研究过程中，我们深深地感到：以科研课题为引领，通过借力课题研究，有助于学科的建设和发展。下面我从为什么要开展本课题的研究、怎样开展本课题的研究、本课题研究取得的成效以及本课题的研究所引发的思考四个部分进行阐述。

第一部分 为什么要开展本课题的研究

一、课题提出的背景

新一轮基础教育课程改革于2001年9月正式启动，柳州作为最早的全国课改38个国家实验区之一参加了首轮课改。十年的改革取得了丰硕的成果，如在新课程改革理念的指导和专家的培训下历史教师的观念得到了进一步的更新，教师的教学方式和学生的学习方式有了一定的改变：课堂上教师讲得少了，学生参与得多了；课堂气氛沉闷的少了，活跃的多了；个体学习的少了，小组合作的多了；教教材的少了，用教材教的多了。部分教师在长期的教学实践中，还探索出一些教学模式。但是也存在一些制约我市初中历史教育质量提高的因素：一是通过十年的改革大部分教师对课程改革产生了疲惫心理。二是中考命题权下放地市以后，在是否将历史学科列入中考范围这一问题上我市的政策出现了摇摆和反复，在2001年至2002年短期列入中考范围后又取消了八年，至2010年才再度列入中考范围。由于中考政策的摇摆不定，初中历史教师队伍建设受到较大冲击，新的专业教师进不来，原有的骨干教师改行或流失。初中历史教师的非专业化问题非常严重，市区初中历史教师的专业化程度也仅为50%左右，六县初中历史专业教师人数更是不及历史任课老师的10%。三是教师专业知识欠缺，对教材的开发能力差，视教材为“圣经”，不敢进行必要的拓展延伸。四是教师观念和教学方法陈旧。“满堂灌”和照本宣科的依然不少。师生互动机械肤浅，学生参与流于形式，问题设计时浅时深，小组探究有名无实，课堂气氛活而无序，教学形式盲目求新。

教师在课堂上应该怎么讲？学生在课堂上应该怎么学？课

堂上应该建立什么样的师生关系？如何建立？课堂上创设什么样的情境学生才乐于参与？怎么样设计教学问题？如何在课堂中有效运用“讲历史故事”这一学生喜闻乐见的教学方式？围绕以上问题，我们召集部分初中教师座谈，在基于课改理念和教师多年实践的基础上，提出了旨在促进教师转变教学方式、学生转变学习方式的“初中历史学科打造‘幸福课堂’，建构‘五个一’教学模式”的课题。“五个一”即：“讲述一个故事，激发学生兴趣”，“发出一阵笑声，营造课堂气氛”，“设计一个情境，让学生有效参与教学”，“提出或解决一个深层次问题，促成课堂生成”，“设置一个教学悬念，促进学生发展”。

在通过历史故事组织有效课堂的研究方面，国内近年来已有同类研究并取得一些成果，发表的文章主要有：祁国领《运用历史故事提高教学效果》（《青海教育》2006 年第 7~8 期），陈向青《“故事时间”教学实践初探》（《历史教学》2004 年第 1 期），谢琳霞、张冠科《历史故事在教学中的运用》（《宁夏教育》1999 年第 7~8 期），宋积新《运用历史故事激发学习兴趣》（《青海师专学报》2006 年第 3~4 期）等。

但这些成果多集中在研究这一课题的重要意义及基本操作方式上，主要成果是探究出一些实际操作的途径，如学生讲故事、教师创设故事情境、多媒体展现故事等。这些研究成果认为：第一，让学生通过搜集历史故事、讲述历史故事、交流历史故事来组织历史课堂，可以激发学生学习历史的兴趣。第二，教师可以通过历史故事创设情境来解决实际教学问题、突破教学重点难点，达到预定的教学目标。教师通过挖掘身边的历史故事，可以让学生知道历史无处不在，提高学生对历史的理解能力，还可以利用历史小故事，对学生进行励志教育、爱国教育等。第三，利用现代化教育技术展现历史故事场面，设置问题，引导学生探究历史、融入历史、感悟历史。

但也应看到，专门针对历史学科的教学故事编写及教学策略的研究仍是空白。在浩如烟海的“史海”中选择哪些史实，如何编写历史故事使之与教学内容适配，不同类别的故事适用何种教学实施策略，等等这些方面的研究，目前仍是一片空白。

我们的课题也直击“情境教学”这一热点。关于情境教学的研究可谓源远流长。在国外，情境教学甚至可以追溯到古代希腊。古希腊哲学家、教育家苏格拉底常常给学生创造一定的问题情境；法国启蒙主义思想家卢梭在《爱弥儿》中记载了情境教学的事例。而近代最早在教育学意义上运用“情境”的是美国教育学家杜威，他说：“教学过程必须首先创设情境，依据情境确立目的，利用教学情境引起学生的学习动机。”苏联教育家苏霍姆林斯基也对情境教学作了有益的实践和开拓。

我国当代有不少学者和教师都对情境教学作过理论探究和实践探究，其中江苏省南通师范学院第二附属小学特级教师李吉林取得了令人瞩目的成果。她的语文课堂讲究创设各种教学情境，调动学生的积极情绪，强调兴趣的培养，从根本上提高教学的科学性和艺术性。依据实践，她创立了中小学语文情境教学理论体系及操作体系，被誉为“开创了我国情境教学的新局面”。

近年来，我国教育界对于情境教学的研究，从内容上看，有的侧重于情境教学的种类研究，如佘玉春的《新课改背景下的情境教学》（《上海教育科研》2004年第7期）将情境教学分为启动思维式情境教学、主题式情境教学、“助兴”式情境教学等；有的侧重于情境教学策略的研究，如李京雄《情境教学的策略研究》（《教育探索》2005年第5期）；有的侧重于情境教学在学科领域的理论应用和实践研究。

新课改实施以来，情境教学便成为热门话题，也迅速被广大中学历史教师认同和接受。这是因为情境教学在历史学科的运用，更有它得天独厚的条件和优势：一是历史学科拥有无比丰富的课程资源，这为实施情境教学提供了可能性。二是历史课程是研究过去的课程，它的教学内容具有“过时”性，历史不可重复，却可以合理想象，这使实施情境教学具有了必然性。三是历史教学的直观、形象、生动、活泼、有趣等要求，为实施情境教学提供了必要性。

但是，当下历史教师对情境教学的实践研究也具有一定的局限性，主要表现在：研究内容偏重创设历史情境的方法和手段的种类、情境创设在历史教学中所起到的重要作用等，而对结合教学实际，揭示所创设的教学情境的方法和手段的合理性和有效性，尤其是在创设教学情境中关注到学生的“学”所起到的效果等方面的研究则比较匮乏。也就是说，目前的研究在回答怎样创设教学情境方面做得很充分，而从学生参与教学的角度解释为什么采用这种（些）方法来创设情境的研究则比较苍白，也没有提炼出规律性的经验。为此，我们在研究方向上另辟蹊径，选择以探究“能促进学生有效参与课堂教学的教学情境创设”为切入点开展课题研究，以期运用现代教育思想和教育理念，寻找历史情境教学的有效方法，总结情境创设的合理性，从中发现规律，探寻适合学生更好地“学”的方法。

本课题还重点关注课堂生成与历史问题设计的关系。在这方面，国内同期正在进行的相关研究及公开的成果有：桐乡市第六中学课题组“历史与社会课堂有效提问的行动研究”（桐乡市第六中学网站）；《历史课堂教学提问的技能（上、下）》（文章来源：新课程教育资源网），总结了提问的技能、提问的功能、提问技能的类型等；袁璐《初中历史课堂有效性问题设计的思考》（顾路中学学科网站）等。

《国内外历史教学的现状和发展趋势》中提到，国外有特色的、与科学设计历史问题有关的教学方法是融接受学习与发现学习于一体的问答法。此法在英国、美国和前苏联中学历史教学中运用广泛。在英国，历史教学中的提问，一般有以下 11 种问题类型：关于历史年代的问题；关于历史人物姓名的问题；关于解释历史事件的问题；推测性的问题；要求学生身入其境、设身处地地回答历史问题；关于历史事件原因与结果的问题；解释史料；关于史料的真实性的问题；隐藏性的问题，即“猜想教师的想法”；综合性问题；控制课堂教学气氛的问题。在美国，历史教师在运用问题法进行教学时，非常注意所提问题的性质，把问题分为四类：认知记忆型问题、集中型问题、分歧型问题、评价型问题。除了英国与美国历史教师常用的问题形式外，前苏联的历史教师进一步发展出了“问题性的叙述法”。

本课题关于历史问题设计的研究力图做出以下突破：突出学科特点，在历史课堂教学中，发挥历史学科人文教育色彩浓厚、课程资源丰厚的优势，着力于有效编写和运用历史故事，努力营造有利于学生参与课堂的教学气氛，激发学生学习历史学科的兴趣，科学设计问题以培养学生的历史思维能力，培养学生正确的价值观、人生观，构建适合本市初中历史学科特点的教学模式，提升历史教师的专业素养和师生课堂学习的幸福指数，提高历史学科的教育教学质量。

本课题的落脚点是探索一套适合本市教学实际的历史课堂教学模式。近年来全国中学历史课堂教学模式的研究比较活跃，且取得了一定的成绩，如北京赵兴义的《高中历史单元目标教学实验的初步体会》，陈汉忠等的《高中历史合作教学模式实验研究》，曹家鹜、李峻的《组织学生主持历史专题课的尝试》，北京市西城区教研中心历史室的“高中历史复习模式探讨”、“历史课试题讲评新路”等课题。但它们也存在一些问题：一是研究的学段侧重高中阶段，二是研究的目的主要是应付考试，三是研究的课型主要是复习课型，四是对课程资源的开发研究不够，五是某些经验不太适合本市初中历史课堂的教学需要。

二、本课题研究的意义和价值

1. 该课题的研究可以深化初中历史新课程的实施

经过十年课改，广大历史教师在课程改革的实践中取得了不少的成绩，如进行了许多新的教学方法和教学模式的探索。但是，目前我市初中历史课堂教学中也还存在不少问题：多年未列入中考，教学质量参差不齐；历史教师的成就感低下；专业教师不足；课程资源匮乏；教学难度加大；学生主动性不足；教师厌教、学生厌学等教育厌倦现象不同程度的存在等。

基于以上我市教师队伍状况、课堂教学实际存在的问题以及国内外当前的相关研究现状，我们以本课题研究为突破口，努力促进我市历史学科课改和教学健康、深入发展。

2. 该课题的研究可以丰富柳州市 “幸福教育工程”的内涵

2010 年柳州市教育局提出了“打造亮点工程，推进幸福工程”，以深化我市教学改革，提高教学质量，提升师生幸福指数。而现状是很少有人会问上课的老师“这堂历史课你觉得幸福吗”，取而代之的是“这堂历史课你上得成功吗”。也很少有人问上课的学生“这堂历史课你觉得幸福吗”，取而代之的是“这堂历史课你学到了什么”。我们的历史课堂似乎远离幸福的滋润，仅成为生硬而遥远的历史事实的铺陈场所。事实上，历史课堂应当因丰富而真实的人物和事件而闪现最真实的人生活力，流淌最精彩的生命激情，让学生在历史课堂中迸发出浓厚的学习兴趣，丰富他们的情感体验，提升他们的人生感悟，让历史课堂充满知性的光辉和感性的起伏。这样的课堂才是师生共励的生态过程，才是真正幸福的课堂。

3. 该课题的研究可以激发广大教师研究的积极性，提高教师的研究水平

本课题是一项应用操作型研究，选题贴近教师、贴近学生、贴近课堂，是广大教师在日常教学中经常遇到也比较关心的，甚至有一部分教师也正在进行实践探究。该课题的理论要求不高，而通过本课题的研究，可以打破广大教师对教育科研活动的神秘感，提升广大教师的研究能力和研究水平。

4. 该课题的研究可以丰富历史课程资源

课程资源的开放也是新课程改革所提出的一个重要理念。历史新课程之路要继续走好，建立丰富的课程资源是重要保证。历史故事资源的丰富性和适应性对于转变课程功能和学习方式具有重要意义。一方面，历史故事可以超越狭隘的教材内容，让师生的生活和经验进入教学过程，让教学“活”起来。另一方面，历史故事可以改变学生在教学中的地位，从被动的知识接受者转变成知识的共同构建者，从而激发学生的学习积极性和主动性。同时，还可以开阔教师的教育视野，转变教师的教育观念，从而更好地激发教师的创造性智慧。可以说，历史故事作为课程资源的作用比以往都更加重要了。然而广大历史教师很少意识到历史故事可以作为课程资源，这就更加凸显了历史故事作为课程资源

开发利用的重要性和紧迫性。而创设历史情境的研究将促使初中历史教师在教学中有目的有意识地去创设符合学生特点和学生实际的生动、具体的教学情境，调动学生的感官，使学生积极参与教学活动，在情境中认识历史、体验历史、感悟历史，从而达到教师教学更有效、学生学习更幸福的双赢目的。

5. 该课题研究能够切实提升教学效率和教学有效性

长年辛勤耕耘于教学一线的广大教师，常常因为学科教学任务烦琐、责任重大而产生职业倦怠，这对提升教学有效性是十分不利的。广大历史教师渴望有一套能够帮助他们提高教学效率、提升职业幸福感的教学方法。本课题研究预期的最大突破就在于专门针对历史学科的教学特点和教学要求，进行故事编讲、情境创设、问题设计等方面的研究，并通过实践摸索出适用的教学策略，最终形成适合本地特色的教学模式。

例如，科学设计课堂提问是有效拓展学生思维的重要手段。多年的教学实践表明：教师若能在课堂上不失时机地提出高质量的问题，就犹如一石激起千层浪，能激起学生思维的火花，提高学生分析问题、解决问题的能力。课堂提问的优化设计，已作为专门的教学艺术，越来越受到国内外教育界的重视。因此，充分发掘课堂提问的功能，精心设计课堂提问，理应成为初中历史教师的必备技能。本课题在这方面做了大量探索。

第二部分　怎样开展本课题的研究

一、理论依据充分而科学

我们的课题研究具有鲜明的科学性。开展课题研究的主要理论依据有：

1. 课程改革的政策和理念

2001 年教育部制定的《基础教育课程改革纲要（试行）》明确了基础教育改革的目标，为本课题的研究提供了政策依据。《全日制义务教育历史课程标准（实验稿）》提出：“历史课程改革，应有利于转变学生的学习方式，倡导学生积极主动地参与教学过程，勇于提出问题，学习分析问题和解决问题的方法。”“历史课程改革应有利于促进教师转变教学方式，树立以学生为主体的教学观念，鼓励教师创造性地探索新的教学途径。……为学生营造一个兴趣盎然的良好环境，激发学生学习历史的兴趣。”历史课程改革的基本理念为研究指明了方向。

2. 多元智能理论与建构主义理论

多元智能理论认为，每个人的智能是多元的，并有自己独特的智能组合。不同的教师在知识结构、智慧水平、认知风格等方面存在着重大差异，就历史课堂而言，有的教师擅长编讲故事，有的教师擅长营造气氛，有的教师擅长设计问题，有的教师擅长激趣导行。正是因为这些差异，教师队伍各具特色，形成不同的教学个性。我们的研究正是立足和利用这些差异，努力探索出使这些风格和特色得到更好发挥的教学模式。

建构主义的教学观念认为：学生是学习的主体，教师不能代替学生学习；教学是激发学生建构知识的过程；教师是学生学习的引导者、辅助者、资料提供者；教学活动体现为合作、探究方式；教学应该注重过程而不是结果；学生的学习不仅限于教科书。

3. 行动研究理论

行动研究理论是指在客观、真实的环境中运用多种研究方法和技术手段进行研究，由实践工作者与理论研究者共同参与，使研究成果为实践工作者理解、掌握和应用，从而达到解决实际问题、改变社会行为之目的的理论模式。就教育研究而言，它是融教育理论与实践为一体的教育研究方法。理论与实践联系、研究与行动结合、在研究中改进行动是教师行动研究的特征。教师进行行动研究也需要一定的工具和科学的程序，教师在自省的计划、实施、反思的行动研究的进程中，不断审视自己的实践知识和教学行为，不仅能够提高教学质量，而且能够使教师个人的、缄默的、隐性的实践知识转变成供他人分享的、明确的公共知识，促进自己教学理论的创生与建构，逐步摆脱外来的“权威理论”束缚和禁锢。

二、选择切合实际的研究方法

1. 行动研究法：在研究过程中，不断探索我市初中历史教师的课堂教学研究实践，使理论与实践有机结合。

2. 调查法：通过设计调查问卷、访谈提纲，对我市初中历史课堂教学工作现状进行调查，并进行统计分析。

3. 文献研究法：查阅相关资料，进行综合分析，寻求理论与实践的创新。

4. 经验总结法：将课题研究内容、过程加以归纳，进行综述，撰写相关的阶段小结，及时肯定研究成果，调整研究方案，撰写有关论文。

5. 资料收集法：通过查阅文献资料和网上资料，编写历史小故事，设计历史问题。

三、科学制定研究工作策略

1. 组建一支结构合理便于开展研究工作的研究队伍。在研究队伍的组建上，注意业务骨干教师和行政人员相结合、青年教师和中老年教师相结合的原则。充分利用各自的特长和优势，保证研究工作的顺利进行。利用骨干教师业务优势和研究提供技术支撑，利用行政人员为研究提供政策支撑和经费支撑，利用老教师为研究提供经验支撑，利用青年教师为研究提供动力支撑。

2. 课题的研究要采取集中与分散相结合的方针。在总课题的带动下，各县区要成立若干个子课题研究小组，各研究课题小组的负责人同时又是市级总课题的参研人员。这样有利于上令下传，下情上达。同时要求各县充分调动广大历史教师参与研究。此次研究不仅要注重效果，更要注重过程，在总课题的带动下，各县区都要尽可能带动一批学校和一批教师参加研究，使教师养成研究问题的兴趣和习惯。

3. 子课题的申报课题采取子课题和市级课题双重身份相结合的方式。各县区的课题既是“五个一”的其中之“一”的子课题，同时也要求独立向市级申报，成为市级独立的课题，争取得到自治区和市级两级的技术指导和培训。

4. 在科研方法的培训上，要做到通识和学科方法培训相结合。除了日常学科的研究和培训外，尽量组织参研教师参加国家级、自治区、市级在柳州举行的各种开题、结题等科研培训活动。

5. 在课题研究活动的安排上，注意日常研究与教研中心工作相结合，减少占用正常教学时间，尽量利用集中教研时间。

6. 在不同子课题组之间，经常召开观摩交流活动，互相借鉴，取长补短。

四、合理设计课题研究方案

我们将研究过程分为三个阶段，明确每个阶段的中心任务和具体措施，使得课题研究活动稳步推进。

1. 准备阶段（2011 年 4 月—2011 年 10 月）。主要开展以下三项工作：一是前期调查的论证工作，包括文献检索和综述、设计问卷、开展问卷调查和分析；二是向广西教育科学规划领导小组办公室申请“五个一”科研课题立项的申报工作；三是筹备和进行“五个一”子课题申报市级课题工作。

2. 实施阶段（2011 年 10 月—2014 年 12 月）。立足课堂，以课例为研究载体、以教研为研究手段、以交流为研究平台、以竞赛为研究推手，运用科学方法开展课题研究和子课题研究指导工作。

3. 总结阶段（2014 年 12 月—2015 年 4 月）。做好结题的各项准备工作：收集整理过程性资料和成果性资料（包括教学设计、案例、反思、总结、论文等），物化研究成果（撰写结题报告、计划出版两本成果集等）。

五、扎实开展课题研究活动

1. 完善机制，保证工作运行

由于本课题有一个比较大的子课题群，参研教师人数多，为了便于管理，2011 年 10 月 28 日，专门召开各县区历史教研员及相关历史骨干教师会议，研究“五个一”课题研究及管理问题，最终确定：

关于子课题的申报和管理。原来根据教师的兴趣来操作，但不便于管理，不便于日常的研究和交流。经研究，决定以县区为单位，每县区只侧重研究一个子课题，日常课题研究管理工作由县区教研员结合日常教学教研工作进行。

总课题执研组主要由各县区骨干教师参与，人员组成如下：

李荣学（柳州市教育科学研究所历史教研员）、唐咸斌（柳州市教育科学研究所兼职历史教研员、23中副校长）、韦云凌（柳北区教研室历史教研员）、郝燕虹（城中区教研室兼职历史教研员）、刘虹（柳州市八中政教主任）、曾海玲（柳州市46中教务副主任）、邹美兰（柳州市45中教研组长）、覃静（柳州市15中历史教研组组长）、葵柳春（柳州市39中政教主任）、吴春艳（龙城中学年级主任）、覃远平（三江县教研室主任）、覃汉宽（融安教研室副主任）、王海英（柳城教研室历史教研员）、温景安（鹿寨县教研室历史教研员）、王进荣（柳江县教研室历史教研员）。总课题组成员又作为种子，播撒到各县区的子课题中，担任课题负责人或研究骨干成员，负责子课题的研究工作。

执研组下设办公室，负责总课题日常组织管理工作以及过程材料的收集工作。办公室主任由韦云凌老师兼任。

2. 专业引领，提高研究水平

组织主要参研人员参加广西教育科研课题立项人员培训班，聆听自治区专家覃壮才《如何开展教育科研》、李枭鹰《广西教育科学规划课题研究的实践与反思》、蒋国平《将课题进行到底》及刘明所长《如何进行科研结题》等专题报告，聆听广西教育学院彭运锋做“命题技术及技巧”等培训。邀请南京大学历史文化学院教授刘军给老师做“如何运用历史插图开展历史教学”的讲座，邀请中国青年政治学院郝瑞庭主持“新课程背景下试题命制发展趋势”的讲座。

3. 骨干辐射，确保研究质量

充分发挥市县区教研员或兼职教研员、市历史中心组等优质教育资源的示范、辐射作用，并使优质教育资源实现保值和增值。市、县区教研员深入课题组，从课题方案的设计、课题的开题、课题研究的开展到课题资料的结题，全过程、全方位地对各县区子课题的研究工作给予指导，提高各子课题的研究质量。骨干教师的辐射指导，能有力推动各子课题研究工作的开展，尤其是城乡的联手，对县级课题开展更具有指导意义。

4. 平台借力，加强课题指导和交流

在课题研究中，多方式、多角度为子课题的研究搭建展示交流的平台，加强对子课题的指导，有力推进课题研究工作。主要方式有：各县区为主体，独立开展子课题研究展示活动；同一子课题的县区联合开展研讨展示交流活动；异课题的县区联合开展研讨交流展示活动等。这些活动，不仅加强了子课题之间的交流，也使得总课题对子课题的研究更为具体和到位。

5. 竞赛助推，促进成果形成

在课题研究过程中，我们设计了一系列的评比、竞赛活动，推动参研教师边实践边研究，边反思边总结，边提炼边出成果。如，2012 年 11 月开展“五个一”课题研究教学案例评比活动、2013 年 12 月发文开展参研历史教师科研小报设计评比活动、2014 年 1—3 月发文在初中历史教师中开展“五个一”主题论文、教学设计、教学案例评比活动等。在这些评比活动中，参研教师认真参与，认真总结，形成了一批高质量的作品。

第三部分　本课题研究取得的成效

一、初中历史教师的课堂教学理念得到进一步更新，课改成果得到巩固，课改理念得到进一步推广。学生的主体地位得到较好的发挥，课堂气氛更加民主和谐，师生关系更加融洽，师生互动、生生互动的环节明显增多，课堂的有效性大大提高。

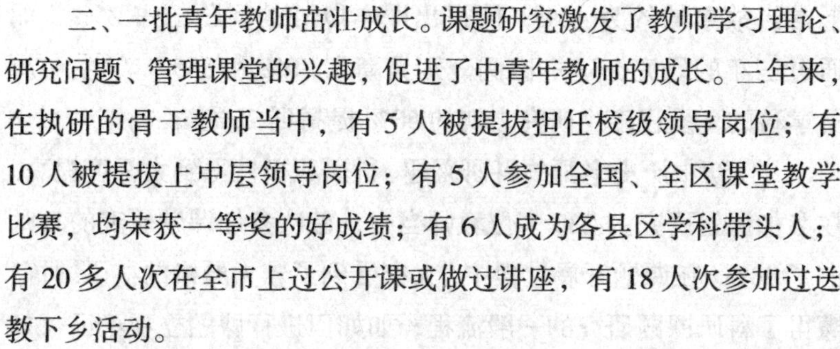

二、一批青年教师茁壮成长。课题研究激发了教师学习理论、研究问题、管理课堂的兴趣，促进了中青年教师的成长。三年来，在执研的骨干教师当中，有 5 人被提拔担任校级领导岗位；有 10 人被提拔上中层领导岗位；有 5 人参加全国、全区课堂教学比赛，均荣获一等奖的好成绩；有 6 人成为各县区学科带头人；有 20 多人次在全市上过公开课或做过讲座，有 18 人次参加过送教下乡活动。

三、促进了非专业教师的迅速成长。在专业骨干教师的带领下，一批非专业中青年教师积极参加课题研究。他们认真钻研教材，并参与到故事编写、问题设计等课程资源开发中，还积极承担上公开课和送教下乡等教研活动，以他们的亲身经历介绍了如何由非专业教师向专业教师转型的专题讲座，带动了一批教师由非专业向专业转型，一批兼职历史教师变成专职教师，一批非专业教师成长成毕业班的把关老师。目前承担毕业班历史教学任务的非专业教师有 56 人，比三年前大大增加。

四、历史学科的教学质量明显提高。与 2011 年相比，同年级同等难度的试题，平均分由原来的 65 分提高到 70 分，而同等难度的中考试题，得分率也由原来的 59% 提高到 64%，换算成百分制，平均提高 5 分左右。

五、促进了城乡教育的均衡发展。城乡教育质量的差距进一步缩小，通过对口支援、城乡联动、送教下乡、开展同课异构、专项培训等方式，县乡历史课程的科、教、学水平有了明显提高，初中历史期考成绩，由开展研究之初的平均分差 8~10 分缩小到 4~6 分。

六、教师课堂教学方式有了较大改变，学生对学习历史学科的兴趣有了较大提高。据调查，在开展研究之初，教师在课堂上常讲故事的约为 40%，能提出课本以外的问题的占 25%，而通过三年的研究，这一比例分别提高到 70% 和 55%。学生对历史学科的喜爱程度由研究之初的 50% 提高到 75%。

七、初中历史老师的科研兴趣、科研积极性得到大幅度提高。在参加课题研究的 230 多位教师当中，首次参加课题研究的教师占了 90%。在课题开展过程中，大家受到了较为严格的科研训练，懂得了科研课题研究的一般流程，如如何进行课题立项论证，如何撰写文献检索概述，如何设计研究流程，如何寻找理论支撑，如何进行理论提升，如何收集过程资料，如何物化研究成果等等。同时也打破了对科研的神秘感，提高了研究问题的兴趣。

八、教师们参加各种论文案例评比的兴趣大大提高。在课题研究开展之前，在每 1~2 年开展一次的论文、案例评比活动中，收集的作品大约只有 30 篇左右。而在此课题开展研究的三年间，教师参赛作品的数量和质量有了大幅度提高。在 2013 年上半年举行的全市“初中历史学科打造‘幸福课堂’，建构‘五个一’教学模式研究”子课题案例评比活动中，教师投稿的数量达到 175 篇。而在 2014 年底举行的全市初中历史教师教学论文、教学设计、教学案例评比活动中，收到的作品更是高达 400 篇以上。

九、初步探索出一种符合我市初中历史教学实际的教学模式——“五个一”教学模式。通过近几年的研究和多次的观摩活动，不少教师在备课、上课和评课当中都向“五个一”的教学模式看齐，即在一节新课授课中，是否具备有“五个一”的要素。

十、各子课题研究的成果异彩纷呈。

1.“运用历史故事，激发学生学习历史的兴趣的研究”子课题：在编写历史故事、运用故事教学的策略以及历史故事教学模式等方面上取得了丰硕成果。

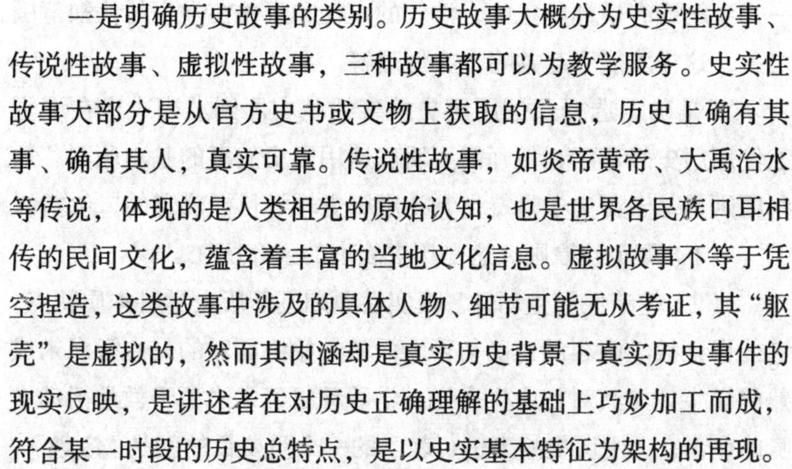

一是明确历史故事的类别。历史故事大概分为史实性故事、传说性故事、虚拟性故事，三种故事都可以为教学服务。史实性故事大部分是从官方史书或文物上获取的信息，历史上确有其事、确有其人，真实可靠。传说性故事，如炎帝黄帝、大禹治水等传说，体现的是人类祖先的原始认知，也是世界各民族口耳相传的民间文化，蕴含着丰富的当地文化信息。虚拟故事不等于凭空捏造，这类故事中涉及的具体人物、细节可能无从考证，其“躯壳”是虚拟的，然而其内涵却是真实历史背景下真实历史事件的现实反映，是讲述者在对历史正确理解的基础上巧妙加工而成，符合某一时段的历史总特点，是以史实基本特征为架构的再现。

二是开展历史故事教学的契机。不是所有的课型都适合讲故事，历史故事主要适用于新授课教学。在新授课教学方面，要针对教学内容的不同特点选用不同的历史故事：

（1）内容翔实但理论性稍强的课，可通过历史故事来突破教学难点，激发学生的学习兴趣。教师可编写紧扣课文内容的故事，并将其转换成学生能够接受和理解的表达，用具体事例来解释抽象概念，调动学生的形象思维，逐步过渡到理性思维。

（2）课时充足，教学任务能够顺利有效完成，但课文内容不够连贯、具体，不方便学生了解历史全貌或达到全面分析问题的能力。这时，教师可选择用讲故事的形式对课文内容进行补充、拓展。

（3）教学内容有十分契合的故事文本，这一文本或能够活跃课堂气氛、激发学习热情，或能够涵盖历史识记知识点，提高基本效率，或能够激发情感的共鸣或历史的体验，树立正确的人生观价值观。

（4）使用故事符合学生的最近发展区，如故事恰好是学生一知半解或有模糊印象的，涉及的人物和事件在学生的认知范围之内，这样才能引起共鸣，方便理解。

三是确定选择及运用历史故事的基本原则。当决定在课堂上使用历史故事后，教师需要明确运用历史故事的基本原则。这些原则是基于历史学科特点和初中历史教学目标确定的，包括：

（1）真实性原则。这是历史故事的生命所在。

（2）趣味性和生动性。真实性原则基于历史学科本质特点，它能保证教学内容的正确与否。而教学始终面对的是心智尚未成熟的学生，尤其对初中生来说，学习动机经常来源于教学活动本身的刺激。运用历史故事进行教学的一个重要目的就是“激趣”，只有调动学生的学习积极性，才能保证正确的教学内容能够被学习者接受。所以，趣味性和生动性是真实性之外最重要的原则。

（3）针对性和启发性。对每一课的教学内容进行具体教学时，运用历史故事的教学手段也应该注意针对性和启发性。针对性的要求是：故事的选择必须能够真实有效地服务于教学环节。启发性指故事能够对学生知识与能力、过程与方法、情感态度价值观的某一方面有启迪意义。

2.“初中历史课堂教学情境创设与学生参与教学活动的关系的研究”子课题：柳江县四个学校在研究的过程中分别总结出一条具有本校特色的情境教学模式或实施策略。

（1）拉堡中学的“导学案引领、小组合作课堂”教学模式。拉堡中学历史组借鉴自主合作课堂模式，与本课题的研究结合，总结出了“导学案引领、小组合作学习”的情境课堂教学模式。取得突出的成绩，形成鲜明的特色。

（2）柳江二中坚持“立足课堂、延伸课外”相结合的学生体验式情境的教学模式。柳江二中是我县生源最好、师资力量最强的学校。几年来，该校历史组根据本校学生基础较好、学生自学能力较强的特点，坚持走“立足课堂、延伸课外”相结合的学生自我体验情境特色之路，在创设教学情境活动中取得骄人的教学成绩。

（3）进德中学、进德四中在课题研究中形成校本教学资源联盟。两个学校在课题研究中整合了部分教学情境资源进行共享。

（4）流山中学成立历史学科课外兴趣小组。在老师的指导下，经常开办历史沙龙、讲历史故事等活动，既提高学生的学习兴趣，锻炼学生的口头表达能力，又收获了历史知识。

3. 通过研究，物化了一批成果。

（1）由我市组织编写的《初中历史课堂作业》（岳麓版七—九年级）由广西教育出版社出版，供全广西同一版本教材的学生使用。

（2）课题成果和执研教师的优秀作品，被收编入书。

（3）近几年参加区、全国教学比赛，成绩斐然。从 2011 年至 2014 年，我市有四节课获国家级一等奖，三节课获自治区级一等奖。

（4）课题组多位老师在全市课题研究成果评比活动中多次获得一等奖。如在 2013 年 5 月组织的案例评比活动中，有 35 位老师获一等奖；2014 年教学论文、教学设计、教学案例评比中，有 38 篇论文、42 篇教学设计、9 篇教学反思荣获一等奖。

第四部分　本课题的研究所引发的思考

一、存在的问题

在本课题研究中，我们也发现存在一些问题，主要表现在：

1. 参加研究子课题的学校和单位过多，总课题对子课题的指导不够到位。

2. 各子课题研究的水平不平衡。

3. 子课题在研究过程的整体意识不强，对总课题提出的“要将子课题放在总课题研究的大背景下进行研究，在突出研究本课题的‘一个一’的同时，兼顾其他‘四个一’，形成‘五个一’的教学模式”的要求贯彻落实不够到位，整体研究的案例不多。

4. 课题研究的理论提升不够。

二、下一步的打算

1. 在全市初中历史教师教研活动中，请若干个做得较好的课题组介绍经验，进一步推动我市初中历史教育科研工作。

2. 继续重点推进 “科学设计历史问题”和“构建民主轻松和谐课堂气氛”两个子课题的研究。

3. 推广“五个一”课堂教学模式的成果。督促每个县区通过学校集体备课、县区分片打磨，推出 2~3 节“五个一”课堂模式的精品课，在全市开展“五个一”课堂教学精品课展示及评比活动。

4. 开展“五个一”课堂教学模式精品课送教下乡活动。

5. 不断学习吸收教育科研的最新成果，借鉴外地课改的先进经验，丰富和完善本课题的内涵，促进全市初中历史课堂教学质量的提高。

从“五追问”入手，有效创设历史教学情境

柳州市柳北区教育局教研室 韦云凌

情境教学法在中外教育史上历史悠久、源远流长、影响深远。历史学科“丰富的课程资源”和“历史不可重复，却可以合理想象”等学科知识特性，为开展情境教学提供了得天独厚的条件和优势。在课堂教学中，情境教学法能否取得良好的教学效果，与教师所创设的教学情境是否有效有着重要的关系。

在初中历史课堂中如何创设有效的教学情境？柳北区历史学科中心组承担的“初中历史创设教学情境实践研究”课题，对这一问题进行了探索。我们认为，影响教学情境创设质量的因素有五个方面，即：课堂教学为谁创设教学情境，在哪里创设教学情境，用哪一种方法创设教学情境，在情境中设计什么问题或任务，在什么时候提出问题或任务。要实现有效创设历史教学情境，教师在备课中对教学情境进行预设时，要从这五个因素入手，进行追问和思考。

追问一：为谁创设教学情境？

学生是学习的主体，是课堂的主人。教师创设的教学情境，是为学生的学习服务的，旨在帮助学生借助情境构建知识，发展思维，获取情感体验。因此，创设教学情境要充分考虑“人”的因素，要符合学生的年龄特点和认知水平。不符合学生的年龄特点和认知水平，就难以激发学生的学习兴趣和吸引学生参与课堂的学习活动。在这一点上，我们课题组在研磨《秦汉的宗教、史

学和文学》一课中就深有体会。在第一次试教中，我们设计运用史料创设情境来突破《史记》的文学地位这一教学重难点。黄鹤老师选用了大段的《史记》原文材料创设情境，并设计“《史记》为什么会被鲁迅先生评价为‘无韵之《离骚》’？请从其文学价值进行分析”的问题。课堂上学生看着这些史料，两眼茫然，面对老师的提问更是报以沉默。出现这种状况的原因是提供大段的古文史料让学生阅读，超出了七年级学生的年龄特点和认知水平，学生短时间内难以读懂古文，更谈不上借助古文来理解了。我们在第二次试教时对所选用的史料和设计的问题进行了修改：首先呈现“风萧萧兮易水寒，壮士一去兮不复还”的名句，让学生在有感情地朗读的基础上回答：“从这一诗句中你有什么感受？”由这一问题来体会《史记》语句的优美；呈现“相如视秦王无意偿赵城，乃前曰：‘璧有瑕，请指示王。’王授璧。相如因持璧却立，倚柱，怒发上冲冠……”的文章段落，学生在品读基础上回答“从这段文字中你感受到《史记》在写作上有什么特点”，从而感受《史记》塑造人物形象传神、文字简练等特点。教学做了如此调整后，学生在课堂上朗读大声，回答踊跃，与第一次试教形成了鲜明的对比。学生在充分感受的基础上，悟出了《史记》重要的文学、史学地位。其实，第二次试教所做的修改，只是从《史记》中筛选学生生活中已经具有感性认识、耳熟能详、且文段简洁的原文材料，易于学生阅读、理解，设计的问题紧扣情境材料，指向具体，这些都符合七年级学生的年龄特点和认知水平，因此学生很乐于参加到课堂的学习活动。

由此可见，在创设教学情境时，要充分考虑学情，根据教学对象的年龄特点选择适宜的情境方式，根据教学对象的认知水平，着眼于学生的最近发展区选择情境内容。

追问二：在哪里创设教学情境？

从一节课的结构来看，教学环节包括导入新课、讲授新课、小结巩固、检测反馈等。从一课时的教学内容看，一般都有几个知识点，其中有一般性知识、重点知识和难点知识。到底在哪里创设教学情境呢？是一个教学环节还是几个教学环节中创设？是在哪些知识点中创设？这些都需要仔细斟酌。

不同的教学环节，对情境的要求不同，因此要根据各教学环节在课时教学中的作用来创设教学情境，使各教学环节的功能得到更充分发挥，引导学生在各教学环节中都能积极参与教学活动。

在新课导入环节中创设的教学情境，重在设疑激趣，激起学生的求知欲，集中学生的注意力，从而快速进入学习状态。因此，设计的情境宜简洁明了，形式活泼。

在新知识的教授环节中所创设的教学情境，主要在于借助情境，帮助学生理解重点知识，突破难点知识。因此，一般选择结合教学重点、教学难点内容创设情境。这样能突出重点，化难为易，突破难点，帮助学生更好地理解和掌握知识，激发学生参与探究新知、体验学习的过程，让学生发现问题、解决问题，形成结论。在《欧洲两大军事集团的形成》一课中，潘爱清老师设计了“找盟友”的活动情境，邀请两位学生扮演“一战”前英、德的领导人，让他们各自在本国立场上，为自己国家挑选盟友并说明理由。学生的表演，再现了英、法、德、意等国之间错综复杂的矛盾，直观有效地突破了教学的重难点。

在小结环节创设情境，能使知识延伸、思维拓展、情感升华，或制造悬念，激发学生持续的学习欲望。在《丝绸之路的开辟》一课的小结中，周莹老师设计“我为新丝绸之路出谋划策”的情境，以“习主席倡导共建今日丝绸之路经济带的繁华”视频，提出“假如你是商人、政府官员……请你为新丝绸之路的建设提出建议”这一活动任务，学生在课堂上积极踊跃，侃侃而谈，各抒己见，使整节课在高潮中结束。这一活动对学生的影响是深远的，它培养了学生的思维能力、表达能力、解决问题的能力，渗透了引导学生关注社会现实和社会热点、关心国家发展的情感教育。

在检测反馈环节创设情境，不仅能使教学效果检测的形式生动活泼，让学生乐于参加，还能将史实或新材料、新情境引入检测中，符合新课改教学检测方式的要求，更能考查学生对知识的理解和运用，培养学生的知识迁移和解决问题的能力。如在九年级上《亚非文明古国》中，设计“吠陀时代刹帝利阶层的一位男子希望与他所喜欢的婆罗门等级的姑娘成婚”的情境，让学生判断这位男子能否如愿以偿并说明原因，通过史实情境设题，以此检测学生对古代印度种姓制度的掌握。

追问三：用哪一种方法创设教学情境?

创设教学情境的方法和种类很多，如依托图文史料绘情境、创编历史故事入情境、模拟角色扮演融情境、播放音频视频现情境、联系社会生活引情境、虚实相辅构虚拟情境、锁定主线建情境链等等。无论选择哪一种方法，首先最基本的一点就是创设的教学情境要尊重史实，不能瞎编乱造，误导学生。其次，围绕教学内容的特点加以选择。如战争史，比较适合采取播放影视资料的方式，让学生感受战争的宏大场面或者演示战争的发展进程等；历史人物形象适合图片、历史故事展示的方式等。再次，方法的选择还要符合所教学生的实际情况，既包括了前文所述的学生年龄和认知水平等，也包括所教班级学生的学习习惯、特点等。

追问四：情境中提出什么问题或任务？

教学情境只是教学手段，而不是教学目的。创设教学情境，是为解决某一个教学任务、达成教学目标服务的。因此不能为情境而情境，一定要具有目的性。“没有问题就没有教学”，一个好的教学情境必须有一个或几个好的问题。好的教学应让学生“带着问题进教室，带着思考出校门”。要实现情境创设的目的，必然要在情境中有具体的任务或明确的问题让学生完成，尤其是在知识突破时，设计的任务或完成的问题应有助于学生运用情境中自己已有的生活经验，自主构建新的知识，形成新认识，获得新的情感体验。此时，教师要重视情境创设的层次性：创设史实情境，提供的情境素材要感性、丰富，有助于帮助学生在感知和体验中理解历史；创设问题情境，要承接史实情境，指向突破新知识的关键点，且具有一定的开放性、探究性。如，在《盛世危机》一课中，我根据史实设计了“马嘎尔尼觐见乾隆皇帝”情境，由学生通过表演再现使团团长马嘎尔尼与乾隆皇帝互赠礼品、马嘎尔尼表达英国国王想与清朝通商的想法以及乾隆皇帝对此傲慢无比、妄自尊大、断然拒绝的态度。接着，创设以下问题情境：“（1）双方互赠的礼物有什么不同？这说明了什么现象？（2）清朝统治者在对外交往中持什么心态？产生这种心态的主要原因是什么？（3）在这种心态之下，清政府在对外交往上实行了什么政策？由此产生了哪些影响？（4）上述情境剧情及问题对我们国家当今的经济建设有何启示？”由此引导学生逐个解决问题，突破教学难点。

这种将史实赋予一定的合理情节而创设出的史实情境，更有故事性、生活性、趣味性，更能激发学生的学习兴趣和参与教学的积极性。而以史实情境为基础设计的问题情境，能培养学生的思维能力、知识迁移能力、解决问题的能力，更有利于挖掘学生的学习潜能，学生获得的情感体验也更为自然而丰富。

追问五：什么时候提出问题或任务？

在教学中运用情境，到底是在呈现情境之前还是之后提出问题或任务，不同的情境方式和在不同的环节进行创设，要求不一样，效果也不一样。在我们的课题研究中发现，如果是在探究重点知识时，问题前置比较合理，在呈现情境前，先简要交代活动的主题和方式，明确活动的要求，提出要解决的问题或任务，使学生带着问题或任务参与情境体验活动，而不至于游离于活动之外，更有助于在活动的过程中根据问题或任务捕捉信息，思考解决问题、完成任务的方法，这样教学效果更好。而在导入环节运用图片、故事等比较简单的手段，只是为了激发学生的兴趣，而不需要学生解决重要问题的，可以问题后置，在情境呈现之后再提出问题。

综上所述，教师在预设教学情境时，应充分考量影响教学情境创设有效性的五个因素，使创设的教学情境能有效地促使学生进入积极主动的课堂交往，在交往中进行建构性学习，获取知识，发展思维，体验情感，使创设的教学情境在课堂中演绎可以预见甚至是即时生成的精彩，给历史课堂注入新的生命活力！

用问题引领历史课堂 让历史照亮现实困境

——浅谈如何实现中学历史课堂有效提问

柳州市高级中学 徐天志

一、新课改、历史学科功能呼唤有效的课堂提问

课堂提问是一种技术，更是一种艺术。教育家肯尼基·胡德说：“教学的艺术全在于如何恰当地提出问题和巧妙地引导学生作答。”

有效的历史课堂提问是新一轮课程改革实现素质教育的必然要求，更是新时期实现历史学科功能的得力手段。随着中学历史课堂教学改革的不断深入，课堂提问成为新一轮课程改革背景下体现学生地位、培养学生解决问题能力的最重要手段。新课标对历史学科的功能作出了新的诠释：“将历史知识作为学生今后工作生活的经验支持，把学习知识的出发点和归宿点都定位在学生未来的需求上。”历史课堂提问可以使教材的知识点以问题形式呈现在学生的面前，让学生在寻求、探索解决历史问题的思维活动中，掌握知识、发展智力、培养技能，进而培养学生自己发现问题、解决问题的能力。

二、当前中学历史课堂提问存在的常见问题

然而在新课程全面推进的过程中，一些历史教师为了设问而设问，过分追求教学的形式，在课堂提问方面走入了误区，结果导致了课堂教学的低效。

根据赵仙霞、唐振芝、夏陈伟、谢毓玲、陈琛等人的研究，结合我的调研，我认为当前中学历史课堂提问至少存在如下常见误区：目标不明确，随意设问；问题指向不明确，学生难以作答；问题过于琐碎，问题与问题之间缺乏系统、逻辑、层次；问题缺乏思考的价值，不能引发学生思维活动；课堂提问局限于知识性或与考试有关的问题，而关于培养学生世界观、人生观、价值观方面的提问却较少，问题的涵盖面过窄；问题与课堂教学完全无关；滥用课堂提问，甚至将之作为惩罚方式；问题过多，铺天盖地，学生不知道从何下手；没有抓住提问时机，不能适时调整问题难度、适时追问，提问缺乏生成；提问对象局限于少数优秀学生；提问问题不考虑被提问对象的水平；重结论、轻过程，候答时间过短，提问流于形式；对学生回答的回应过于简单；提问的主体单一。

也可以将之简单归纳为以下六类：问题本身质量不佳；提问方式不科学；提问时机不恰当；提问对象欠考虑；候答时间不合理；问题回馈不够好。

三、如何实现中学历史课堂有效提问

课堂提问是一门技术，更是一门艺术。课堂提问有有效和无效之分。那么什么样的课堂提问才叫有效提问呢？综合各学者的研究，结合本人的实践与思考，我认为课堂有效提问是指为了实现教学目标，在恰当的时间向合适对象用科学的方式提出高质量的问题，并且在留给学生思考和表达的足够时间后作出正确回馈的课堂提问，简单概括即："课堂有效提问=有效问题+有效提问方式+有效提问时机+有效的提问对象+有效的候答、回馈。"

要在中学历史课堂中实现有效提问，我们就必须结合中学

历史学科特点，努力提高所提问题的有效性、提问方式的科学性、提问时机的准确性、提问对象的针对性和候答时间及问题回馈的质量。

1. 设计出有效的问题

设计出切实有效的、科学的问题是实现课堂有效提问的前提。那么什么样的问题才是有效的、科学的呢？孙临美认为有效的问题是指那些“能够积极组织回答并因此而积极参与学习过程的问题。问题的有效性不仅仅在于词句，其有效性还在于音调变化、重读、词的选择及问题语境。”首都师范大学叶小兵认为，教师提的问题应该符合以下要素：“（1）围绕着教学的重点提出问题，使问题的提出与解答有利于完成教学任务；（2）提出的问题是明确而具体的，便于使学生领会要求；（3）提出的问题能够引起学生的兴趣，促使学生进行探究；（4）问题有一定的疑难性，能够调动、引发学生积极思考；（5）问题有一定的难度，又适合学生的‘最近发展区’，学生经过努力是可以回答的，等等。”

梁敏强指出，所设问题应该注意“信度、角度、难度、跨度、坡度、精度”。笔者认为，课堂提问的设计首先要思考这几个问题：

（1）什么地方需要问？所设问题应是紧紧围绕教学目的，从学生学习的需要出发，而不是为了设问而设问。潘苏雅认为课堂上应该“问疑点，诱发讨论；问重点，启发思考；问难点，化难为易；问反馈，突出根据”。周美红认为应该“在新旧知识的衔接处设疑，培养学生分析历史发展的纵向联系之能力；在历史与现实相联系处设疑，培养学生用已学知识分析现实之能力；在总结概括之处设置疑问，培养学生分析、比较和归纳、概括能力”。笔者深以为然。例如在讲近代西方代议制民主的时候可以设问，让学生思考古代雅典的直接民主与近代西方代议制民主（间接民主）的区别；在讲宗法制度的时候可以设问，让学生思考宗法观念对现实生活的影响；在学完中国古代专制主义中央集权的形成演变后设问，让学生去思考古代为加强君主专制、中央集权而分别采取的主要手段。

（2）设问需要达到什么目的？提问要有一定的目的，不能为设疑而设疑。中学历史课堂设问的目的，无非就是“引起兴趣，吸引注意；诊断和检查；回忆具体知识和信息；课堂管理；激发高层次的思维活动；对学习活动进行组织和重新导向；让学生表露情感”。个人认为，中学历史课堂设问最重要的是要有启发性，要有一定的思考价值，要有使学生质疑、解疑的思维过程，能调动学生的思维主动性，能集中学生的注意力，能引导学生生动活泼地学习，使学生经过自己的独立思考，对知识能融会贯通，从而提高分析问题、解决问题的能力。教师设计课堂提问，应在准确把握教材、深入挖掘教材内在联系的基础上，积极捕捉学生思维的兴奋点，努力寻求突出教学重难点和拓展教材及历史教学广度的切入点，使课堂提问紧紧围绕和服务于教学目的。

（3）怎样设置才能达到设问的预期？教师设计课堂提问，应基于学情随时调控提问的难度。俄罗斯心理学家维果茨基认为，人的认知结构可划分为“已知区”、“最近发展区”和“未知区”，教师应该在认真研究学生的认知规律、思维潜能的基础上，准确地把握学生思维的“最近发展区”，把课堂提问的难度设置在让学生使劲儿地“跳一跳”就可以“摘到苹果”的高度。一个好的问题，应不局限于对所学内容的回忆、再现，提问内容要稍微超越学生的现有发展水平。

教师设计的课堂提问，应该具备逻辑性。一堂好的精彩的历史课，总是在核心问题的驱动下，伴随着一个个精彩的子问题的解决而推进。有位教师在设计《新航路的开辟》一课时，设置了三个关键的问题："谁开辟了新航路？"（落实新航路开辟的几条路线）"为什么是他们开辟了新航路？"（中西对比深入分析为什么是西欧人开辟了新航路而不是东方开辟的）"他们到底'开辟'了什么？"（深刻揭示新航路开辟的历史影响）教学过程中还通过史料的揭示、小问题情境的设置、学生角色的扮演等条分缕析地解决以上三个关键问题，整堂课脉络清晰，环环相扣，牢牢地吸引着学生的思维，取得了较好的教学效果。

教师设计的课堂提问，还应该尽量是开放式提问，因为开放式地设置问题才能促成教师与学生的教学对话。

总之，课堂设问，在精不在多。教师应在课前认真备课，在准确把握课标、吃透教材、分析学情的基础上，设计好关键的课堂提问，做到高屋建瓴，才能在问题的设计上一针见血、入木三分，做到"一问破的，一问解惑，一问启智，一问激情"。笔者在设计《西方人文精神的起源》一课时，在把握课标教材的基础上，把讨论的重点放在"为什么说普罗塔哥拉的观点是西方人文精神的起源"、"苏格拉底如何发展了西方人文精神"两个问题上。学生真正理解了这两个问题，也就把握了本节课的重点。

2. 采取有效的提问方式

有了好的问题，还需要掌握科学的提问方式。就像有了好的兵器在手，还需要勤修武功才能成为武林高手一样。"提问有很多方式，每种方式都能决定它是否被学生理解，或会被理解成一个怎样的问题。"

为了更好地实现设问的预期目标，教师可以根据学生实际情况，合理选择提问形式，合理拆分或者转化关键问题，让问题更适合学生学习或更具有层次性。例如，在讲《中国共产党的成立和国民革命运动》时，我曾设问：“中国共产党与国民党是两个性质不同的政党，为什么能合作？”这个问题若是要问基础比较差的同学，可以降低难度，引导学生分解出几个问题：中国共产党有没有合作的愿望？为什么？国民党有没有合作的愿望？为什么？国共两党性质不同，在当时有没有相近的目标？这样一层层地引导学生去思考，去理解国共两党的合作对双方来说都是必要的，也是可能的。又比如说本人在设计《明清资本主义萌芽的缓慢发展》一课时最初如此设问：“阻碍明清资本主义萌芽发展的根本原因是什么？为什么？”“为什么说君主专制制度是阻碍明清资本主义萌芽发展的根本原因？”这些问题对许多学生来说难度确实较大，因此在课堂上，我引导学生把问题转化成“资本主义萌芽发展需要什么条件？而君主专制制度如何限制了这些条件的实现”等几个小问题。这样一来学生既知道了这个问题的思路，更关键的是也知道了如何去思考这一类问题。

此外，课堂提问还应注重提问的情感交流，营造良好的提问、作答环境。

3. 把握有效的提问时机

把握有效的提问时机是实现有效提问的保证。对于如何把握有效提问的时机，谢志红总结了这样几条：“在新课导入时提问，在学生发生思维障碍时提问，在重难点处提问，在学生无疑处提问，在知识需要迁移时提问。”准确地把握好设问时机，有利于在思维的最佳突破口点拨学生，启迪学生智慧的火花。所谓“不愤不启，不悱不发”，即是要求教师当学生心愤求通、口悱难达，急需教师启示开导的时候，适时而教，便如“时雨化之”，可收到良好效果。

当然也不是所有符合设问的地方都要设问，凡事都有“度”。“问题的设置应有疏有密，给学生充分的思维时间。一节课不能没有提问，不启不发是不对的。但提问不断，犹如蜻蜓点水，使学生不能进行冷静而有效的思考，这同样会破坏课堂结构的严密性和完整性。当然在每一个提问后，要有一定的时间停顿，以符合学生的思维规律和心理特点，促使学生积极思维，使学生对问题考虑得更全面。”学生的思维火花、提问的时机转瞬即逝，要抓住提问时机，提出生成性的问题，达到教学目的。

4. 选择有效的提问对象

新课程理念要求问题的设计不仅要从教材实际出发，更要从学生实际出发。教师要研究学生，了解学生，做到因材施教。要注意每个学生的个别差异性，设问的难度、频度、方式方法等必须因具体学情而异。

提问的目的在于调动全体学生积极的思维活动。好的课堂提问，首先应面向全体学生提问。让每个学生都有表现的机会，都享受到成功的愉悦，这是我们最理想的状态。但在实际中，很难真正做到一个问题能调动全班几十号人。如何处理理想与现实的关系呢？潘苏雅提出了建议：“合理分配答问对象这种技巧的关键点有三：一是支持一些学习失败者；二是鼓励那些尝试回答者；三是重视学习成功者所做出的贡献，因为他们对课堂教学进程很有帮助。”

5. 留有适当的候答时间并及时反馈

教师要根据课堂的实际情况，调整提问的等候时间。一般情况下，提倡教师提出的问题具有一定难度，因而在教师提问之后，要预留足够的准备时间让学生思考，期待学生有条理地作答。

教师在学生作答时，应注意“听其言，观其行”，接收从学生身上发出的反馈信息，并及时做出相应的控制调节。同时，对于学生的反馈信息，教师还应做出及时而准确的评价，强化学生的思维操作，调动学生课堂思维的积极性。对于有效的反馈强化，乔美玲指出：“首先，是认真倾听学生的回答，鼓励学生用专业词汇表述问题，发展学生的学科语言能力，教会学生思维与分析方法，挑战认知。其次，对于学生不正确的回答应予以积极引导启发。再次，教学中要时刻与参考标准对照，及时反馈，对学生的真实的理解水平有一个清楚的认识。最后，评价要在学生回答问题之后及时进行，并注意给予学生必要的人文关怀，不要伤害学生的情感，让学生拥有自尊、获得自信和追求成功的勇气。”

结语

优秀教师的教学不只在于会讲，更在于会问。陶行知先生曾说：“发明千千万，起点是一问。禽兽不如人，过在不会问。智者问的巧，愚者问的笨。人力胜天工，只在每事问。”学生的学习过程，其实就是提出问题和解决问题的过程。教师在课堂上不失时机地提出高质量的问题，犹如一石激起千层浪，激起学生思维的涟漪，课堂气氛也能随之而活跃。课堂提问对培养学生思维能力、发展学生个性大有裨益。从一定意义上说，有效的历史课堂应该自有效提问开始。

教师只要能在课前根据课表要求、吃透教材，根据学生实际情况和历史学科特点精心设计出具有针对性、系统性、启发性的有效问题，掌握科学有效的提问技巧，准确把握提问时机，找好提问对象，适时调控等候时间、问后及时有效反馈，就一定能够真正实现中学历史课堂的有效提问，进而实现高效课堂。

【参考文献】

1. 赵仙霞 . 基于有效学习的历史课堂提问［J］. 中国校外教育 · 基教版，2010（7）.

2. 唐振芝 . 浅议中学历史课堂提问［J］. 徐州教育学院学报，2006（3）.

3. 夏陈伟 . 基于对话理念的历史与社会课堂有效提问的思考［J］. 现代教育科学，2010（5）.

4. 谢毓玲 . 浅析中学历史课堂的有效提问［J］. 安庆师范学院学报（社会科学版），2010（29）.

5. 陈琛 . 中学历史课堂教学提问存在的问题与对策［J］. 中国校外教育（上旬），2012（2）.

6. 唐振芝 . 浅议中学历史课堂提问［J］. 徐州教育学院学报，2006（3）.

7. 孙临美 . 有效提问：课堂教学的基本能力［J］. 荆楚学刊，2009（10）.

8. 郭献军 . 高中历史教学中课堂提问的探索［J］. 中国西部科技，2011（8）.

9. 梁敏强 . 历史课堂提问八“度”［N］. 中国教师报，2003-7.

10. 潘苏雅 . 通过有效提问提高课堂教学的有效性［J］. 新课程研究，2009（4）.

11. 周美红 . 对历史课堂中有效提问的几点实践性认识［J］. 普教研究（中学篇），2012（5）.

12. 吕宪军，刘东 . 对课堂有效提问的思考［J］. 大连教育学院学报，2011（27）.

13. 凌家瑜 . 课堂提问在培养学生历史思维中的功效［J］.

历史教学，1998（6）.

14. 李优治 . 谈《历史与社会》课堂教学中的有效提问［J］. 宁波教育学院学报，2010（12）.

15. 孙临美 . 有效提问：课堂教学的基本能力［J］. 荆楚学刊，2009（10）.

16. 谢志红 . 课堂教学的有效提问时机［J］. 太原大学教育学院学报，2011（29）.

17. 梁敏强 . 历史课堂提问八“度”［N］. 中国教师报，2003-7.

18. 潘苏雅 . 通过有效提问提高课堂教学的有效性［J］. 新课程研究，2009（4）.

19. 乔美玲 . 课堂教学中的有效提问浅议［J］. 山西师大学报（社会科学版）研究生论文专刊，2012（39）.

创设教学情境，构建民主和谐有效的历史课堂

柳州市三江县教师学习与资源中心　覃远平

教学情境就其广义来说，是指作用于学生主体，产生一定的情感反应的一种特殊教学环境。建构主义学习理论认为：学习是学生主动的建构活动，学习应与一定的情境相联系。有学者对此有过精辟的比喻：将10克盐放在你面前，无论如何你难以下咽，但当将10克盐放入一碗美味的汤中，你在享用佳肴时就将10克盐吸收了。情境之于知识，犹如汤汁于盐。盐要溶于汤中才能被吸收；知识需要融于情境之中，才能显出活力和美感。心理学研究表明：创设有效的教学情境，把教学置于特定的教学情境之中，有利于激发学生的学习兴趣，调动其学习积极性和主动性，让他们在获取知识的同时获得积极的情感体验。

《全日制义务教育历史课程标准（实验稿）》指出：学生通过历史课程的学习，初步学会从历史的角度观察和思考社会与人生，从历史中汲取智慧，逐步树立正确的世界观、人生观和价值观。传统的历史课教学也注重情境创设，而新课程从以人为本、注重发展等教育理念出发，大大丰富了情境的内涵，对教学情境的创设提出了新的要求。那么，我们该如何创设教学情境，构建民主、和谐、有效的历史课堂呢？根据初中历史学科的性质、初中生的年龄特点和多年的教科研实践，本人认为历史教师要创设有价值的问题情境、形式多样的活动情境和丰富的视听情境。

一、创设形式多样的活动情境

初中课标除了对每个学习板块规定了一定的“课程内容”外，还对相关的课程内容提出了相应的“教学活动建议”。如“课程内容”规定“了解中国共产党十一届三中全会、农村改革和深圳特区的发展，认识邓小平对改革开放所起的重要作用”，而在“教学活动建议”中则提出“开展社会调查，了解改革开放前后家乡的变化”。所以我们要创设丰富多彩的活动情境，如小组讨论、讲故事、角色扮演、参观博物馆、调查访问、编辑历史板报等，让学生眼看、耳听、脑想、口说、手做，促进学生更积极主动地对历史进行感知、理解和探究。

新课程倡导合作与探究，小组合作学习是有利于学生合作、探究学习的最基本的教学组织形式。其作用一是调节身心，消除因单一学习方式而产生的心理疲劳；二是可以取长补短，发挥合作学习的效力。所以我们在构建民主、和谐、有效的历史课堂时，要充分利用这一教学组织形式。当然，小组合作学习必须有值得讨论和展示的内容，否则就会流于形式，实效性差。

历史故事是最生动、最典型的教育素材。我们可以组织一个班级或全校性的“故事会比赛”，或在课堂教学某个时段组织“课前3分钟历史小故事”活动，让学生在课外搜集与本节课内容相关的历史小故事，让他们在课前3分钟与大家分享；还可以在课中预设或生成与教学内容相关的故事，达成相应的教学目标，如：勾践卧薪尝胆的故事可培养学生承受挫折的能力；罗斯福感谢生活的故事对学生进行感恩教育；纪晓岚的幽默故事可创设快乐和谐的课堂氛围；而林肯、邓小平等伟人的故事则可引导学生形成正确的人生观和价值观。

调查与访问是学习历史的有效方法，通过调查与访问，我们可以更真实地感知历史，也更能明白：今天就是明天的历史，历史与我们息息相关。我县实验学校的一位教师在执教《农村和城市的改革》前，让学生进行调查、访问活动，了解改革开放前后自家的变化。由课前准备很充分，上课时同学们踊跃发言，充分交流，参与面广，参与度很高，有一个小组还采用“角色扮演”的形式（扮演父亲与小孩），进行现场采访。这样的活动情境使同学们更深刻地认同了我国在十一届三中全会后实行改革开放政策的重要性与必要性，同时也激发了大家学习历史的兴趣，课堂民主、和谐而有效。

当然，在创设活动情境时，教师要根据教学内容和学生实际作恰当的选择，还要充分利用创设的活动情境，不能为“情境”而“情境”，避免创设的情境“走过场”或顾此失彼，达不到预期的效果。

二、创设内容丰富的视听情境

心理学研究表明：人们通过语言形式从听觉获得信息能记忆 15%；通过图像形式从视觉获得信息能记忆 25%；利用声色同步设备，把听觉和视觉综合起来，能够记忆的内容可达 65%。多媒体技术最大的特点是直观、快捷、信息量大，能提供多种感官的综合刺激，引起学生情感上的共鸣，激活学生思维，在渲染课堂气氛、增强直观性、生动性等方面起着重要的作用。所以，为构建民主、和谐、有效的历史课堂，我们应创设内容丰富的视听情境。

文献纪录片一般能够具体、生动地再现某段历史，刻画某些历史人物，叙述某些重大历史事件，有助于学生理解和认识历史，所以我们要充分利用这一宝贵的资源。

而历史题材的影视作品也是非常重要的历史课程资源，我们也要充分利用。对历史题材的影视作品的运用，则应选择那些与课程内容密切联系的作品。如一位教师在讲到《甲午中日战争》时，播放电影《甲午风云》中黄海海战悲壮惨烈的历史片段，尤其是屏幕上出现邓世昌指挥的致远舰开足马力向日舰“吉野”号撞去，全舰官兵高喊“撞沉吉野”而壮烈牺牲的影像时，悲壮的场面更是把学生深深地震撼了，只见同学们屏住气息、神情凝重：有的同学满腔悲愤，有的同学扼腕叹息……师生共同被民族英雄邓世昌那种视死如归的大无畏气概深深震撼！

又如一位柳州的老师在送教到我们三江县时，执教的是《第三次科技革命》。开课时，老师以音乐为背景，用幻灯片展示了上海世博会上展出的科技成果——“侗乡鸟巢”和“程阳风雨桥”模型（这是凝聚了我们侗族人民智慧与结晶的两大木结构建筑），课堂立即沸腾了。老师这一视听情境的创设，不但一下子拉近了与学生的距离，营造了轻松和谐的课堂氛围，更主要的是激发了学生的学习兴趣，增强了作为侗族学子的自信，为这节历史课打下了很好的基础。

值得注意的是，我们在创设视听情境时，一定要处理好教学手段与教学目的的关系。利用多媒体创设视听情境是教学手段，而教学目的则是实现教学的目标，教学手段一定要为有效达成教学目标服务。

三、创设有价值的问题情境

有价值的教学情境一定是内含问题的情境，它能有效地引发学生的思考。现代心理学认为：一切思维都是从问题开始的。而创设有价值的问题情境则是激发学生思维的有效方法。

在历史教学中，学生产生“是什么”、“为什么”等问题，究其原因是缺乏相应的历史知识，或原有知识不足以解决新问题。为此，教师创设问题情境时，要结合学情采取相应的教学策略：或充分利用历史知识中隐藏着的矛盾事实创设问题情境；或通过介绍史学界对某一历史问题研究的不同观点，通过比较而创设问题情境；或通过对历史事实的假设引发思考来创设问题情境等。

历史教学最主要的是通过具体的史实让学生获得一定的意义和价值，这些意义和价值包括客观真实的历史态度、分析比较的思维能力、借鉴反省的意识和真切的人文关怀。而培养学生的借鉴反省意识，应该是历史教学的最大价值追求。通过借鉴，我们可以少走弯路；通过反省，我们将走得更好。个人如此，国家也是如此。例如一位教师充分利用历史知识中隐藏着的矛盾事实，创设了如下一个评价历史人物的问题情境：毛泽东晚年发动了“文化大革命”，给国家和人民带来了巨大的损失，为什么我们今天仍要坚持毛泽东思想？问题抛出后，学生各抒己见，不拘泥于传统与教材的观点：“毛泽东思想强调一切从实际出发”、“他的诗词写得很好，他更适合当一位文学家”、“我们女生都要感谢他，是他提高了妇女的地位”……最后，老师说：“刚才同学们从不同的角度发表了自己的观点。毛泽东思想不等同于毛泽东个人的思想。毛泽东思想是我党第一代领导人的集体智慧的结晶，是我们党重要的精神财富，所以我们要坚持。但他晚年发动的‘文化大革命’，确实给国家和人民带来了巨大的损失，这是我们国家深刻的历史教训，我们一定要引以为鉴……”在这过程中，老师一直与学生平等交流，哪怕学生的回答有些偏题，他也耐心倾听，也没有硬将自己的观点强加于学生。而这一民主、平等的师生关系，正是构建民主、和谐课堂的前提。

我们还可以在学习新知识之前，创设与教材有关的问题情境。如一位教师在导入《美国南北战争》一课时，创设了这样的问题情境："奥巴马在一次大型活动中动情地说：'没有林肯，就不会有我的今天。'你知道奥巴马为什么这么说吗？"在学生的好奇与思考中，老师说："美国南北战争时林肯政府颁布了《解放黑人奴隶宣言》，肯定了美国黑人奴隶的国民权利。因此，奥巴马这位黑人的后裔才有了当上总统的机会。今天，我们一起穿越时空，回到那场100多年前的美国南北战争……"老师的答疑让这节课的导入自然而有效。

总之，随着新一轮课程改革的不断深入，如何创设有价值的教学情境从而构建民主、和谐、有效的历史课堂，是我们历史教师值得深思的问题。只要我们勤于实践、善于反思、勇于创新，我们的课堂就会成为师生共同成长的乐园。

【参考文献】

1. 教育部. 义务教育历史课程标准［Z］. 北京：人民教育出版社，2011.

2. 钟启泉. 课程的理念与创新［M］. 北京：高等教育出版社，2003.

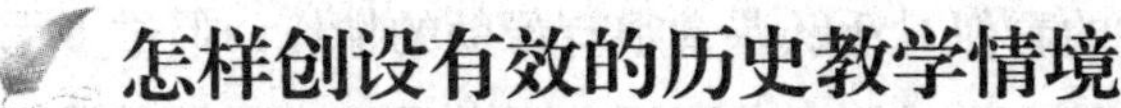

怎样创设有效的历史教学情境

柳州市第二十八中学 潘爱清

我理解的“历史情境教学法”，是指根据情境教学理论、初中历史学科特点和中学生学习历史的认知规律，在历史教学过程中针对具体教学的目标和内容，教师有目的地引入或创设具有一定情绪色彩的以形象为主体的生动具体的场景，以引起学生一定的态度体验，从而帮助学生理解教材，并使学生的心理机能得到发展的教学方法。创设恰当的教学情境，可以形象地再现历史场景，强化学生的情感，激发他们的感受，与历史人物和历史事件产生共鸣，在浓厚的兴趣和历史氛围中，促进学生大脑活动，激发学生的学习兴趣，建立愉悦的表象优化认知过程，掌握历史知识，陶冶情操，树立正确观点，培养创新能力。这一教学方法被广大历史老师所认可和广泛使用，并取得良好的教学效果。但是，在实践中，我们也发现当前历史课堂中的情境教学实施应用还存在诸多问题，主要表现为以下几个方面：

一是情境创设流于形式。设计的教学环节仅仅体现为表面的做游戏、欣赏影视作品、展示图片等，不能真正达到优化教学深化课堂的目的。很多历史情境的创设仅仅是课堂的装饰品或者摆设，于教学目标没有实质的意义。

二是情境创设偏离内容。有些教师存在“为创设而创设”的现象，严重者甚至偏离了教学内容主题，不仅没有起到辅助教学的作用，还有可能成为干扰教学的因素。

三是情境创设情节冗繁。有些教师在一节课当中设计很多非常有趣的看似对活跃课堂很有帮助的情境，但过多无关且无效的运作占用太多时间，冲淡了主要学习内容和教学目标，分散学生的注意力，结果只是事倍功半。

如何解决上述教学情境创设中存在的问题，创设出有效的教学情境，提高课堂效率呢?

根据我们课题组开展的“初中历史课堂教学情境创设实践研究”，我们认为首先要把握情境创设的原则。创设历史教学情境，首先应遵循以下三个原则：

具体问题具体分析的原则。教师创设情境要紧扣教学目标、教学内容，要根据学生不同年龄和阶段的特征来设计教学情境，还应该赋予情境时代气息，拉近师生的距离。

愉悦轻松体验原则。要求我们历史教师在轻松愉快的情境或气氛中引导学生产生各种问题意识，展开自己的思维和想象，寻求答案，分辨正误。这一原则指导下的教学，思维的“过程”同“结果”一样重要，目的在于使学生把思考和发现体验为一种快乐，而不是一种强迫或负担。

简洁实用有效原则。我们在创设情境时，应以既能充分感知体验，又能清晰明确切入主题为原则，充分考虑情境的可操作性和简洁性，创设并充分利用有价值的教学情境，发挥情境的最佳作用，提高课堂的实效性。

其次，要采用有效的创设方法。我们以课堂为研究基地，在课堂中积极探索创设教学情境的有效方法。通过诸多情境教学法的尝试，提炼几个方法供大家参考：

1. 建构主线故事融情境

根据课文主线创设一个主线故事，让课堂在这个主线故事的发展中向前推进。例如：《丝绸之路的开辟》这一课，课本主线十分明晰：张骞通西域奠定丝路开辟基础→西域都护保证丝路畅通→丝绸之路成为了东西交流重要通道。针对这一课堂主线，我校周莹老师创设了“周氏家族的故事”这一大情境，虚构周氏家族祖孙三代具体的人物形象，安排了“周老先生观听张骞之旅—周老之子骤闻西域都护的建立—周老之孙梦圆丝绸之路”的故事情节，使整节课围绕周氏族人的所见所闻所经历的情境展开，使主线明晰、环节连贯、结构完整。

2. 依托“日志”史料现情境

历史的载体很多，文献典籍、个人书信日记等史料都可以被用来创设情境，唤起学生思考的欲望，激发学生主动探索知识。例如《中国近代社会生活的变迁》一课，就可以通过柳州人阿毛的日记创设情境，让学生从日记中了解到社会生活方式的变化。这种阅读日记的有趣方式激发了学生主动探寻书本知识的热情，从而摆脱了被动接受枯燥知识的传统方式，有效地激发了学生的兴趣。

3. 编创历史故事绘情境

历史课还可以用编写的历史故事创设情境，激发学生兴趣，丰富课堂内容。例如上《戊戌变法》一课时，为了引导学生深入思考戊戌变法失败的原因，特意将根据史料编写的“谭嗣同夜访袁世凯”的故事切入课堂，通过展现故事细节来创设情境，使原本平面枯燥的课本知识变得立体生动，同时促使学生更深层次地思考探索问题，使学生更好地理解知识，达到了良好的效果。在学生的听课心得中对这样的历史课有如下表述：“讲台上，老师绘声绘色地讲着历史上的故事，我的心情随着故事情节起伏着。下课后还回味无穷，记忆犹新，就好像真的回到了过去，亲眼见到了那段历史。”

4. 实施角色扮演入情境

历史故事不仅可以由老师讲述，也可以让学生通过情境对话、角色扮演等方式演绎，让学生在真切的历史体验活动中感受快乐。例如在讲述《明朝皇权的高度集中》“皇权的加强”这个内容时，模拟汉朝、唐朝、清朝三个朝代皇帝与大臣讲话场景，通过大臣坐姿、站姿、跪姿这三个姿势的变化来体会皇权加强的表现。在模拟表演中学生拥有了自我表现的机会和发挥潜能的场所，他们的表现心理得到了满足。通过角色扮演再现历史，这样的历史情景很能激发学生的求知欲。

5. 援疑质理巧引情境

古人说过：“学贵有疑。小疑则小进，大疑则大进。”为此我注重在教学中给学生精心设计值得探究思考的问题，引导学生置身历史情境中，加深对历史的认识。例如：在讲到“西安事变”的时候，我给学生设计了这样的问题：“张学良、杨虎城扣押了蒋介石实行‘兵谏’，最终为什么还是没有杀掉蒋介石反而把他给释放了？”再如：讲唐朝历史时，要求学生思考讨论：“有人说唐朝衰落的原因是因为唐玄宗宠爱杨贵妃，你同意这一观点吗？为什么？”这类问题的设计，使课堂气氛活跃，学生争相发言，积极阐述自己的观点。通过在活动中进行合作探究，他们的思想和观点在相互碰撞下迸发灿烂的火花。

6. 引用时事热点创情境

历史课堂既要着眼于历史，也要关注现实。我们应从寻找历史与现实的契合点着手，给沉重的历史插上会飞的现实这对翅膀。例如 2013 年底讲授《丝绸之路的开辟》时，自然可以联系到 2013 年 9 月习近平主席出访西亚各国时提出的共同建设“丝绸之路经济带”这一时事。此课引用时事热点创情境的另一个亮点在于首尾呼应，导入视频是“习主席谈昨日丝绸之路的感受”，结尾视频是“习主席倡导共建今日丝绸之路经济带的繁华”，这一巧妙的首尾呼应的情境创设，使整个情境在细节处更加完整，知识的引导和落实更加到位。

7. 巧用课外活动展情境

创设历史情境可以融入丰富多彩的活动。例如有针对性地编写历史故事并将历史故事搬上课堂展示台，既收获知识又能体验快乐；举行历史故事擂台赛，培养学生的竞争意识、语言表达能力及小组成员的协作能力；制作历史小报，是学生获得知识信息、培养综合能力的有效途径；利用课外时间组织学生游览柳州东城门、柳宗元衣冠墓等历史遗迹，参观柳州博物馆、柳州规划局、柳州军事博物馆等，这些活动既能丰富学生的历史知识素养，又能使学生在潜移默化中受到中华民族精神的感染和熏陶。

教学情境创设方法多种多样，教师需要根据教学内容、学生特点加以选择，使创设的教学情境科学、合理、有效，达到良好的教学效果，促进学生的发展。

综上所述，在教学实践中，我们根据学生的知识积累和认知水平想方设法通过各种形式积极创设教学情境。这些贴近生活的、生动有趣的、亲切可信的、故事性的、开放性的情境，可以有效激发学生的学习兴趣和热情，促使学生主动地参与到课堂中来，通过体验、思考和交流感悟历史、分析历史、认识历史，从而逐渐形成正确的历史观、人生观、价值观。在这样的课堂里，学生在参与中满脸洋溢着自信和快乐，而教师在这一过程中也是轻松愉悦的，这便是“幸福课堂”的体现。

如何在历史课堂教学中激活学生思维

——由奥巴马访华想到的

柳州市第十二中学　韦傲霜

首先要了解初三学生的心理特点。

网络上是这样概括初三学生心理特点的：1. 思维能力空前提高；2. 理想压力空前增大；3. 理想热情大打折扣；4. 青春欲望稍受冷落；5. 自私叛逆日益强烈；6. 厌学情绪继续激化；7. 自我管理两极分化。虽然众说纷纭，但上述几条也极具概括力。根据我的实践观察，虽然每个人的个性是不同的，但初三学生的共性确实变化很大。

了解了初三学生的心理特点后，我们不难看出，此阶段学生关注的学习已经不再是“兴趣”了，他们更多地追求学习和考试本身，或者更为准确的来说是“考试结果”，分数对他们来说是最直观的印证。而分数的获得则重在强调“考点”的掌握。近年来的中考，则体现出“考点”与“时事热点”相结合的趋势。历史课程改革至今，也一直在强调历史与现实的结合，使“学生学会辩证地观察、分析历史与现实问题，加深对祖国的热爱和对世界的了解，从历史中汲取智慧，养成现代公民应具备的人文素养，以应对新世纪的挑战”。因此，在课堂教学（包括复习备考教学）中实施“热点故事教学法”是可行之道。下面是我的教学案例，书写出来抛砖引玉。

“应中华人民共和国主席胡锦涛邀请，美利坚合众国总统奥巴马于二〇〇九年十一月十五日至十八日对中国进行国事访问。”某天中午，正在吃饭的我从电视中听到这一新闻。正愁如何给学生上复习课的我突然灵机一动：“何不让热点故事走入历史课堂？”

热点之所以“热”，一是因为它是新发生的重大事件，具有很强的时效性，二是由于它是大是大非、鱼龙混杂、令社会关注的必须澄清的一些问题，以它创设情境领引课堂较易引起学生兴趣，体现历史课的时效性和理论联系实际的学科特色。

第一，导入“随意”

我的导入问题是这样的：“你知道奥巴马访华吗？由此你能和哪些历史知识联系起来？”学生们议论纷纷，有些甚至开始高谈阔论了：“对呀对呀，难怪我妈说这几天股市一直在涨……”“美国建国以来的第一位黑人总统！我觉得他是黑人里很帅的人……”“他上台那么久好像美国经济仍然没有复苏……”

我则在黑板上不停地写着：“一、新航路的开辟；二、殖民扩张和掠夺；三、殖民地人民的反抗；四、美国独立战争；五、美国南北战争；六、两次工业革命；七、第一次世界大战；八、国际工人运动与马克思主义的诞生。这就是本册历史知识可以和奥巴马访华联系起来的！”有学生立即反应过来：“哇，这不可能，老师，这不是我们整本书的内容了吗？”

第二，串连知识点

“新航路的开辟使人们发现了美洲新大陆，早期的殖民者们疯狂扩张和掠夺，酿成了罪恶的三角贸易，为资本的原始积累奠定了丰厚的基础，当然，也引起了殖民地人民的抗争。美国成立之前同样也面临着英国殖民者的残酷统治，通过独立战争，迫使英军投降。《独立宣言》的发表，标志着美利坚合众国的诞生。1781 年的联邦宪法，确立了三权分立制为主的联邦制政治体制。但是，随着‘西进运动’的推进，美国领土不断扩张，印第安人被大量屠杀，南北方两种经济体制的矛盾越来越暴露出来，焦点反映在黑人奴隶制的存废问题上，进而直接威胁到国家统一，最终通过一场内战来解决。美国南北战争废除了黑人奴隶制，确保了国家统一，为美国资本主义发展进一步扫除了障碍，但同时，黑人问题仍然没有得到很好解决，种族歧视依然存在。凭借着国家的统一、经济的发展和制度的稳定，美国迅速跻身于资本主义强国行列中，19 世纪末 20 世纪初工业总产值跃居世界首位。经过第二次工业革命，主要资本主义国家相继进入垄断资本主义，即帝国主义阶段，但是，随之而来的矛盾也是不容忽视的。发展的不平衡，激化了资本主义列强之间的矛盾，在错综复杂的矛盾中，逐步形成了两大军事集团，战争危机如箭待发，并最终导致第一次世界大战的爆发。‘一战’给人类带来了深重的灾难，摧垮并削弱了一些帝国主义国家，同时诞生了世界上第一个社会主义国家。我们应该清醒地认识到，我国是社会主义国家，资本主义和社会主义两种体制之间的矛盾是调和不了的。为此，对于奥巴马总统的访华我们要站在历史的高度看待问题。”

“噼里啪啦……”听完我的串讲后，同学们兴奋得鼓起了掌。

第三，学生思维发散

问题一：“那奥巴马的祖先是当初殖民扩张和掠夺中三角贸易被卖到美国的吗？”

师生探讨、回答：“奥巴马（Barack Hussein Obama）祖籍肯尼亚，1961 年 8 月 4 日生于美国夏威夷，父亲是来自肯尼亚的黑人，母亲是堪萨斯州的白人。事实上，奥巴马并没有像很多美国黑人奴隶的后裔一样在城市贫民窟长大。他小时候由他的白人祖父母抚养，童年基本上是在印度尼西亚和夏威夷度过的。因此他的思维方式和美国白人或亚洲人比较接近。他本人从来也没有在公开场合承认自己是黑人，只承认自己是混血。”

问题二：“老师，奥巴马当上美国总统，这不就很好地说明了美国种族歧视问题已消除吗？”

师生探讨、回答：“首先，美国总统的选举是有一定规定的。比如最近大家都知道原好莱坞‘硬汉’阿诺·施瓦辛格同样爆出新闻，将参加明年的州长选举，有传闻他是在为竞选总统做准备。而实际上，美国总统选举规定：必须是生于美国本土的公民才有资格担任美国总统。施瓦辛格出生于奥地利，无疑不符合条件。而奥巴马则非常幸运，他生于美国夏威夷。他的当选并不表示美国就不存在种族歧视问题了，就连奥巴马自己本人在回顾成长历程时，也同样提到了许多值得深思的问题：学校里的小伙伴把有着黝黑皮肤、满头卷发，再加上一副肥胖身材的他喊作‘黑鬼’，以致他跑回家向母亲要钱买香皂，想洗掉皮肤的黑色。但母亲告诉他做黑人一点也不需要自卑。

“12 岁从印尼回到夏威夷后，由于他头脑聪明，考上了当地最好的中学。这所学校白人小孩占多数，只有三个黑人小孩。这次他又对自己的肤色产生了严重怀疑，而亲人间的无意举动，更加深了他对肤色的恐惧。

“那天傍晚，外祖母很生气地回到家，抱怨等车时遇到一个乞丐，她给了他一美元，但他觉得不够，继续要，她非常恐惧。奥巴马好奇地问，以前咱们也遇到过乞丐，你怎么没有害怕过？外祖母气呼呼地说，可这次遇到的是黑人啊！

“他呆住了。外祖母脸上自然流露出的对黑人的嫌恶之感深深刺痛了他的心灵。他怀疑如果自己不是她的外孙，她会像讨厌垃圾一样讨厌他。为了让自己自信一些，他向同学们吹嘘说父亲是非洲王子，他自然也是王室后裔。奇怪的是，同学们相信了他的鬼话，他开始神气活现地和人交往。自信又自卑，看似快活实则痛苦迷茫，这就是他当时的心理写照。由此，我们应该树立良好的道德品质，不要戴有色的眼镜去看世界！也因此，奥巴马曾公开表示要感谢林肯，是他颁布了《解放黑人奴隶宣言》，由此，在美国废除了黑人奴隶制。”

问题三：“如今我国是唯一可以和美国相抗衡的社会主义大国，那是否意味着第三次世界大战不可避免？”

师生探讨、回答：“战争不是能够预料得到的，更不可能是我们能够猜测的，我们只能够用历史的观点分析它。首先明确：当今世界的主题是和平与发展问题。在这样一个大环境下，国与国之间的较量越来越体现在综合国力的较量上。同学提出的问题很好，让我联想到了一道课后题：‘有人认为没有萨拉热窝事件，第一次世界大战就不会发生，你同意吗？’同样，我希望这题的答案分析能够帮助同学们看待世界大战的爆发原因问题。”

第四，学生总结，充分调动学生的积极性

在教学实践中，尝试着上完一课内容之后，让学生对课堂的知识要点和讲授内容思考几分钟，然后指定一名或几名同学走上讲台，当一回“准老师”作简要的复述。这种做法促使学生积极动脑，由老师“要我学”变成“我要学”，充分地调动学生的学习主动性，激发学生的学习兴趣，取得良好效果。

有学生在听课心得中这样写道：“今天老师把热点故事问题带入课堂让我非常振奋，原来，历史并非是‘过去式’！在实际生活中，我们要像老师那样，把现在生活中的许多问题和历史结合起来学习，这样，才能进一步激发我们学习历史的思维，真正做到‘以史为鉴’！”

第五，思维延伸

实际上，奥巴马访华这样一个热点故事问题还能带给我们更多的思维延伸。比如：奥巴马去游览故宫和长城，这就需要我们对故宫、长城知识有所了解，尤其要弄懂它们所蕴含的中国历史传统文化的底蕴。再有，可让学生进入角色体验：“如果你是奥巴马总统的中国顾问，你觉得应该跟中国讨论什么问题？”学生列举了美国方面可能提出讨论和解决的问题诸如要求人民币贬值、中美贸易不平衡、中国购买的美国债务、改善环境污染、应付全球气候变暖以及要求中国承担大国国际义务等。其中尤其需要关注的是，此次会谈美方可能承认“中国市场经济的地位”。由计划经济向市场经济的转变，同样我们在历史课堂中也学过，但是学得较抽象，不深入，学生对于这些不是很明白。将热点故事引入历史课堂教学，就能把很多抽象、深入的问题生动化、具体化。

总之，作为一名奋战在教学第一线的历史老师，应根据不同的变化适时调整自己的教学手段和方式，真正做到以不变应万变。切切实实地上好每一节课，教会孩子们学习的方法及重要性，才是真正做到了关心下一代！

初中历史情境教学存在问题的思考

柳州市第二十八中学　杨连平

新课程改革倡导“以人为本、开放型、民主化”的课堂和“自主学习、合作学习、探究学习”的学习方式。这就要求教师更新教育观念，重建教学方式，充分挖掘课程资源，开展形式多样的活动，让学生积极主动参与课堂。于是，情境教学法被引入课堂。

捷克教育家夸美纽斯在《大教学论》中说过：“一切知识都是从感官开始的。”情境教学法正是教师依据教学目标和学情创设各种生动形象的具体情境来刺激学生的感官，调动学生的学习积极性，从而使学生主动参与课堂，达到提高课堂教学效率的目的。

历史学科因为其知识的过去性、陌生性、枯燥性，课堂往往沉闷无趣，而情境的创设，犹如在平静的水面激起千层波澜，沉闷的课堂马上变得活泼有生气了。因此，情境教学法被越来越多的历史教师关注和青睐，也取得了历史课堂气氛明显活跃、学生学历史的兴趣也比以前浓厚等成效。但是，情境教学法在被广为采纳的情况下，却出现了诸多问题：

一、情境创设重渲染氛围，轻教学效果

创设情境是为了提高教学的实效性，为了激发学生的探究欲，为了凸显学生的主体地位，而不是为了形式上的热闹，更不是为了哗众取宠。然而有些老师在创设情境时只注重调动学生的兴趣、过分渲染课堂氛围，忽略了让学生在情境活动中主动获取

历史知识并进行运用的过程，使课堂表面上热热闹闹，实则毫无实效。例如在学习《伐无道 诛暴秦》一课中的“陈胜、吴广揭竿而起”这一目时，有位教师创设了影音情境和角色情境。先播放《秦末农民起义》的视频片段，让学生了解秦的暴政及农民起义的大致经过，接着又创设角色情境，让学生扮演陈胜、吴广等人“揭竿而起”，当扮演者以扫把当武器，大声呼出“王侯将相，宁有种乎”时，全班同学哈哈大笑，有的甚至忍不住捶桌子。学生看似都沉浸在欢乐之中，其实只是被滑稽的表演所吸引而已，他们只会津津乐道于同学的表演，却不会主动去探究情境背后的历史知识。这样的情境，仅仅只是渲染了热闹的氛围，恐怕连最基本的教学目标也难以达成。这种情境创设蜕变成了师生“表演”的道具，情境课堂演变成了教师哗众取宠的场所，这彻底背离了情境教学法的初衷。

二、情境创设重形式丰富，轻知识落实

情境的创设是为了给学生提供更多发展思维、丰富情感的时间及空间，从而更深刻地理解知识。然而情境的丰富性、多样性让一些教师无所适从，误认为情境创设越多越好，往往又忽略情境创设的科学合理性，使得不同情节的情境活动多而滥，学生喘不过气来，影响教学任务的完成。如一位老师在讲授《红军长征》一课时，创设了好几个情境，既有配乐诗朗诵《七律·长征》、视频片段《过雪山草地》《抢渡大渡河》《飞夺泸定桥》等，又让学生扮演遵义会议上毛泽东与博古等人针锋相对的场面，还展示长征途中的一系列资料图片等等。因为内容信息容量大，教师转换视频及图片的速度很快，对于相关的知识，仅仅只是伴着课件的放映作简单的说明。学生眼睛一眨不眨地盯着屏幕，注意力

十分集中，但实际上根本没有时间思考每个视频、图片、情境所蕴含的历史信息和内涵。一节课下来，学生一头雾水，连书本上最基本的知识都没有落实。

三、情境创设重细枝末节，轻重难点突破

情境创设是为了使课堂更有效，教师应根据学生及课程实际，整合资源，创设最能实现教学目标、突破教学重难点的情境。然而有些老师在围绕教学内容设计情境时，没能紧扣教学重难点，反而对一些无关痛痒的内容创设情境，虽然课堂上充满了活力，但根本无法达成教学目标。例如在学习《汉武帝“大一统”》一课时，有位教师创设故事情境和影音情境，花大量的时间让学生讲述汉武帝的成长经历，而学生基本上都是引用电视剧中那些经不起考证的故事。接着播放《七国之乱》《漠北之战》等视频，近半节课的时间花在无法突破教学重难点的情境创设上，而本课的重点“汉武帝巩固‘大一统’的具体措施”及难点“董仲舒‘罢黜百家，独尊儒术’思想”却着墨太少，仅仅只是依据课本内容解释一遍，无法让学生真正理解汉武帝“大一统”这一中央集权制度的加强。虽然课堂上学生也好似听得津津有味，但抓不住教学重难点，只能算是无效的课堂。

四、情境创设重教师主导，轻学生主体

传统的课堂教学中，教师霸占着教与学的整个过程，完全忽视了学生的主体地位。新课程倡导具有“主动参与，乐于探究，交流与合作”特征的学习方式。这种学习方式充分反映了学生在课堂学习中本应占有的主体地位，教师只是学生学习的合作者、引导者、参与者。然而在具体实践中，虽然许多教师运用了情境

教学法，激发了学生的兴趣，但在具体操作上，仍然没有摆脱“教师讲，学生听”的教学痕迹。在创设情境时，选择哪些知识点设计情境、选用哪些历史资源和提出哪些问题等都由教师决定；在情境教学的过程中，教师即使设计了影音情境、角色情境、史料情境等，学生却往往只是情境的参与者、欣赏者甚至旁观者。如在学习《西安事变》这一内容时，有位教师已经创设影音情境让学生了解了西安事变的大致经过，但在提出“西安事变为什么能和平解决”这一关键问题时，不是让学生结合文本和创设的情境去探究问题，而是一看到学生难以回答便立即给出答案。对于这一重点问题的解决，学生只是被动接收答案，毫无探究过程，影音情境的创设也基本没起到作用 。长此以往，学生学习的主动性得不到发挥，自主地去发现问题、分析问题和解决问题的能力得不到充分的培养，对课堂学习就会越来越趋向于被动，慢慢地教师就又成了课堂的“独角戏”。

随着情境教学法的广泛运用，问题层出不穷。不可否认，情境教学的确能调动学生的学习兴趣，但以追求新颖、热闹、娱乐为目的而忽视教学目标、教学重难点的情境显然是无效的。那么，怎样才能合理创设生动有效的情境，以提高历史课堂的有效性呢？我认为，无论创设什么样的情境，教师必须做到以下几点：

1. 认真备课。备资料，包括备教材、教参、相关的课外材料等；备学生，了解学生的已学知识及年龄特点、兴趣爱好等；备课堂预设，设想课堂上可能会出现的情况，想好应对措施等。只有严谨备课、周密计划，才能从容应对课堂上的变化，使创设的情境达到预期的效果。

2. 把握教学目标，紧扣目标创设情境。情境的创设是为了帮助学生更好地学习和理解历史知识，知识目标的达成是课堂教学的首要任务。教师不能为了活跃气氛、为了热闹及娱乐就脱离目标胡乱创设情境，而应该针对目标创设学生感兴趣的情境，使学生自主学习并理解知识。应该说，情境的创设只是学习知识的载体。

3. 创设有利于解决教学重难点的情境。每节课的重难点知识是学生最难理解的部分，教师应想办法帮助学生突破重难点，这也是一节课成功与否的关键。创设情境是为了帮助解决课堂问题、提高课堂效率的。因此，情境的创设要尽量利于教学重难点的突破。

4. 创设情境要突出学生的主体地位。新课程倡导学生为主体、教师为主导的形式。教师无论创设哪种情境，都不能使学生只做“听客”和“看客”，更不能让学生行走在茫茫的情境海洋中感到困惑与不解。教师要积极引导学生参与到情境教学中来，让学生在生动形象的情境中合作探究，在合作探究中展示个性及综合素质，建立起“我能学”、“我会学”的信念，使学生真正认识到历史是一门培养思维能力的有用学科，使历史课堂真正成为鲜活、生动、有趣的课堂。

可见，要真正创设好的教学情境，这并非一朝一夕的事情，这需要教师深入钻研教材、走进学生生活、对教学目标进行加工提炼。我们相信，随着教师的不断探索，历史情境教学必将会走出种种困境，变得更完善、更有利于学生的发展。

历史课堂与学生实际生活的联系

柳州市融安县实验中学 姜春鸽

学历史对国家而言意义重要：历史肩负着保持和发扬中华民族优良文化传统的重任，肩负着培养新世纪公民人文素养的重任，肩负着培养学生正确的世界观、人生观、价值观和激发学生爱国主义情感的重任。学历史对每个人来说都有重要意义：一是它可以鉴古识今，少走弯路，这是有很强现实意义的；二是学习历史使人明智，历史可以提高人的素质，提高人的修养，增长人的智慧。所以作为一名新时代的历史教师，要把课改的理念落实到教育教学实践中去，就要用心去为学生构建一个个学习的平台，使学生在愉快中学习、体验、进步和成长，继承先人的文化并将其传承下去。

当今中小学教育面临着种种困惑：为什么学生越学越没有了灵气和活力？为什么学生在课程实施中不能体验到快乐？历史教学也遇到这种尴尬的局面。问题的根源之一在于：我们的教学把学生固定在“科学世界”里，缺乏对学生“生活世界”的关照，脱离生活实际。如今，我国正在全面推进素质教育和课程改革，关注学生的生活、赋予历史教育生活意义和生命价值，成为当前的必然要求。因此，必须让历史教学贴近学生的生活，这样学生才会认为学习历史对自己有作用，从而焕发出对历史的兴趣并努力去学习历史。

在教学中我经常反思：我们的课堂教学是否真正做到了让我们的学生主动参与、乐于探究、勤于动手、积极思考呢？带着这种反思，我重新走进了历史课堂。十多年的教学实践表明：学生喜欢体验、参与、探究的历史课堂，更喜欢课堂中为他们提供满足这种感受的学习平台，也就是“五个一”教学模式下的平台：“讲述一个故事，激发学生兴趣”，“发出一阵笑声，营造课堂气氛”，“设计一个情境，学生有效参与教学”，“提出或解决一个深层次问题，促成课堂生成”，“设置一个教学悬念，促进学生发展”。即在初中历史常态课堂教学中，教师结合教材内容，讲一个故事，以激发学生的学习兴趣；教师要调动自己的智慧，利用幽默的语言或讲故事等方式，努力构建轻松、民主、和谐的课堂气氛；教师在每节教学设计中至少要设计一个师生互动、生生互动的环节，让学生有效参与；课堂有时留一个悬念，目的是为了将课本知识、课堂上学到的能力向课外拓展和延伸，让学生利用课外的时间去思考、去调查、去研究，进一步提升思维，激励学生去思考历史、思考社会、思考人生。这个悬念可以是下节课要解决的，也可以是到高中或大学才能解决的，还可以是用自己毕生的精力都解决不了的。

历史课堂要的是轻松、愉快的课堂，是开放的、富有活力的、充满智慧的、动态生成的课堂；是师生在课堂教与学中具有积极的情感体验和主观感受，达到身心和谐的课堂，即教师在历史课堂教学中，让学生体验到学习历史的快乐，增强学习历史的兴趣，在快乐中成长；让教师体验到历史教学的快乐，增强探索教改的动力，在快乐中成就自我，从而让师生从中体验到幸福和快乐。结合课题研究和多年的从教经验，我总结了如下经验：

1. 只有用历史知识提升学生的生活经验，让历史贴近学生的生活，才能突出历史学科的特点。

历史学科以人类社会的发生、发展过程为其学习的主要内容。历史讲述着人类的过去，它反映的是由远及近、循序渐进的客观事实。因此，过去性成为了历史知识的特点之一。历史所具有的不可逆性，使它不能再现，也不会重演。然而，历史又是过去与现在永不休止的对话，是过去和现在有着某种深刻联系的一门学科；是人们了解自己的社会，理解变化与延续的唯一途径。历史是昨天的现实，现实社会中的一切事物，都能在历史中找到合理的答案。现实是明天的历史，通过借鉴历史的经验，来加深对现实的理解，把握事物的本质，从而科学地预见未来。现实的中国和世界是由历史的中国和世界发展而来的。我们不可能也不应该割断历史和现实的联系。因而，在教学中要通过把古与今、过去与现在联系起来的方法，使历史活起来，培养学生的发散性思维，从而最终形成学生的历史思维。

新教材的课文思考题，往往以历史知识为依托，让学生学会处理实际问题。如七年级上第 4 课的讨论题是这样设计的："为什么大禹治水改用'疏'的方法？用现实生活中的一两个具体事例，说明'堵'和'疏'的不同功能。"学生在学习了"大禹治水"后，就会弄明白为什么要改用"疏"的方法。课文思考题的编写者并没有就此止步，而是把历史知识运用到社会现实中来，让学生举出具体的例子来说明"疏"、"堵"二法的不同功能，拓展思维。有的同学说："'堵'有'堵'的好处，'疏'有'疏'的优点，不能一概而论。比如一个人吸毒了，要让他戒毒，就必须以'堵'为主，辅之以'疏'的方法；而对其他还没有吸毒的人，为防患于未然，就应该以'疏'为主，要根据不同情况采取不同做法。"也有同学谈了自己对纪律的理解："纪律规定就是'堵'，就是要让所有的同学都必须遵守；老师的说服教育就是'疏'，就是要教育不遵守纪律的同学遵守纪律。两者相辅相成，才能够维持好班级纪律。”

学生从远及近、从大到小，对“堵”和“疏”的不同功能有了深刻的认识。以后再遇到类似的情况，学生就会根据不同情况做出不同反应，采取相应的措施。

2. 动手实践，贴近知识，提高教学效果

有一句话叫作“实践出真知”，实践是检验真理的唯一标准。只有真正地让学生自己动手，他才能真正理解和掌握难点。这种方法既能让学生动手动脑，又能让学生在实践中突破重点难点，真是一举多得。如九年级上册第22课《欧洲两大军事集团的形成》的难点是“主要资本主义国家发展不平衡、世界殖民体系的形成”。我使用了如下一个比较表：

英、德、法、美经济政治比较表

项目	美	德	英	法
1913年工业产量所占位次	1	2	3	4
1913年殖民地面积所占位次	3	4	1	2

老师提问：表格反映给我们什么信息？请各学习小组进行交流讨论。

学生讨论后答：主要资本主义国家发展不平衡。

老师：从表格中可以看到，美国、德国经济发展迅速，英、法却相对缓慢。为什么会发生这样的变化？请各学习小组看书后交流讨论，合作找出原因。

通过学习小组自己动手、突破难点，达到教学目标，也符合素质教育要求。

3. 创设教学情境，给学生一个历史探究的平台

在历史教材中，有很多的历史史实被压缩了，不能满足所有学生的学习需求。这时，在课堂的教学活动中给学生设置一个

历史探究的平台，或许就能满足大部分学生的这种需要。为此我积极创设活动空间，助推学生全面发展，如在《汉武帝的“大一统”》这节课当中我设计了一个探究活动：“穿越时空隧道，我们来到西汉王朝。假如老师是汉武帝，下面请各学习小组交流合作，完成如下任务：一、请各学习小组集思广益，设计三个采访问题，并派一名代表以记者身份采访一下汉武帝，了解西汉的大一统格局。二、请其他小组对各小组的提问分别做出评价。”

活动开始后，同学们的思维一下被激活了，讨论的场面非常激烈。他们置身于这一情境中，通过合作交流各组很快就完成了任务，得到很棒的答案，拓展了学习、交流的空间。之后，各组又纷纷上台互相进行点评，大家畅所欲言，思维、思想的空间被打开了，富有创意的问题闪现了。实践表明：历史探究平台的设置真正让学生去体验、去感受、去探究了。这种探究、这种课堂，也成为学生历史学习中挥之不去的记忆。

历史是现实的一面镜子。古人云，“读史可以知兴替”。尊重历史，重温往事，于今日中华民族实现伟大复兴无疑会有借鉴意义。培根有句名言：“读史使人明智。”学习历史无论对于个人和国家来说意义都重大，作为一名历史老师让学生树立正确的价值观和人生观真的任重而道远。

关于历史课堂问题设计科学性的几点思考

柳州市柳城县大埔中学　莫金鲜

问答是课堂教学的主线，是师生情感交流的平台，是促进学生自主、合作、探究学习的催化剂。历史学科的课堂问题是进行历史学科思维、语言训练，提高学生学习能力的一种有效的教学方法，在历史教学中发挥着重要的作用。但是当前的历史课堂提问仍存在着一些误区，严重影响着课堂问题设计的科学性。那么，当前历史课堂问题设计存在哪些误区？如何提高课堂问题设计的科学性？下面我就这两大内容与大家交流和探讨。

一、当前历史课堂问题设计存在的误区

1. 封闭性问题多，开放性不足。封闭性问题即学生不假思索进行回答或通过记忆背诵回答的问题，这类问题对激发学生思维、启迪学生智慧价值不大。有的教师为了追求课堂热闹通常在课堂上使用诸如“是不是”、“对不对”、“好不好”等无“含金量”、无价值的问题，对学生思维能力的培养所起作用微乎其微。

2. 问题的提出过于随意，科学性不足。老师对问题没能进行很好的预设，看似问得多，实则什么也没问；各个问题之间缺乏内在联系，问题的整体缺乏布局，没有课堂主线；另外，老师设计的问题没有一定的广度、深度，价值不大；时间、速度、教师的点拨等控制均处在随意中，而且往往随意生成一些不太符合课程要求的无效问题。据有人随机作的一次历史课堂教学调查，一位教师在某一节课短短 40 分钟的课堂时间里，居然随口就问

了 38 个问题。

3. 情境性问题过多，针对性不足。开展自主学习、合作探究学习，关键是要创设好问题情境。但有些教师纯粹为了创设情境而创设情境，追求表面的形式，远离了新课堂的本质要求。如有位老师在教学《九一八事变和抗日救亡运动》这一课时，播放视频加音乐《松花江上》，同时插有《大刀进行曲》，前后用时 6 分多钟，接着设计“视频反映何时何地的什么事件？有哪些影响”等问题。媒体材料令人眼花缭乱，放映音频资料的时间占去了一节课 1/6 的时间，且所设计的问题针对性不强，指向性差。

其实历史课的思想性、导向性、科学性、教育性等，是要在历史教师充分发挥作用的前提下才有保证的。无论是知识传授、能力培养、学法指导，还是情感、态度与价值观的教育，都与历史教师的指导有最直接的关系，都离不开历史教师的预设与讲授。

4. 质难性问题过多，难度把握不足。有些教师认为问题设计只有难才能体现教师水平，唯有难才能促进学生发展，存在无限拔高的现象。在《祖国统一大业》一课中，有老师这样设计问题：让学生扮演邓小平和撒切尔夫人进行谈判，其他学生扮演香港记者与香港市民进行现场采访。本人愚见：这些问题在体现知识、技能的应用和探究方面要求过高，大大超出学生的认知水平。

5. 问题多数都只从教材内容出发，没有引发学生思考，学生生成不足。教师一堂课提的问题太多，易使学生应接不暇、无法思考。此类教师设计问题往往太平淡，学生只需看书就能找到答案，回答只须“读”答案。于是学生没有质疑，没有探究，没有体验，没有感悟，没有拓展，没有形成基本的历史思维，更没能提高分析问题、解决问题的能力。

6. 教师对学生回答问题鼓励有余，批评不足。新课程标准提倡多鼓励、多表扬、多肯定学生，以帮助学生享受成功的喜悦，树立深入学习和研究的信心。随着新课程改革深入开展，许多老师对学生回答问题的评价走向了另一极端——无论学生对老师提出的问题作出什么样的回答，发表什么样的所谓见解，老师无一例外地用“好”、“不错”、“真棒”等来反馈，对答问不正确的不予纠正，不完整的不予补充，零散的意见不予综合，肤浅的认识不予深化。这种回应，对学生的回答不再有督促前进的意义。

二、提高课堂问题科学性设计的策略

1. 注意问题设计的适时。提问要选择恰当的时机，要与学习的内容和学习者的实际情况相一致，努力抓住学生处于“愤”、“悱”状态的最佳时机进行提问。尤其在导入新课时的提问，问题的设置一定要巧妙、生动、形象、直观、贴近学生实际经验，发人深思，给学生以强烈的刺激，引起其反应，吸引其注意力，激发其求知欲，从而提高思维能力。有位老师在讲授新课九年级上第 8 课《新航路的开辟》时设问：“在哥伦布出生以前，法国巴黎的一家饭馆里，厨师开了如下一张菜单：蕃茄汤、四季豆、什锦面包、凉拌波罗蜜、可可、牛奶加糖。你认为这张菜单是真的还是假的？请说明理由。”其实，此问题于课前呈现不适时，更宜放于课后，待学生有一定知识基础后再来作答。

2. 注意问题设计的适地。苏霍姆林斯基指出：“使你的学生看出和感到有不理解的东西，使他们面临着问题——如果你能做到这一点，就是成功了一半。”

在教学过程中，教师通过有意识地创设“问题情境”，使学生在思维上进行着挑战，在师生思维碰撞中揭示出所学史实的内在联系，从而提高学生分析、解决问题的能力。不管是复习课还是新授课，在以下情况下教师可考虑进行提问：（1）需要把历史知识综合归纳、条理分类的内容，要提问；（2）需要深化教材内容，加深理解的地方，要提问；（3）需要进行比较以加深理解的内容，要提问；（4）需要总结成败得失的原因或经验教训方面的内容，要提问。

3. 注意问题设计的适度。一是要与教学目标相适应，二是要与学生年龄特征、认知规律相适应，三是要与学生已有的历史知识积累相适应，四是问题的表述要清晰明确。问题设计前，教师要充分钻研课标，分析学情，了解学生对将要教授的内容的掌握程度。如“20 世纪 30 年代前期中国、埃塞俄比亚、西班牙等国反法西斯战争为什么未能遏制第二次世界大战的爆发？”“‘一战’中，意大利参加协约国一方作战的原因是什么”等这些问题，对于初中生来讲是适度的。从学生的角度出发，以学生为主体，把学生作为问题的中心来设计现实问题，再辅以小组合作的方式进行讨论回答，就能使学生加深对教材知识的理解和认识。

4. 注意问题设计的生本性。首先，在教学过程中，要留给学生思考、讨论的时间。有的教师急于让学生作答，没有给多数学生充分思考的时间，缺乏等候时间，即便教师的问题设计得再好，课堂中也难出现生成性资源。按照心理学的信息加工理论，学生从理解问题、提取加工信息、形成答案到准备回答，至少需要三到五秒钟的时间，这就要求教师必须留出恰当的时间给学生思考。其次，教师要引导学生发问，要重视学生的问题和保护学生发问的积极性，学生是否学会提出问题，是他们是否学会学习的重要标志，也是他们思维能力高低强弱的重要标志。为此教师必须尊重学生，对学生的提问做到有问必答，分类处理。如在讲授《辛亥革命》时，学生提出质疑：“同盟会的纲领没有反帝的内容，孙中山对帝国主义仍存幻想，怎么能说辛亥革命具有反帝性质呢？”这些问题的提出，充分说明学生的思维能力的弹性。解决这类问题，对帮助学生更深入理解辛亥革命的性质非常有用。

5. 注意问题设计要有连续性。教师要依据学生认知发展特点和学习内容的内在逻辑关系设置连续性的问题，让问题环环相扣，集中学生注意力，引导学生深入思考，发动学生讨论交流，以促进语言表达能力、思维认知能力的发展。如《“伐无道，诛暴秦”》一课，设计以下问题：“（1）秦的暴政有哪几方面的表现？（2）如何评价秦始皇？（3）如果陈胜、吴广在大泽乡没有遇到连日大雨，秦末农民起义还会爆发吗？（4）陈胜、吴广起义有何历史意义？”这些问题连续性强，教学效果很明显。

6. 注意对学生的回答给予及时恰当的评价。老师对学生的回答作出及时恰当的评价，能够调整学生的学习状态，从而进一步激发学生参与课堂的学习热情。在评价语言上，教师不能总是用那种浮泛空洞的语言来评价学生。长此以往，教师的评价与奖励就会变得廉价。正确的做法是，教师不仅要评价学生回答的内容，对学生的表述方式及态度也要作评价，鼓励他们积极回答问题，养成好的习惯。教师在表扬奖励的同时，还应注意客观的评价指正，使学生在挫折中吸取教训，明确努力的方向。

总之，课堂问题设计的科学性影响着课堂教学的有效性，影响学生思维的发展。因此，历史老师要不断学习，努力具备很强的“史内功”和“史外功”，提高自身素质。同时，教师还要结合历史学科特点，把一般教育学意义下的问题研究及其结果运用在历史课堂中，加强对课堂问题设计科学性策略的研究，改变对课堂提问的一些错误做法。只有这样才能促进学生自主、合作、探究学习，从而提高学生的思维能力。

【参考文献】

1. 赵文龙．历史有效性教学研究［OL］．中学历史课程网．

2. 周兴．如何提高历史课堂提问的有效性［J］．徐州工程学院院报，2006（6）．

3. 杨胜明．浅析历史课堂提问的技巧［J］．新课程研究，2008（4）．

4. 李铁军．优化课堂提问，培养学生思维品质［J］．中学历史教学参考，2001（1）．

5. 叶小兵．历史教师的提问［J］．历史教学，2005（11）．

历史课堂“问题教学”的实践与思考

柳州市第二十五中学 郭继莲

新课程改革要求我们在课堂教学中以学生为中心，注重师生互动。真正的、实质上的互动，是师生之间在情感上、思想上、认识上、智慧上的交流与促进。孔子云：“学而不思则罔，思而不学则殆。”教学过程中，教师正确处理“疑”与“释”的关系，这不仅是促进师生交流互动，还是提高学生思维能力的重要途径。问题教学的方式就是主张让学生多讲多议，教师要少讲多问甚至是精讲多问。作为教师，应该多从学生学习的角度来设计问题和提出问题，设计出真正能激荡学生思维的问题，促进学生的发展。在历史课堂中如何开展“问题教学”？结合自己的教学实践，我谈谈个人的做法与体会。

一、围绕教学的重点设计问题，通过问题教学突破教学重难点。在一节课中，如何讲透重点是教师重要的教学任务之一。设计环环相扣的问题来解析重点是一种有效的教学方式。在七年级《秦汉的宗教、史学和艺术》一课中，司马迁及其著作《史记》是该课的重点，如何使学生通过学习该内容体会到司马迁忍辱负重写出巨著《史记》的艰难过程，并学习司马迁在秉笔直书过程中体现出来的迎难而上、百折不挠的精神，是我教学要达到的目标。为此，我设计了以下教学问题：“（1）《史记》记录的内容是什么？（2）作为一个普通人，司马迁如何了解这 3000 多年的历史并将其书写成书呢？（3）《史记》记录了许多人物，上至帝王将相，下至游侠平民，这其中什么人物最难写？（4）对于司马迁来说，哪一个皇帝又是最难写的？（5）他又是怎样书写他的‘顶头上司’汉武帝？”通过这几个环环相扣的问题，学生的思考不断深入，从内心体会到了司马迁在准备写作过程中“读万卷书,行万里路”的艰辛,感受他冒着生命危险秉笔直书的勇气。

二、提出的问题要善于在不疑之处质疑，点燃思维的火花，激发学生探索、创新的欲望。如：在《隋唐的科学技术》一课中，雕版印刷术是该课的重点。按常规教学，学生掌握雕版印刷术出现的年代、发展历程和成果地位等内容即完成了任务。但我没有就此结束这一内容的学习，而是设计了几个问题来让学生思考印刷术出现在隋唐时期的必然性。首先提出一个问题：“印刷术来源于印章技术，印章早在战国时已出现，为什么印刷术到隋唐时期才发明呢？”这是一个对已有结论提出的问题，学生陷入了短暂的沉思后，开始争先恐后地回答：有人认为隋唐时经济繁荣，人们聪明智慧；也有人认为因为当时的皇帝重视，等等。我没有急于给出“标准”答案，而是在此基础上，又设计了几个小问题引导学生：“印刷术的出现使市场上的书不仅便宜，而且数量也大大增加，什么人来买这些书？”“为什么隋唐时的人民如此渴求知识？”“这个现象又与隋唐创设的什么制度有关呢？”这一个个问题层层递进，引导学生从科举制度对当时社会的影响以及文化教育需求推动印刷技术发展等方面思考，从而理解雕版印刷术与科举制度之间必然的联系，最终明白“科技创新源于人们的需要”的道理。

三、借用现实生活与历史相关的素材，启发学生思考并主动参与学习。众所周知，“生活是知识的来源”。对于来自于生活的问题，学生既有关注的兴趣，也更有探究的欲望。如上《隋唐的科学技术》一课，开课的第一个内容是赵州桥。我提出了以下问题给学生思考："柳州被誉为'桥梁博物馆'，作为柳州人，大家说哪座桥建造难度最大？为什么？"这个问题将学生身边的红光大桥与赵州桥的其中一个特点（河面无桥墩）联系在一起。然后我又通过提问将柳州公园里的半圆形石拱桥和赵州桥平弧形的结构进行了一番对比。课堂教学的效果未让我失望，从学生们争先恐后地回答，甚至唇枪舌剑地激烈争论的情形可知，这个内容已经上"活"了。剩下由我来做的事，就是适时地进行点拨、启发、总结，引导学生得出结论。假使我只按教材内容去平铺直叙，而不是通过富有探索性的问题将学生熟悉并感兴趣的材料与课文内容结合起来，那么探究氛围、学生的参与热情都可能会减弱，课堂效果将难以活跃。

四、抓住学生提出问题的机会，让学生"自疑自思"，培养学生学会质疑的思维方式。老子云："授人以鱼，不如授之以渔。"在我看来，我们采取问题教学方式，最终目的不就是使学生学会质疑，客观理性地看待这个社会吗？因此问题教学的方式并不仅仅指教师在课堂上的提问，同时也应包括学生的提问。质疑并不是教师的专利，质疑是探索知识、发现问题的开始。爱因斯坦曾说："提出一个问题比解决一个问题更重要。"作为教师，我们却往往忽视甚至违背这个道理。在传统课堂上，教师面对学生突发奇想的提问，不是不屑一顾，就是训斥、嘲笑。其实，每一次学生提问的时候，都是培养其思考习惯的好机会，应该加以珍视。设想当学生的质疑成为教学环节的天然突破口，当学生因得到及时的鼓励和肯定而不断冒出灵感和火花，课堂还愁活不起来吗？

如在《宋金对峙》一课中，当我在讲述宋高宗用十二道金牌催促岳飞班师回朝时，有一位心急的学生立即问道："那岳飞回去了吗？”我回答：“回了。”这时，一些学生异口同声地追问：“为什么他要回去呢？”我没有马上回答，而是让班上的学生对这个问题进行讨论，发表各自的看法。有些学生说是因为岳飞的家人在皇帝手中，有些则认为岳飞太傻了，当然也有学生想到是因为古代忠君传统思想观念的原因。最后在进行讨论的小结时，我侧重在肯定学生主动提出好问题，同时也引导学生从古代道德标准去思考。通过讨论，学生认识到评价历史人物时应考虑其所处的历史环境。在这一环节中，学生通过质疑、思考、讨论、和总结这个过程，对他们感兴趣的内容有了理性的认识，并从中体会到了思考的乐趣和探索的成就。所以我认为，在课堂教学中，老师讲得好不如问得好，老师问得好不如学生问得巧。

五、利用教材的内容设置问题，促使学生学会反思历史，从而树立正确的价值观。教师要善于发现教材内容的价值，有些内容不仅可以让学生了解过去的历史，甚至还可以使学生审视当今的世界，在对比思辨中逐渐地形成正确的价值观。

如在《俄国农奴制改革和日本明治维新》一课中，明治维新的影响往往被拿来与百日维新的影响相类比，这是一对很好的类比项目。但在教学中我还做了以下尝试：我连续提出了两个问题：“什么事件可以证明明治维新使日本摆脱了沦为半殖民地的命运？我们应该如何评价日本强大之后的行为？”问题提出后学生联想到中国近代史的甲午中日战争，很快就答出了第一个问题。但后一个问题的答案就不那么统一了，有的学生说“强大了也不应该侵略别国”，有的学生却说“既然‘落后就挨打’，那么强大就侵略也没错啊”。在学生一番“百家争鸣”后，我继续向学生提问：“如今中国也越来越强大，假如强大就可以侵略的话，我们中国是不是也像一些国家别有用心提出的‘中国威胁论’一样，即将走上一条‘侵略扩张’之路呢？我国郑重地向全世界作出了怎样的承诺？”通过这两个问题的讨论和解答，最终学生树立了正确的价值观：落后也许是被侵略的原因，但强大绝不是侵略别人的理由。日本崛起后侵略他国的行为是非正义的，是受到谴责的。如今我国也逐渐步入了强国之列，我国敢于向全世界庄严承诺：“中国绝不首先使用核武器”，“中国永不称霸”。这才是一个大国为维护世界和平应有的态度，也是一个大国应有的风范。学期结束后，我对学生进行调查，不少学生都认为这堂课给他们留下了很深的影响，甚至有学生说自己开始学会从国家的角度思考问题。可见，有效的课堂提问起到的效果是惊人的。

综上所述，在课堂中采用问题教学的方式之所以有效，是因为它符合中学生的心理特征——好奇心强、想象力丰富、渴望通过自己的探索得到知识。通过问题教学法，可以培养学生自主学习的意识、创新意识，还可以让学生主动参与到课堂教学中来。因此，教师更要有责任做到从不同的角度提出好问题，激发学生的兴趣，引导其主动探索知识；同时利用课堂教学中学生提出的问题，鼓励和引导学生深入思考，促进师生之间和学生之间的互动，在互动中使学生掌握和运用所学的知识和方法。

情境之中话历史

柳州市柳江县进德中学　练淑芳

曾记得德国一位教育学者做过这样一个比喻：把一勺盐放在你面前，你根本难以下咽，而把这勺盐放入一锅汤中，你会觉得是那么美味。情境对于学习而言，如同汤与盐，学习就是那勺盐，而汤就是情境。只有把学习置于具体的情境中，才能让学生享受到学习的乐趣，享用到汤的美味。历史学科具有过去性和事实性的特点，学生无法直接接触学习对象，需要我们在进行教学时，根据情境教学理论、历史学科特点和学生学习历史的认知规律，针对具体教学的目的和内容，综合运用多种教学方法和手段，积极创设类似于历史事实的情境，拉近历史与学生的距离。同时由于初中学生在学习方面形象思维占很大比重，在进行历史教学时，创设相关的学习情境，在情境之中话历史，可以激起学生的好奇心和求知欲，激发学习兴趣和情感，使学生身临其境地进入到历史氛围之中，加深感性体验，增强学生的注意力。

创设历史教学情境的方法是多种多样的，我们大致可从以下几方面着手。

一、运用故事演示情境

故事可以缓解压力，使学生提高和集中学习注意力，加深对教学内容的理解。教学中，一则有趣的、短小精悍的故事，常常是点燃学生学习兴趣的火种，也是增进师生情谊、启迪学生智慧心灵的兴奋剂。在实际教学中，教师要根据教材内容和学生特点，一方面要认真精选历史故事，努力做到通俗、生动，创设故事悬念，设计好能引起学生探求兴趣的故事问题，把学生带入到故事情境中去。例如，我在上《商鞅变法》时，讲了这样一个故事："在古代，有位改革家在变法前，担心人民不相信，就在城南门竖起一根三丈高的木头，下令说：'谁如能把这根木头搬到城北门，就赏给十金。'人们感到很奇怪，只是观望，没有人去搬。于是他又下令把赏金增加到五十，终于有一个人把木头搬到了城北门，并且果然获得五十金的重赏。此后这位改革家政令一旦下达，人们就很相信并坚决执行。这位改革家是谁呢？"由此引入新课《商鞅变法》。这样将历史知识糅入故事情节中，把史实故事化，就会有效调动学生的注意力，从而最终将学生引入乐而忘返的境地。

二、扮演角色体会情境

通过角色表演体验历史情境，符合当代中学生参与意识强烈、善于表现自己的心理特征。通过表演，学生主动参与、体验和感受历史过程，探索和认识历史问题，从而对历史产生亲切感，并加深内心对历史的认识。当学生对历史情境的体验渐渐深入时，其自身潜在的学习能力开始发挥作用，从对情境的认知逐步向能力转化使学生在如穿越时空的历史体验中，得到情感态度与价值观的陶冶与升华。

历史情境创设中的角色表演有两种：一是进入角色，二是扮演角色。"进入角色"通常是教师用"假设你是……"这类的引导方法，引导学生通过想象尝试与古人互换角色。如在学习《六王毕　四海一》时，教师带领学生走进历史，提出："假如你是秦王，你将怎样治理来之不易的江山？"学生在教师创设的这一情境中，学习热情十分高涨，纷纷给秦始皇出谋划策，积极主动地参与到学习过程中来。“扮演角色”则可以根据教学内容把历史小品引入课堂，让学生编演历史短剧以再现历史，学生分角色扮演小品中的历史人物。如学习第二次世界大战史时，通过表演雅尔塔会议召开的历史短剧，由学生分别扮演罗斯福、丘吉尔、斯大林，再现了当时三人互相斗智，时而紧张、时而活跃的会议气氛。

通过历史角色扮演，一方面可以再现历史场景，营造历史氛围，另一方面学生通过进入角色，能够亲自体验和感受历史，激起不断追求新知识的欲望，积极主动地投入到学习活动中来，从而加深学生对历史的理解和认识。

三、播放音像渲染情境

学生的学习兴趣带有一定的随意性，易受感知对象、外部特征的影响，具体形象的事物更容易引起学生丰富的想象。音乐是一门情感的艺术，往往直接作用于人的心灵。在教学中，将配合教学内容的有关音乐播放出来，把学生带入一种特定的声音情境中，促使学生打开思维的闸门，积极地回忆、想象，这对激发学生的乐学情趣、开拓学生的思维，会收到良好的效果。现在的中学生大都喜爱唱歌，用歌曲辅助教学，既新颖又容易引起学生的共鸣。例如，在讲授“难忘九一八”内容时，先播放一首学生熟悉的歌曲《松花江上》，让学生在悲怆的歌声中感受到“九一八”事变后东北人民流离失所、家破人亡的悲痛，以及全国人民对日寇野蛮侵占我国东北的愤懑。听完后，我问学生：“这首歌曲的背景是什么？听完这首歌你有什么感想？”以此引入教学，使学生仿佛置身于那灾难深重的年代，唤起了学生的爱国热情，启迪了学生的思维。所以说，根据教材内容，在开讲之始，播放一曲与所学内容相关、学生所熟知并喜爱的优美动听的歌曲，就能唤起学生的情感体验，使学生产生强烈的共鸣，从而收到理想的情境陶冶效果。

四、设置悬念营造情境

学起于思，思源于疑，从教学的实际需求来看，问答是课堂教学得以推进和运行的动力所在。是不是创设了一定的教学情境，就能"一石激起千层浪"呢？不是的，只有那些带有探索因素的问题情境才能像磁铁一样吸引学生，激起学生的好奇心和求知欲。这就要求教师根据教材内容和学生特点，有针对性地提出问题，设置问题"悬念"，引起学生探求的欲望。如学习《五四运动》时，教师先提出这样一个问题："为庆祝新中国成立，在开国大典上鸣礼炮，你们知道设置了多少门礼炮，齐鸣了多少响吗？"然后告诉学生："是 54 门礼炮，齐鸣 28 响。设置 54 门礼炮是为了纪念五四运动，齐鸣 28 响是为了纪念中国共产党成立后领导人民进行了 28 年的浴血奋战终于取得了新民主主义革命的胜利。那么为什么要在如此隆重的时刻来纪念五四运动呢？五四运动是怎么回事？它有什么重要的历史意义呢？这就是本课我们要共同探究的问题。"

比如上《宋元的科学技术》一课时，我在上课之初提出问题："假设你每分钟能抄 35 个字，而我们这本历史书约有 10.5 万字，以每天工作 8 小时计，抄完这本书需要几天？如果要你为我们全年级 230 位同学都抄一本，又需要多少年？"听到这么简单的题目，学生带着一种好奇，投入到竞赛般的计算中。很快，就有学生算完后问："老师，为什么要那么辛苦？拿去印刷不就得了吗？"

话音一落，其他同学也议论开了，不知老师葫芦里究竟卖什么药，学生期待得到答案的欲望被迅速激起。由此为课堂营造了一个良好的学习氛围，我也很从容地进入了新课“四大发明——毕昇发明活字印刷”的内容，为实施下面的有效教学铺垫了良好的基础。

五、联系生活激发情境

在传统的历史教学中，教师通常只注重教材知识点的讲授，就事论事，这就很容易使学生感到枯燥乏味，提不起学习兴趣。教师如果能立足于课本，将一些社会现实中学生感兴趣的“热点”与课本内容有机地结合起来，就会使学生对学习历史兴趣盎然。例如在讲授中国清朝前期历史时，正值电视台播放金庸小说改编的电视连续剧《鹿鼎记》。该剧在中学生当中掀起了一股“金庸热”，他们对剧中的人物如数家珍。在讲课前，我首先问学生三个问题：“看过这部电视剧吗？剧中那个年轻的皇帝叫什么名字？你是怎样评价这个皇帝的？”学生一听高度兴奋：原来老师也看金庸小说，也看武侠剧。他们的兴趣被激发了，七嘴八舌地发表自己的见解。此时我话锋一转，提醒学生注意区分艺术作品与真实历史的不同，告诉他们要想正确地认识和评价康熙皇帝，可从下面的学习中寻找答案。这样一来，既使历史知识更加贴近现实生活，活跃了课堂气氛，又激发了学生的学习兴趣，意识到艺术作品与真实历史的区别，在愉悦中进入新课学习，掌握历史知识。

在讲授《南京大屠杀》内容时，恰逢电影《四十九日祭》热播之际，报纸上很多该片的新闻。上课时我拿了一张女主角“玉墨”的宣传海报给学生看，问道：“大家知道她是谁吗？”有学生答道：“是‘小宋佳’啊！”（我们学校各班都有《柳州日报》，学生很爱看娱乐版的内容）再问：“她演了什么电视剧？”学生答：“《四十九日祭》。”我说：“这部电视剧反映的是一个真实的历史事件，是哪一历史事件呢？”从电视剧中谈历史，学生反应很强烈，在激起学生浓厚兴趣的同时自然而然地引入到新课《南京大屠杀》中，极大地调动了学生的学习积极性，学习效率大大提高。

教无定法，贵在得法。在教学过程中，巧妙创设情境，将历史“复原”，使那些久远的、陌生的历史“重现”在学生面前，寓教于“情”于“境”，增强历史课堂的趣味性，激发学生的学习兴趣，使学生在身临其境、心感其情的状态中达到主动学习历史知识，发展分析、解决问题的能力，提高思想觉悟，这已经成为大家的共识。如果每一位历史教师都能根据自己的特长，结合历史课的特点，从学生的实际出发，采用最佳的方法营造良好氛围，构建多彩课堂，努力追求教学过程的有效性，那么教学效果的“立竿见影”，就不会再是神话。

【参考文献】

1. 朱慕菊．走进新课程：与课程实施者对话［M］．北京：北京师范大学出版社，2008.

2. 张玉民．新课程教师组织合作学习和创设教学情境能力培养［M］．北京：人民教育出版社，2009.

如何提高历史问题教学的有效性

柳州市第八中学　石蕾

问题教学法即把教材的知识点以问题的形式呈现在学生的面前，让学生在寻求和探索解决问题的思维活动中，掌握知识、发展智力、培养技能，进而培养学生自己发现问题、解决问题能力的教学方法。

问题教学法作为一种方法，穿插在历史教学中，可以提高学生在历史学习中的参与度和学习效率，对于学生思维的培养也很有益处。但是要注意的是，不能一味地为了套用教学方法而套死在这样的方法里，要做到活用，提高提问的科学性、有效性，把方法服务于教学之中。

爱因斯坦曾说过："提出一个问题比解决一个问题更重要。"在历史教学中应该怎么设置问题呢？怎样的问题可以提高问题教学的有效性呢？下面，我就结合自身教学经历来谈谈如何提高历史问题教学的有效性。

第一，必须确立在教学过程中"教师是主导，学生是主体"的观念。

设计问题一定要结合学生的知识结构、思维习惯和思考能力，问题的设计不能过于抽象，要从学生已有的经验和知识体系出发，这样才能引导学生思考、重新建构知识，达到教学目的。比如在讲《新航路开辟》这一课时，介绍达·伽马的航海路线前，我引导学生观察图片并思考："从葡萄牙出发去印度，如果是你，会往哪个方向走？"引导学生回顾之前迪亚士的航路并追问："哪条路已被发现？”这个设问联系了学生的思维——“就近走、走已发现的路”，以此来加深学生对达·伽马航线的理解和记忆，起到了好的教学效果。

再如，在讲“家庭联产承包责任制的推行促进乡镇企业发展”之时，为了让学生更好地理解“家庭联产承包责任制的推行，提供更多的劳动力”这句话，可以创设问题情境，并通过一连串的符合学生思维的简单问题促其理解：“现在想象你家住农村，一共五口人，在人民公社化运动期间集体劳作，吃大锅饭，大家生产积极性都不高。自从改革开放后，推行家庭联产承包责任制，分产到户，一家人承包一块地，多劳多得，你会怎样？”学生面对这样的问题，都会很积极地想象并回答。“那一块地以前需要五个人耕种，现在还需要五个人吗？”“多出来的人就可以去做什么呢？”此时学生就会想到在农村还可创办乡镇企业，可以去乡镇企业做事。这样一系列的浅显问题都是结合了学生的思维方式，一步步引导学生去理解“家庭联产承包责任制的推行促进乡镇企业发展”。

设计问题时不能仅仅依据教师的视角去设计，而宜设身处地站在学生的角度，适当创设情境，结合学生的思维方式来设计问题，这样的问题才更有效。

第二，设计的问题要注意问题的层次。

授课时，可先设置一个宏观的、较难的问题引发学生思考。当学生感到困难的时候再设置一连串小的、较简单的问题逐一破解，由浅入深，最后解决之前那个难题。这样不但可以让学生在浅而易的问题上找到“成功感”，从而激发其学习探讨的兴趣；也有利于教师对学生进行引导，培养学生把问题从大化小的思维方式。

比如讲到“一国两制”时，探讨我国实行“一国两制”的原因，可以分层设置一连串问题，引导学生深入理解。首先抛出一个大的问题：“为什么我国政府会允许在港澳实行不同的制度，会允许这些差别的存在？”这个问题通常学生会无法解答，此时立刻抛出几个浅一层次的问题，比如：“这样的不同是基于怎样的现实问题呢？”“香港和澳门回归之前是什么状态？”“香港和澳门曾经分别被哪两个国家占领？”这时学生就能想到它们曾是殖民地，之后再引导学生联系中国近代史的内容——香港被英国侵占的史实——从而得出结论：香港、澳门长时间在外国殖民统治之下，生活习惯、思想观念、经济结构等有所改变，为减少抵触情绪、稳定港澳的发展、推进统一，我国政府才创造性提出“一国两制”的基本国策来解决港澳问题。

因此，对那些难度较大的问题，我们一定要精心设计，将其分解成一组由浅到深、由易到难的小问题，层层推进，使之最终得到圆满解决。这样做的最大好处是能照顾全体学生，不至于使有些学生不敢开口，从而使不同层次的学生回答不同层次梯度的问题，使每个学生都去积极思考、积极作答。

第三，设计的问题要注意学科内甚至学科外的知识联系。

历史知识浩如烟海，内容涵盖广，更因为教材的设计，使得中国历史与世界历史几乎是割断的，这对于学生知识体系的建构和掌握有很大影响。所以教师设计问题还要注意知识的前后联系、中西对比，以形成完整的知识体系，使问题教学法在帮助学生形成纵横交错的历史知识体系方面发挥其独到的作用。同时，可以培养学生对中考专题类题目的做题能力。设计问题时，教师要注意学科内的知识联系。比如在讲完《美国南北战争》后，设置问题：“美国历史上前后两次资产阶级革命有何异同呢？”

引导学生通过思考和对比更好地掌握这两课的知识。

比如在复习课上，复习完“甲午中日战争中国战败，签订《马关条约》后帝国主义列强掀起瓜分中国的狂潮”后，设置问题：“在世界史上，哪一事件使各资本主义国家进入帝国主义阶段，掀起瓜分世界的狂潮？”引导学生联系世界史的知识，并得出这两个事件都是发生在19世纪末，有一定的联系。

再如在讲完《日本明治维新》之后，我们可以大胆提问：“与日本明治维新同一时期，中国政府也开始学习西方，这是什么事件？”“李鸿章等人向西方学习的内容与日本学习西方的内容有何不同？”引导学生对比同在19世纪60年代发生的洋务运动和明治维新，从学习的内容中初步分析为什么日本明治维新可以使日本走上强大，而中国的洋务运动却只是“勉强涂饰，虚有其表”。在此之后再抛出几个问题：“19世纪末，中国政府也进行了一次自上而下的改革，是什么事件？结果如何？”“为什么中国失败了，而日本却成功了呢？”这一连串的问题，引导学生中西对比、由浅至深地构建新的知识结构。特别是在复习备考中，它对于学生联系新旧知识、掌握专题内容有很好的效果。

所以教师在设计问题时要注意站在整个历史全局的角度，寻找学科内各个知识点之间的联系，做到联系古今、中西对比。

除了联系学科内各个知识点之外，作为中学历史教师，我们甚至可以联系其他学科，提高历史问题教学的有效性。把其他学科与历史知识关联的知识点以问题的形式呈现给学生，可以让学生更好地掌握知识点，让他们记得更牢更持久。比如在讲授第二次工业革命的特点“科学理论与发明、工业生产紧密结合”时，为了让学生理解这一特点，我设置问题：“发电机的发明就是运用了谁发现的什么科学现象？”学生就会想到物理课上学到的知识点——法拉第发现的电磁感应现象。这样设置问题，可以让学生在理解的同时牢记知识点，对历史和物理的学习都有好处。

除了这个例子，历史学科与政治、语文等各个学科都会有一定的联系，甚至与中学学科之外的其他领域都有很大的联系。所以，历史教师要站在学科之外的更大领域来思考问题、设置问题，这样可以让学生的思维更宽广，让学生的能力更强。

第四，问题教学的有效性还要注意设问的适度。

适度即问题的难度要合适，不能太难也不能太易。太难学生无法回答，打击学生的积极性，使学生得不到成功体验，长期下来就会对历史学习缺乏兴趣；太易则没有思考价值，无法激起学生思维的火花，浪费课堂时间。教师应力求做到：学生不用思考就能回答的不问，学生怎么思考也答不出的不问。那种“是不是啊”、“对不对啊”之类的问题不要问，这类问题是浪费时间、没有效果的问题。

最后，教师在使用问题教学法时要及时地捕获学生反馈的信息，及时总结，引发深思。对于学生的回答，教师还应做出及时而准确的评价，强化学生的思维操作，调动学生课堂思维的积极性。教师恰到好处的表扬或赞许，会使学生的思维活动得到积极强化。教师还可以对学生的回答进行再追问，在初步解决已有问题的基础上引发出更多、更广泛的新问题，提高学生思维的深刻性和广阔性。

问题教学法要活用于历史教学之中，最重要的是要坚持学生的主体地位，同时落脚于学生建构知识、掌握知识、提高能力的需要。但不能拘泥于形式，要做到灵活应用。

浅议新课程改革背景下历史情境教学的有效性

柳州市柳江县拉堡中学　兰锦徐

新课程改革强调以学生为主体，把学生的主动学习放在第一位，以自主、合作、探究的学习方式，使学生在互动合作、探究、交流、创新中乐于学习、学会学习，获得终身可持续发展的动力与方法。情境教学法"激发学生强烈参与学习的兴趣、主动建构知识、促进学生思维发展"等基本精神，与新课程改革的理念和要求的一致性，使这一教学法正在被越来越多的历史教师所采用。但是，也有一些教师在运用这种教学法时出现了一些偏差，给中学历史教学带来负面影响。这种偏差主要表现在：

一、片面依赖多媒体课件，教学缺乏互动性

利用多媒体手段创设教学情境，是历史教师情境教学中常用的手段。和传统教学模式相比，多媒体辅助教学有明显的优点，如能通过音频视频资料渲染情境，起到良好的效果。但是有些教师过于重视课件的技术性和趣味性，在追求趣味性的同时，分散了学生的注意力。这样的课看上去热闹，实际上收获很少，学生的思维很难被激活，历史课的教学目标也很难实现。有些课件只是简单的文字加图片，削弱了情境的意境。

二、创设无效教学情境，课堂华而不实

有些教师认为问题情境教学就是教师提出问题，让学生带着问题去看书，然后在此基础上让学生来回答问题，且认为课堂

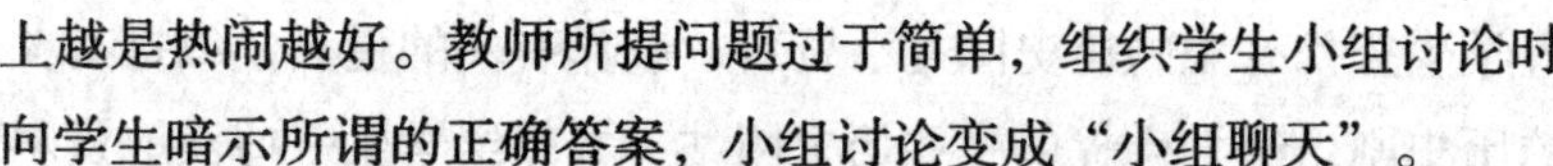

上越是热闹越好。教师所提问题过于简单，组织学生小组讨论时向学生暗示所谓的正确答案，小组讨论变成“小组聊天”。

营造角色情境，让学生进行历史课本剧表演，演绎历史事件，是情境教学的重要方法。但要避免走过场，即学生按事先准备好的台词念一念，热闹过后恰恰忽视了历史学科内容，而且所占时间过多。这样的课堂虽热闹但有作秀之嫌。

历史教师应遵循情境教学基本原则，在历史课程实践中进行不断的尝试、发展，真正地发挥其潜力和价值，提高有效性。

如何解决这些问题？在我校开展多年的自主合作学习的大环境中，历史课题组进行了情境教学有效性的研究。如何使历史课堂生动灵活，最关键的是要改变教学观念和行为，要让学生积极参与到历史情境教学中来。如何让学生有效地参与创设历史情境进行有效学习？我们认为要整合课程资源创设情境、有效设计问题、引导学生自主学习、促进合作学习。

一、有效利用课程资源是实施情境教学的前提

以往我们将历史教材视为历史教学的唯一依据和资源，而新课标认为历史教材仅是历史课程资源的一部分。因此，我们在充分用好教材这一课程资源的同时，我们还要关注其他课程资源并加以有效利用，作为教材资料的有效补充。

要关注历史文物、历史遗址遗迹、历史题材的照片影视资料、蕴涵着丰富历史内容的人文景观和自然景观等历史课程的资源，根据教学需要，适度引进课堂。

重视学生这一重要的课程资源，科学指导学生参与到教学中。教学活动是双边互动的，教师要尽最大可能发动学生来参与课堂教学的设计和活动。在准备创设历史情境所需资料时，可布

置学生查找有关的历史图片、资料，制作有关的道具，编排有关的历史剧，给学生提供一些历史网站，并教给学生一些获取资料的方法等等。同时开发利用好家庭课程资源。每个家庭都有不同的经历，学生通过照片、实物以及家长和亲属的讲述等，能更好地了解家庭的历史和社会的变迁。例如有的学生家中还珍藏有辛亥革命纪念币、布票、粮票等反映时代特征的物品，这些可作情境教学课程资源使用。充分利用家庭资源，可以增强学生对历史的体验和感悟，认识到历史原来也可以离自己这样近。这些有利于学生引发主动学习历史的兴趣，培养学生的创新能力和合作精神。

二、有效创设问题情境是实施情境教学的关键

创设问题情境可以帮助学生学习历史知识，培养学生养成良好的问题意识，鼓励学生敢于质疑、探疑和解疑，提升学生的创新能力，使学生能主动学习和探索，全面提高人文素养。

问题情境是激活课堂、有效实施教学的根本方法。问题情境如何创设？我们所用的历史教材每课都有课中题和课后题，可以好好利用。但教材给出的有些问题不一定适合全体学生的认知层次，在创设问题情境时较好的方法是寻找现实生活与历史相关的素材，启发学生结合知识点、分析思考、相互议论析疑。在实施情境教学时，问题呈现方式可以多样，既可以在教师启发诱导下获得，也可以由学生主动探究获得。新课程强调要改变学生单一的学习方式，而这种变革的核心就是通过探究发现和自主学习来生成问题，使学习过程成为发现问题、提出问题、分析问题和解决问题的过程。在解决问题的过程中，学生可以独立思考解决，也可以与他人合作解决。

在教学中，学生产生问题的原因大致有以下四点：一是由于学生缺乏相应的历史基础知识，因而对即将学习的新知识难以理解而产生“是什么”的问题，如“什么是民族”。二是由于学生的原有知识和理论不足以解决新问题，因而产生疑惑而提出“为什么”的问题。三是由于学生原有的知识、经验、社会阅历与新知识、新情境相悖，因而产生疑问而提出“是这样吗”的问题。四是学生虽掌握书本上的知识、理论，但就如何与社会实际联系，发挥“古为今用”的作用而产生“怎么办”的问题。

以《近代民族工业的发展》为例，课程标准对本课的知识要求是：了解近代民族工业曲折发展的主要史实，探讨影响中国民族工业发展的主要因素。如完全按教材内容平铺直叙地处理教学，将无法激发学生学习和探究的兴趣，教学效果差。笔者在授课时给出大生纱厂的兴衰历史的材料，要求学生自主阅读之后，用坐标曲线图表绘出其在近代发展的兴衰史，由问题情境引发了学生的兴趣。然后巧妙设问，提出如下问题让学生思考：“（1）近代大生纱厂发展最快的是哪个时期？促进其迅速发展的因素有哪些？（2）张謇‘实业救国’的思想广受称赞，你认为这种主张能实现吗？为什么？（3）从大生纱厂兴衰历程中，你认为影响中国近代民族工业发展的因素有哪些？”课堂上，学生热烈讨论甚至激烈争论，探究热情高涨。我适时进行点拨、启发，引导学生得出结论。有效的问题情境创设让学生“活”起来了，学生的思维不再以教师为中心，而是自觉地、主动地去探索去思考。

三、进行师生互动合作探究是实施有效情境教学的保证

历史情境教学是以学生的积极参与为前提的，能充分满足学生的需要、动机和兴趣。无论是让学生搜集资料，还是让学生

参与讨论、辩论，都应该鼓励师生之间的互动。在讨论过程中，教师应参与讨论，要让学生围绕问题讨论，同时教师要做好组织、引导工作，允许学生提不同的看法。即使是学生的奇思怪想，也应先肯定他的质疑精神。教师还要及时进行有针对性地点评。当然，这种点评不是标准答案，也不是学生分析的简单罗列，而是师生共同讨论分析后对问题认识的升华、创新。这种互动，会加强师生之间、学生之间的融洽程度和合作程度，能达到从合作中学、在合作中提高，真正使学生成为课堂的主体的目的。如在讲授《戊戌变法》时，有学生提出："如果没有袁世凯向顽固派告密，变法不就成功了吗？"笔者首先肯定了他敢于提问的精神，再要求学生讨论分析，从多方面探究变法失败的原因，认识到变法失败的必然性，做到了在讨论中发现问题、解决问题。

在互动中，学生增长知识，增加情感，学会认知、做事和合作，那种没有选择、被控制的"被动者"变成知识的"探索者"，甚至感悟到学习中充满乐趣。小组讨论法是有效促进互动的教学方法，它以小组为组织形式，借助小组成员之间的协作完成特定任务。要组建结构合理的合作学习小组，可按照学生的知识基础、学习能力、性格特点的差异进行分组，也可以根据男女性别、兴趣爱好来分组，还可以按活动主题的需要让学生进行自由组合。合作学习中分工职责要明确。明确的组内分工能促进学生良好的合作学习习惯的养成。讨论的过程重在交流，又重在合作，以弥补个体在思维、精力、时间和学习方式上的局限。

【参考文献】

李吉林．李吉林情境教学理论与实践［M］．北京：人民日报出版社，1996.

余文森．有价值的教学情境什么样［J］．新课程研究，2007（4）．

朱慕菊．走进新课程：与课程实施者对话［M］．北京：北京师范大学出版社，2008.

初中历史课堂讲述历史故事的方法探究

——讲述历史故事的“前导后延”

柳州市第十六中学　雷秋丹

有别于自然科学，历史属于培养学生情感、心态、信仰、理想、价值导向的人文学科。人文学科是具有重要意义的基础学科，但由于学习内容和学习方式不像自然学科一般具有显著实用性和挑战性，所以人文学科的教学往往较难引起学生的学习兴趣和征服欲望。

历史这一“长见识”的学科需要教师本身具备渊博的学识，并在备课过程中化繁为简，最后用学生能接受的、爱接受的语言或方式呈现在课堂上。倘若只是照本宣科地复述课文，不加以有效的补充和分析，久而久之就会抹杀学生对历史的兴趣。

初中历史课堂是最应该充满笑声的，因为历史学科的教学内容十分有趣，且蕴含着丰富的社会规律认知内容。但我们经常看到，初中历史课堂死气沉沉：教师是照本宣科的传音筒，学生则成为重复生硬结论的机器，历史课堂教学的效果自然大打折扣。事实上，一线教师们都在积极探索着引起学生学习兴趣的方法，讲述历史故事成为普遍认同且可操作性较强的方式之一。

初中生对历史的学习还处于起步阶段，大量的史实都是新鲜接触的信息，所以调动学习兴趣是必需也是可行的一项教学任务。由于智力和能力发展水平暂时有限，初中学生还无法自行挑战复杂的文献和沉重的理论。教师需要将这些学生无力承受但又必须接受的信息经过改造和加工，深入浅出地呈现。讲述历史故事无疑就是深入浅出、调动兴趣的一个最佳手段。但随之而来又出现了新的问题，比如讲述故事后学生依旧提不起兴趣，甚至出现听不懂的疑惑；又如课堂气氛得到了调动，但学生没达成预设的教学目标……这些问题的出现，和讲述历史的方式有一定关系。

课堂上历史故事的接受对象是初中生，且讲述的目的是为了达成教学目标。这决定了故事不是随意拈来、随意发挥的。因此在备课阶段，教师就应该在选取故事题材、加工故事语言、选取插入故事的教学环节上做好准备。要力求所讲的故事能紧扣教学主题，并能够实现预设的教学目标、解决教学重难点，且兼备真实性和趣味性、引导性。

如何让历史故事能够体现教学主题并达成教学目标？笔者认为最有效的方法是：做好讲述历史故事的“前导后延”。

所谓“前导后延”是指：正式讲述故事前，先给予学生一些引导性的语言，让学生根据教师导向吸收故事信息；故事讲述完成后，要有一定的总结性动作，再度使学生将关注点带回课堂教学。“前导后延”是使故事能够为教学服务的重要环节。

“前导”主要是由教师来施行的，目的在于给学生一个暗示：请同学们在听故事的过程中重点关注某一问题。“前导”环节并不需要复杂设计，有时一句话、一个问题就可以做好暗示。如笔者在上岳麓版初中历史八年级上第5课《洋务运动》时，曾准备了一个故事《饱经波折的中国第一条自建铁路》来突破教学难点问题——洋务运动破产的原因。所讲的故事阐述如下：

第一次工业革命中，英国发明了世界上第一辆蒸汽火车，他们骄傲地向全世界展示这个交通新宠。清政府也曾受邀参观火车和铁路，但当时一群顽固派大臣对这个新事物不屑一顾。他们认为火车是“奇技淫巧，何足挂齿”。而洋务派则感受到西方科技之先进，迫切希望能够学习并利用这些技术造福国家。

1874年，李鸿章第一次提出修建铁路的想法，清廷一片质疑嘲讽，没有积极回应。“也许时机尚未成熟”，李鸿章想到。

1879年，为解决煤矿运输问题，李鸿章再次奏请清廷自建铁路并获准。但不久后“群臣阻谏”，恳求清廷恪守祖宗成法。“老佛爷”突然醒悟，立即收回成命，筑路计划流产。

两年后，洋务派第三次尝试奏请筑路，这一次他们只要求建造一小段距离的铁路，且保证路修成之后用骡马拖拉，绝不惊动铁路附近的龙脉，清廷才勉强准奏。

1881年，唐胥铁路历经磨难终于动工兴建。首要解决的问题是确定轨距。洋务派聘请的英国工程师金达利坚持采用英国标准，以便为今后英国与其他国家争夺中国筑路大权而打下基础。

开始动工后，一桩怪事发生了。工匠们第一天铺好的铁轨，一夜之间居然消失了。铁轨究竟去哪了？四处打听后方知，原来是一些百姓怕铁路占用了耕种的土地，糟蹋庄稼，所以夜里悄悄拆毁了铁轨。

终于到了1881年年底，铁路建成并投入使用。但只能用骡马充当火车头，在钢轨上拖拽煤车，被时人戏称为“马车铁路”。

小火车在唐胥铁路上开行的消息很快传到京城，朝内顽固派立即哗然：“机车直驶，震动东陵，且喷出黑烟，有伤禾稼。”于是这条线路被勒令禁驶。后经洋务派四处周旋，数月之后，清廷才默许复驶。1982年6月，“龙”号机车终于行驶在唐胥铁路上，中国的第一条自建铁路历经8年的时间，终于驰骋在大清国土上。

在讲述故事前，笔者进行简单的引导：“李鸿章等官员在创办洋务企业时是否一帆风顺呢？我们从中国近代第一条铁路的修建过程就能一探究竟。”进而展开故事的讲述。这句话既是设置了一个疑问，引起学生的好奇心，又将学生接下来的注意力集中到洋务运动上来，自觉筛选和提取有效信息。

“前导”环节也是备课过程中应特别设计的，宗旨就是让故事能够引领师生突破教学的重难点，使故事能够真正服务于教学而非单纯调动课堂气氛。也需注意，“前导”部分不应设计得太复杂或太冗长，以免分散学生注意力，给予学生过多的任务将导致学生应接不暇。

“后延”环节是重申主题、升华故事、激发思维的重要手段，千万不能用一句“这就是 xxx 的故事”草率收官。

“后延”的最有效形式是：在讲述故事后，设置配套的问题，充分挖掘故事的教学价值，同时这也是用故事达成教学目标、击破重难点问题的最好时机。设计的问题可以是训练学生提取有效信息的，也可以是让学生分享感受的。如笔者在执教《第一次世界大战》时，根据史料设计了虚构的故事《马克日记》和系列问题：

马克是一名普通的德国士兵，他应征入伍参加了“一战”，并留下了珍贵的日记。

1914 年 8 月，大战开始，马克告别了母亲，准备上战场。他并不是特别感伤，因为德皇威廉二世允诺大家：“在圣诞前就能回家。”马克坚信速战计划一定会成功。他来到火车站，看到运载德军的车厢上涂满了字：“去巴黎吃早餐！”战友们脸上都洋溢着自信的笑容，大家唱着欢快的歌曲，就像要开始一段快乐的旅行。1914 年 9 月，德军在马恩河与法军会战，却遭遇了失败。马克隐隐约约感觉到战争也许不能很快结束了。果然，指挥部开始命令大家挖战壕，作持久战的准备。马克每天做的事就是蹲在战壕里，躲避敌人的弹药，并寻机向敌方开炮反击。他看到一个个兄弟和老乡在战争中失去性命，开始痛恨战争。不久圣诞节将至，马克的军营里流传起圣诞节停战的消息。12月24日，圣诞夜到来，德军与英法联军真的自发停战了！马克和所有人一样大胆地走出战壕过节。他们一起狂欢，一起唱颂歌，甚至一起踢足球。马克和几个战友及会德语的英军聊天，原来大家都恨极了战争，巴不得它赶快结束。但是，他们知道，政府不会轻易停战的，除非政客们得到自己想要的东西……大家你一言我一语揭发了各国政府的阴谋。他们发现参战国的目的不是抢地就是夺权，原来政府为了自己的侵略目的，诱骗和逼迫大家去卖命。第二天私下停战的消息传到了双方的指挥部，他们大发雷霆，下令禁止非官方的停战。马克又躲进了战壕，炮声再度响起。1916年，马克随部队来到巴黎的门户——凡尔登，在这里，他看到了地狱般的景象：到处都是残垣断壁，击破的战车，碎成一块一块的尸体。不久，马克收到了德军在日德兰海战中失利的消息，紧接着英法又在索姆河发动战役了。英军使用了一种他们从没见过的武器——坦克！这个“钢铁怪物”摧毁力很强。马克在战争中继续沉沦，终于，他留下了最后一篇日记：“我不得不忏悔，我们在炸药当中混入了毒气，以此来摧毁敌方的有生力量。我每天都会做恶梦，我已经变成一个双手沾满鲜血的魔鬼！”

故事讲完之后，笔者提出了系列问题，要求学生回忆日记内容，回答问题：

1. 马克日记里提到了几场著名的战役？其中最惨烈的是什么战役？

2. 史料证实，1914年的圣诞节西线战场出现了大规模的非官方停战。这是为什么?

3. 双方政府为何要逼迫士兵们继续战斗?由此反映出“一战”是场怎样的战争?

4. “一战”中出现了哪些新型武器?科学技术在“一战”中成为杀人工具,这给我们什么启示?

历史教学应坚持“论从史出”的原则。其实将历史故事融入课堂教学,就是进行材料分析的过程。挖掘出故事里适合历史教学的部分,调动学生的思维,才能使材料充分发挥功效。

当然,故事的“后延”可以由学生自由表达,也能由教师进行点睛式的总结,或者两种方式配合使用。但是无论哪一种方式,都要以达成教学目标为出发点,设计的问题不应该偏离教学主题,评价部分也不应过度发散,以免混淆学生的思考点。讲述历史故事只是教学过程,最终目的是提高教学效果。要想这一教学手段得到充分利用,在实施过程中就需精心设计并有所侧重。组织好“前导”和“后延”环节,会使讲述故事事半功倍,不仅仅能激起学生的注意力和学习兴趣,还能够达成教学效果,使故事真正服务于历史课堂。

科学设计课堂问题，提高学生思维能力

柳州市鹿寨县初级实验中学　韦道贵

《全日制义务教育历史课程标准（实验稿）》指出，历史教学对知识的要求不是最终的目的，而是通过掌握最基本的历史知识，使学生在基本的技能和思维方式上得到训练和提高，最终实现提高学生综合素质的培养目标。这就要求教师在教学中不仅让学生掌握历史知识，把握历史的脉络和阶段特征，更重要的是培养学生科学严谨的历史思维方法，增强学生对中华民族优秀传统文化的认同感。但是，在现实中，很多老师、学生认为历史就是一门死记硬背的学科，上课勾画笔记，读读背背。学生体会不到学习历史的乐趣，从而丧失了历史学习的兴趣。特别是农村学校缺乏专业历史教师，大多数由其他学科转岗的老师兼任，教学方法陈旧，教学效果较差，不能达到历史课教育的根本目的。对于执教者来说，必须改变“一言堂”和“满堂灌”的陈旧的传统教学模式。教师要使设计的课堂问题能有效促进学生积极思维，应结合学生实际，科学合理设计课堂问题。

一、把握学生历史认知，设计的问题要有启发性

设计的问题要有启发性，有一定的思维含量，能够引导学生在思维的广阔空间中遨游，这是历史课堂提问要遵循的首要原则。这就要求提问要有新意，并重视基础知识的设问，在落实“双基”的基础上培养学生的思维品质。如八年级下册《重庆谈判和人民解放战争转入反攻》这一课，讲到“重庆谈判”，我先要求

学生识记历史事件的时间、地点、人物等基础知识，然后提问："1945年，蒋介石三次电邀毛泽东去重庆谈判。'去'还是'不去'？"认为不该去的学生列举一大堆理由："蒋介石背信弃义、两面三刀，西安事变后扣押张学良、杨虎城，说明这个伪君子是任何卑劣的行为都会干的，毛主席不能去。""抗战胜利，蒋介石疯狂抢夺胜利成果，积极部署反共反人民的内战，磨刀霍霍，哪有丝毫诚意谋求和平？不去！"认为该"去"的学生也列举了理由：当时中国面临两种命运、两个前途的关键抉择时刻，中间势力对蒋抱有幻想，"去"有利于揭露敌人，谈判也是一种针锋相对的斗争。教师在学生充分发表意见后指出，抗日战争胜利后，全国人民渴望和平、民主，为了争取国内和平；为了更好地揭露蒋介石假和谈、真内战的阴谋，团结教育全国人民，毛泽东置个人安危于不顾，以无产阶级革命家的胆略，在周恩来、王若飞的陪同下，前往重庆进行谈判。通过学生讨论、教师归纳，学生不仅对重庆谈判的历史有了一个完整的认识，而且对毛泽东的伟大革命精神、对中国共产党代表中华民族和中国最广大人民的根本利益，处处以人民利益为重，以中华民族利益为重体会更深。也可以从历史事件内部联系设计问题来启发学生。比如，讲授"美国独立战争的原因"时，可以作如下启发："战争必然由矛盾激化引发。这个社会的主要矛盾是什么？"由此引导学生总结："北美资本主义的发展受到英国殖民统治的严重阻碍。""这体现了什么社会发展规律性？"由此引导学生分析知道：生产力和生产关系的辩证关系。"这对矛盾的存在和发展，使战争必然发生，早晚都要发生。那么，谁能预见战争将在什么时期发生呢？"由此引导学生分析将在18世纪六七十年代。因为这一时期，北美人民反英斗争不断高涨，表明战争的时机成熟了。实践表明，通过以上问题的层层引导，不仅可以激发学生求知的欲望，而且可以使学生掌握解决此类问题的一般方法：一是如何寻找根本原因——战争必然发生，二是何时发生要看时机何时成熟，三是战争最后只需要一根导火线。同时，也向学生揭示了历史发展的必然性和偶然性的辩证关系原理。这样，学生不仅可以掌握这一问题，还可以做到触类旁通。

二、结合学生成长实际，设计的问题要有兴趣性

我们常说，兴趣是最好的老师。兴趣能使人集中注意力，能促进思考和解决问题。教师设计的问题质量如何，很大程度上取决于它们是否有情趣和吸引力，是否能使学生愉快地接受教育。历史课堂提问从内容到形式都要刻意求新，平中出奇，使学生在生疑、解疑中获取知识，发展智能，并体会到积极思维的快乐。富有趣味的知识性提问，能诱导学生以愉悦的心情去积极思维。例如：在八年级下册《中华人民共和国的成立》这节课中，我提出一个问题："为庆祝新中国诞生，在开国大典鸣礼炮时，你们知道当时设置了多少门礼炮，齐鸣了多少响吗？为什么要这样设置呢？"然后由学生去查找资料，进行归纳："是 54 门礼炮，齐鸣了 28 响。设置 54 门礼炮是为了纪念五四运动，齐鸣 28 响是为了纪念中国共产党领导人民进行 28 年浴血奋战，终于取得了新民主主义革命的胜利。"这样的问题会使学生兴趣盎然，从而在主动、轻松的心态中进行学习，学习效果大大提高。当然，在教学过程中也可以让学生设计问题，提出问题让同学们互相回答，老师进行适当的点拨和评价，也能较好地提高学生的学习思维。

三、立足学生现实认知，设计的问题要循序渐进

即历史课堂提问必须从学生实际出发，注意学生的年龄特征、知识水平和接受能力。提问要深浅适度，面向全体学生，同时，设计问题要针对不同层次学生的个性特点，以发挥每个学生的思维积极性。例如，讲“隋朝开凿大运河”时，可以根据历史地图《隋朝大运河图》提问：“（1）隋朝大运河是哪一年开凿的？南北起止点在哪里？是今天的哪两座城市？（2）隋朝大运河全长多少公里？沟通了几大水系？流经现在哪几个省？（3）由北往南，隋朝大运河可分为哪几段？（4）隋炀帝开凿运河的目的是什么？大运河开凿后发挥了哪些作用？”提问由浅入深，使学生既能掌握基础知识，又能结合认知水平层层深入，使不同层次的学生都能有所收获，充分发挥每个学生的思维积极性。

四、注重学生实践能力提升，设计的问题要有实用性

即要求历史教师按教材内容和学生认识发展的顺序，由浅入深，由易到难，由近及远，由简到繁地设计问题。一环紧扣一环，环环相扣，使问题紧凑，拓展学生思维，也更能集中学生的学习精力。 在上七年级上册《汉武帝“大一统”》这一课时，我曾这样提问：“（1）休养生息与‘文景之治’是什么关系？西汉初年实施休养生息的背景是什么？（2）休养生息重点解决了农业发展方面的什么问题？休养生息的作用是什么？对西汉有着怎样的影响？（3）汉高祖、文帝、景帝治理国家的措施，对于我们今天全面建设小康社会和构建和谐社会有哪些借鉴？”有针对性地设计不同层次的问题，把学生思维一步步引向深入，从而提高学生分析问题的能力。同时也让初一的学生知道：我们可以学习古人的成功经验来构建今天的和谐社会，也可以从历史中学

到许多……

在教学中，要鼓励、培养学生的好奇心，对学生提出的问题，教师应区别对待。有的学生提出的问题较深，教师在备课时并无准备，不可盲目作答，可以课后查阅资料，下节课再宣布正确答案。对脱离教材甚远的问题，可在课余与提出问题的学生单独交流。对于提出离奇古怪问题的学生，也不要批评责怪，有时一些看似怪异新奇的问题，往往蕴含着创造思维的火花。

总之，科学设计课堂提问，关注历史课堂问题的设计，有助于培养学生学习思维品质，锻炼学生能力，提高历史课堂教学效果。它是学生成长的阶梯、长进的桥梁、触发的引信、觉悟的契机，是历史课实施素质教育的重要环节，是值得我们每一位历史教师认真研究和探索的课题。

【参考文献】

1. 刘冬梅 . 在问题教学中培养创新思维［D］. 东北师范大学，2006.

2. 计强 . 中学历史问题教学与问题设计［J］. 中学历史教学参考，2004（10）.

3. 佚名 . 科学设问，培养和提高学生的历史思维能力［OL］. 英才苑教育科技网 http：//www.ycy.com.cn/2010/Item.aspx？id=17446

4. 张文凤 . 论中学生历史思维能力培养的途径［D］. 陕西师范大学，2012.

浅谈历史故事在历史教学中的运用

柳州市第三十中学　彭铮钰

历史的教学内容本应丰富多彩，教学形式本应是兴趣盎然的。通过历史教学，本应进一步提高学生的思想道德品质、文化科学知识、正确认识问题和分析问题的能力，促进学生的全面发展。但在实际的教学过程当中，传统历史教学方法却未达到此效果，传统的历史教学方法过时、手段单一、教学方式死板，教师一支粉笔、一张嘴巴的“填鸭式”教学，越来越压抑学生的个性，影响学生的思维，使本身对历史抱有浓厚兴趣的学生离历史越来越远。相反，如果教师能够根据历史学科和历史知识的特点，根据初中学生的年龄特点和心理认知特点，使用有效的教学方法，必取得良好的效果。

历史内容应该是有血有肉的。知名学者许纪霖说：“历史的灵魂是故事。没有故事的历史，就像一个没有躯体的灵魂，是孤魂野鬼。” 在历史教学过程中，教师会想方设法运用各种方法调动学生的兴趣，其中讲述历史小故事无疑是增添学生学习兴趣的方法之一。根据初中学生的特点，他们都爱听故事。枯燥的历史知识，很难有吸引学生的魅力，但通过具体、生动的历史故事，可以让学生身临其境，走进历史事件，走近历史人物，亲身体验真实的情境。如果我们教师在实际教学中能结合自己的教学内容，抓住生动的历史故事进行教学，那学生将会感兴趣得多。越来越多的一线老师也认识到，采用“故事教学法”将会增强历史教学的趣味性。那么我们该如何运用这一方法呢？通过几年的实践，我谈谈自己的粗浅看法。

第一，故事必须为教学服务。在教学实践过程中，教师讲述的故事应该来源于教材、回归教材和超越教材。应根据具体情况和教学的内容巧妙地运用，切忌为故事而故事，一味地追求故事化，以免表面上课堂气氛热热闹闹，最终却导致教学庸俗化、程式化，而变成形式主义的故事教学，没有达到教学应有的价值目标。这就要求教师在选择故事时要紧扣教材和教学主题，要结合课本的内容来增补故事。历史课固然离不开历史故事，故事教学必须围绕教学目标，为教学服务。在通过教学提升学生的学习兴趣的同时，所教授的历史知识点也必须一一落实。

第二，故事要简洁。在课堂上讲故事不是教学的主体过程，只是通过历史故事为教学服务。因而讲故事的时间不宜过长，课堂上讲的故事宜简洁、明了。要通过小故事的讲述，迅速巧妙地转入正题，将学生的注意力集中到本课主体学习上来。

第三，故事要有针对性。课堂教学是一种目的性很强的活动，所以在课堂上穿插的故事必须目的明确，围绕教学主题展开。历史课堂上讲授的内容不能是随性的、漫无目的的，更不能单纯着眼于课堂活跃或“热闹”，为情境而情境，而是必须有助于历史教学目标的实现。如在教学《红军长征》一课时，其中一个教学目标是体会红军的革命英雄主义精神，认识中国革命历程的艰难曲折。教师可以选取红军长征过程中的小故事穿插在教学中，如爬雪山过草地的故事、飞夺泸定桥的故事等，让学生从一个个真实的历史故事中，体会到红军不畏困难险阻、百折不挠的革命精神。在讲“火烧圆明园”的时候，可以给学生观看圆明园的图片或者播放影片，让学生较真实地看到和了解圆明园曾经的精美和壮观，然后以圆明园的十二生肖头像为切入点，给学生讲述英法联军侵略中国所犯下的罪行。这类故事环节既能让学生为圆明园的被毁充满惋惜，对近代资本主义列强的入侵充满愤恨，也能从中激发学生们的历史责任感和爱国的热情。《人类进入电气时代》这一课要求通过了解科学家、发明家取得成功的个人因素，学习他们勤于实践、虚心好学、勇于创新的精神。我在实际教学中，就讲述了《从“低能儿”到发明大王》的故事，让学生从爱迪生的发明过程中体会和学习他的优秀品质。

第四，故事要有趣味性。朱熹说：“教人未见意趣，必不乐学。”这句话表明了兴趣在教学中的重要作用，即可以说兴趣是最好的老师。学生对学习有了浓厚的兴趣，才会去积极地探索、敏锐地观察、牢固地记忆和丰富地想象以及创造性地运用。学生对历史上的风云人物和历史故事易感兴趣，我们就可以以学生的兴趣作为突破口，把所要教授的历史事件和历史人物及历史故事有效融合在一起。例如七年级下册讲到唐朝时，可以从历史上唯一的女皇帝武则天入手，这是学生非常感兴趣的；讲到八年级上册洋务运动时，可以从李鸿章或曾国藩说起；讲抗美援朝战争，可以从学生熟悉的黄继光和邱少云的故事开始。教师在引用故事的时候，要使故事能够引起学生的注意，激发学生的学习兴趣，从而启发学生思维，引导学生探索所学的知识。

第五，讲述历史故事的时机要合适。现在课堂教学中故事讲述的时机把握主要有两种情况，一种是教师在新课导入时使用。“良好的开端是成功的一半”，初中学生对故事性、趣味性的知识易于接受，教师利用生动的历史故事可以较早抓住学生的注意力，让学生尽早进入学习状态。在故事讲述后教师根据本课的教学目标设置问题，引导学生思考，让学生带着问题开始新课内容的探索。例如七年级下册《贞观之治》一课，教师可以从唐太宗与魏征的故事入手，然后引导学生思考唐太宗在位时政治清明、国力逐渐强盛的原因，接着设置问题："唐太宗为巩固政权，加强统治的主要措施有哪些？"从而引导学生进入本课主要内容的学习。第二种则是穿插在教学内容中，围绕教学目标展开。为完成某个教学任务或达到某个教学目标，教师通过故事来引导学生进行理解。如为体会辛亥革命中的斗争精神，教师可以讲述武昌首义的故事，让学生在故事中体会辛亥革命的首义精神；在教学五四运动爆发的背景时，可以通过视频播放《巴黎和会》的故事，加深学生的理解，也可以通过该故事引入本课的学习主题。

第六，故事要求启发性。教师在课堂上讲述的故事，要根据学生的知识能力和思维实际来选择。我们的主要目的是以故事为思路，教会学生思维的方法，并引领学生实现思维的深刻化，即所讲故事要对学生需掌握的内容有所启发，能引导学生由表及里、由因到果地进行思考，达到启发学生思维的目的。如在《辛亥革命》一课中，为让学生理解辛亥革命失败的原因，教师可以通过"床下都督" 黎元洪的故事引导学生分析领导辛亥革命的资产阶级革命派所具有的妥协性和软弱性，从而分析辛亥革命没有取得最终成功的原因。

历史故事运用于教学固然对课堂教学有很大的帮助，但要充分运用好"故事"，让所讲的故事能真正为课堂教学增光添彩，必须做好以下的工作：

第一，教师要不断阅读、不断积累，不断丰富自己的知识储备。只有储备了丰富的知识，在教学过程中对故事的选材才能更灵活，才能更准确抓住教学的重点和解决教学的难点，达到教学的目的。教师在平时教学工作中要根据课本的内容进行归纳、整理历史故事，熟悉教材、钻研教材，要善于积累。

第二，讲述历史故事要充满激情。历史故事运用于课堂中确实能够提高学生的学习兴趣，但故事的讲述必须到位才能达到预期的效果。无论是教师讲述还是学生讲述，都要经过一定的训练和指导，讲述故事时要有激情，能绘声绘色，能运用丰富的肢体语言，这样才能激起学生的积极情绪。

总之，兴趣对于初中阶段学习历史的学生来说，是比较重要的一个因素。“知之者不如好之者，好之者不如乐之者”，教师能在课堂中灵活、适时地运用这些经过积淀的历史故事，使这些历史故事为教学服务，使学生通过故事进入到“乐学”的领域，教学才能事半功倍，达到预期的效果。

浅谈历史故事在课堂教学中的作用

柳州市融安县初级中学　黄家梅

故事是什么？它侧重于事件过程、真实或虚构的描述，强调故事情节的生动性和连贯性，是较适于口头讲述的一种文学体裁。然而，故事一直以来就深受孩子的喜爱，听故事成为孩子成长的必然经历。如果能在历史课堂上讲述生动连贯的历史故事，一定能够发挥奇妙的作用，一定会收到很好的教学效果。

在市教科所历史学科教研员李荣学的引领下，我组织我校的历史老师参加了“初中历史学科打造‘幸福课堂’，建构‘五个一’教学模式”课题的子课题“运用历史故事，激发学生学习历史兴趣”的研究，旨在为我们在枯燥的历史课堂运用历史故事进行教学研究注入了理论思想和实践动力，为我校的历史课堂增添新的活力。下面我就这几年来的研究做浅显总结，供大家探讨、交流。

一、利用故事激发学生的学习兴趣

实践表明，历史教学中穿插一些与教材内容相关的生动的故事，会大大提高学生的学习热情，吸引他们把精力集中到学习上来。我们认为，所选的故事要有代表性，生动而且连贯。同时要把握好讲故事的时间，可以根据教学内容的需要灵活使用，使历史故事的作用达到最佳状态。

1. 导入新课，激发兴趣。由故事导入新课，这是历史教师经常使用的一个不错的新课导入方法。它利用学生爱听故事的心理，在新课一开始就紧紧抓住学生的心，调动他们对新课的学习兴趣和探究的欲望。因此在选择导入新课的历史故事时，要把与课文有关的知识要点融汇进去，讲故事的时候则适时地给学生留下一些思考空间或探究悬念，这样他们就能在课堂中始终保持学习历史的兴趣。老师不能为了讲故事而讲故事，如果故事讲完、学生听完，就像没事一样，一点儿学习的热情也激发不出来，那这个故事就等于白讲了。总之，作为导入的故事题材必须给学生留有探知的空间。

2. 课中穿插，加深印象。也可以根据上课需要在中间穿插一些历史故事，比如在讲到一些历史事件如秦王统一六国、汉武帝“大一统”时，穿插一些相关故事加深学生的印象；在讲到一些历史人物（如汉武帝、林肯、拿破仑等）时，穿插这些人物的相关故事，帮助学生更深刻地体会这些人物的情感、意志等优点，加深学生对人物的理解，初步学习如何评价历史人物。一堂成功的历史课，突破重难点是十分关键的，因此在课中可以整合、讲述故事来突破重难点，这样效果更好，学生记忆更深。

3. 课堂总结，加强记忆，巩固新知。虽然课改教材已经尽量避免了专业化、成人化的倾向，但对初中生来说，有些内容还是比较枯燥无味，要学生记住这些内容还是有一定的难度。因此，在课堂小结时，不妨把课文内容串编成故事，加强学生的记忆。有时也可以让学生自己学着编故事，这样印象更加深刻。如果课后小结能习惯性地由学生把课文内容串编成故事并讲述出来，学生的学习主动性就会大大提高，因为这意味着他们成为课堂的主讲者。但这个实践活动对学生的要求非常高，因此须视具体学情来开展实施。

二、利用故事培养学生的爱国主义情感

《全日制义务教育历史课程标准（实验稿）》在情感态度与价值观这一方面规定："逐渐了解国情，理解并热爱中华民族的优秀文化传统，形成对祖国历史与文化的认同感，初步树立对国家、民族的历史责任感和历史使命感，培养爱国主义情感，逐步树立为祖国的社会主义现代化建设、人类和平与进步事业作贡献的人生理想。"但是爱国主义情感是一个比较抽象的概念，要培养学生的爱国主义情感不能仅靠老师的说教，而要让学生具体感受。那些历代爱国者的故事就是最好的示范。像"人生自古谁无死，留取丹心照汗青"的文天祥，"王师北定中原日，家祭无忘告乃翁"的陆游，面对强敌宁死不屈的近代北洋水师将领邓世昌、丁汝昌等的故事，一定会让学生具体体会到先贤的爱国热情，从而受到感染。

三、利用故事培养学生的表达能力

让学生参与到讲故事中来，更能调动学生的热情，并在实践中提高学生的表达能力。

1. 学生知道的故事就由学生讲。像《三国鼎立》这一课，赤壁之战的故事学生都熟悉，可以让学生来讲，避免每次都听老师讲故事的枯燥。如果时间允许，甚至可以让几个学生讲了之后作对比，看谁讲得绘声绘色，这样学生讲故事的热情会更高。

2. 事先选一个专题，让学生课后去搜集故事，课上讲。比如可以在一定时期开展以"爱国者的事迹"为主题的讲故事比赛活动。把全班同学分成几组，分别去搜集将要授课的该单元所涉及的爱国者的故事，然后课上讲给大家听，看哪一组搜集得多，哪一组讲得声情并茂，哪一组讲得更吸引同学。这样学生既获得

了知识，陶冶了情操，又提高了表达能力。

3. 每周规定一小组根据上课内容的需要准备一个历史故事，由小组代表讲，这一活动既锻炼了学生们的协作能力，又锻炼了语言表达能力。

四、利用故事提高学生的素质

众所周知，现在学生独生子女较多，从小娇生惯养，养成了“衣来伸手，饭来张口”的坏习惯。还有的学生，由于长辈的纵容，从小就要事事顺着自己的意思，不能承受一丁点挫折，这将造成个人综合素质的低下和人格的缺陷。面对这样的情况，历史课同样要肩负起学科应有的重任。

历史课程标准规定：“历史课程应使学生获得基本的历史知识和能力，培养良好的品德和健全的人格。”那么，怎样培养学生良好的品德和健全的人格呢？历史上的伟大人物已经给后代树立了榜样，教师可以突破课本，挖掘这些伟人们的事迹，以故事的形式让学生从中受到感悟。比如，可以通过著名军事家孙膑在受刖刑之后没有消沉悲观，而是积极奋发，帮助齐国赢得桂陵之战、马陵之战的胜利的故事；从司马迁忍受宫刑而写《史记》的故事，让学生明白要正确对待挫折，努力实现生命的价值、品味人生的意义；从徐霞客历尽千辛万苦，经 30 年考察写出《徐霞客游记》，从李时珍脚穿草鞋，身背药篓，翻山越岭，访医采药，历时 27 年写成《本草纲目》的故事，让学生领悟不经过一番艰辛、不可能获得成功的奋斗精神；通过唐太宗与魏征的故事，让学生学会如何去宽容别人，如何正确对待别人所指出的不足……当然，对这些故事，我们不能仅停留在故事的表面，而是要引导学生真切地感受人物的灵魂，产生思想上的共鸣。只有这样，学生才能真正从中获益，才能提高承受挫折、应对现实的能力，从而提高综合素质。

五、故事教学在历史课堂中的一些思考

在整编历史故事时，要把握实事求是的原则，尊重历史，不篡改历史。但怎样可以让故事生动连贯，我认为，作为历史老师必须多读史书，客观地、用心地去认识历史、解读历史，才能将死的历史通过语言艺术勾画出活的画面，才能激发学生学习历史的兴趣。有兴趣的学习，才是幸福的学习，这样的课堂才是幸福的课堂。

同时，我们要从内心热爱自己的教育工作，认真学习专业知识，充分利用信息技术等多种手段，丰富自己的教育素养。俗话曾经说“你要给学生一杯水，你必需要有一桶水”，现在说“你要给学生一杯水，你必需要是长流水”。可见，时代在进步，社会对老师的要求越来越高，学生当然也是。老师渊博的知识，同样可以激发学生学习的兴趣，而且是由内心深处的激发，这样的课堂幸福将是满满的。

第二篇 教学设计

七年级上册第7课 《甲骨文与青铜器》教学设计

柳州市龙城中学 何平

<table>
<tr><td>教学理念</td><td colspan="3">面向全体学生，促进学生发展，培养学生的创新能力，为学生营造一种快乐的学习环境。本课内容又是一堂专门的文化史课，针对这种情况，课堂上教师应以饱满的情绪营造愉悦的氛围，启发、引导学生积极参与教学活动，营造学习历史的浓厚氛围，增强学生的学习兴趣，树立学生的主体意识，使学生在愉快的教学环境中掌握知识，培养能力。</td></tr>
<tr><td>学情分析</td><td colspan="3">初一学生感性认识强，对历史的学习兴趣高、爱动脑、求知欲强。本课是一堂专门的文化史课，着重介绍了商文化的典型代表甲骨文和青铜器，是学生了解甲骨文和青铜器、认识商文化的最重要的一课。只有认真学好本课，学生才能比较全面地认识商朝。同时，本课也是本册中第一堂专门的文化史课，学好本课，对于学好以后的文化史课会有一定的帮助。</td></tr>
<tr><td rowspan="3">教材分析</td><td rowspan="3">教学目标</td><td>知识目标</td><td>知道甲骨文、金文的字体，了解汉字的演变；以司母戊鼎为例，了解青铜器制造过程工艺。</td></tr>
<tr><td>能力目标</td><td>1. 通过学习汉字的演变过程，培养学生探索事物发展规律的能力。
2. 通过对各种汉字字体的认识和比较，培养学生观察和区分事物的能力，学习和运用比较方法。
3. 通过设计多种类型的问题和游戏，让学生开展合作探究，培养学生合作学习的能力，提高分析问题、口头表达、语言组织的能力。
4. 通过观察司母戊鼎等文物图片，了解中国古代青铜工艺的成就。通过想象司母戊鼎等青铜器的铸造过程及用途，培养学生的历史想象力。</td></tr>
<tr><td>情感态度价值观目标</td><td>甲骨文是世界上最古老的文字之一，“形状奇伟，花纹瑰丽”的商朝青铜器是“上古文明世界技术方面最突出的成就之一”（考古学家夏鼐）。通过本课的学习，引导学生感受到中华民族光辉灿烂而历史悠久的传统文化的魅力，从而增强学生的民族自豪感，激发振兴中华的历史责任感。</td></tr>
</table>

续表

<table>
<tr><td rowspan="3">教材分析</td><td>教学资源</td><td colspan="4">课本教材、多媒体课件、音像视频、学生、教师自身等。</td></tr>
<tr><td>教学重点</td><td colspan="4">了解甲骨文及汉字的演变；知道司母戊鼎，了解古代青铜工艺的成就。</td></tr>
<tr><td>教学难点</td><td colspan="4">如何理解甲骨文与汉字的渊源关系；怎样认识商周青铜器的历史地位。</td></tr>
<tr><td rowspan="3">教学方法</td><td>教学准备</td><td colspan="4">制作多媒体课件；通过网络搜集相关音像资料；十二生肖的甲骨文字卡片。</td></tr>
<tr><td>教学方法</td><td colspan="4">体验式教学、参与式教学、问题教学法、小组合作学习等。</td></tr>
<tr><td>教学手段</td><td colspan="4">讲故事，播放影像视频、多媒体课件，做游戏。</td></tr>
<tr><td rowspan="3">教学过程</td><td>教学环节</td><td>教学内容</td><td>教师活动</td><td>学生活动</td><td>设计意图</td></tr>
<tr><td>新课导入</td><td></td><td>小游戏：老师准备两个汉字的图片，通过两名同学不说话只做动作，由大家猜出是什么字。
由此设疑：我国从何时开始使用文字？最初的文字是什么？</td><td>通过表演者的肢体语言猜出图片上的汉字。</td><td>采用趣味游戏的形式导入，旨在建立一种轻松的教学氛围，引发学生的学习兴趣。</td></tr>
<tr><td>重点探究</td><td>甲骨文</td><td>1. 初识甲骨文
（贴出十二生肖的甲骨文字）请学生为自己、亲人选择属于各自生肖的甲骨文，要求说出判断、选择的依据并将甲骨文卡片送给选对的学生。
你们知道这种文字是怎么被发现的吗？起初人们把金文当作中国最早的文字。可是随着清末王懿荣的努力，这一认识乃至中国古文字的历史都被改变了。</td><td>观看十二生肖的甲骨文字；为自己、亲人选择属于各自生肖的甲骨文字，并说出判断、选择的依据。
听老师讲“甲骨文之父——王懿荣”的故事。</td><td>通过游戏激发学生学习的兴趣，使学生对甲骨文的造字方法有一个初步感性的认识。</td></tr>
</table>

续表

	教学环节	教学内容	教师活动	学生活动	设计意图
教学过程	重点探究	甲骨文	2. 破解甲骨文 在与甲骨文有了第一次亲密接触后，让我们进一步走近甲骨文，阅读课文，思考并回答问题。 ①什么是甲骨文？ ②甲骨文最早最多是在哪里出土的？ ③甲骨文记载了什么内容？ ④研究甲骨文有什么意义？	学生自主思考问题，举手发言，阐述自己的认识和观点。 认真听讲、记录。	通过故事对教学内容进行补充，以拓宽学生的知识面，增强课文的故事性，激发学生学习历史的兴趣。同时对学生进行情感态度与价值观教育，要求学生在日常学习和生活中养成善于观察、善于思考的习惯。
			3. 演示板书 归纳总结甲骨文的含义、出土及意义。	观看动画演示，合作探究其中的奥秘。	通过层层设疑，引导学生自主学习，探究问题。
			4. 汉字的演变 请同学们仔细观看动画，从中你有何发现？		帮助学生对甲骨文的认识由感性上升到理性。
			5. 汉字的认祖归宗 出示“学”、“夏”两字的甲骨文、金文、小篆、隶书、楷书等字体，请学生根据每个字的演变“排辈分”。	参与游戏，在活动中合作交流。	通过视频的直观刺激学生的感官，有效激发学生的学习兴趣和体验历史的积极性。让学生通过游戏参与体验，进一步感受甲骨文造字方法；体会甲骨文与汉字一脉相承的关系。
			指出世界上与甲骨文同时存在的三种古老文字早已灭绝，唯有我们的甲骨文演变成今天的汉字仍然在使用，并成为联合国的六种工作文字之一。世界上没有任何一种语言文字有着如此悠久的历史。同学们，经过今天的学习，你会带着什么样的感情去书写我们的汉字？	倾听老师的讲解，产生对中华文化的认同感。	激发学生对中华文化的认同感。以史为鉴，发挥历史学科的德育功能，及时对学生进行思想品德的教育，培养学生的民族自豪感和振兴中华的历史责任感。

续表

	教学环节	教学内容	教师活动	学生活动	设计意图
教学过程	重点探究	青铜器	商周时期，刻在青铜器上的文字被称为金文。金文由甲骨文发展而来。文字的演变印证着中华文明的传承与发展。 金文是研究商周历史的重要资料。它铸刻在青铜器上，把文字和青铜器高度结合起来。而商周的青铜器究竟是什么样子的？它们又达到了什么样的水平呢？让我们一同走进“闻名于世的青铜器”。		通过学生对刻在青铜器上的文字——金文的简单了解，导入下一环节。
			1. 课件中展出商周时期青铜器的图片。请学生们一边欣赏一边观察，这些精美的青铜器是做什么用的？展开想象的翅膀，设想如此精美的青铜器是怎么制造出来的。	想象青铜器制造的过程，感受青铜器高超的工艺。	通过师生对话培养学生的发散思维，感受古代劳动人民的聪明才智。
			2. 商朝青铜器的代表作——司母戊鼎 欣赏图片，引导学生观察并描述其造型，同时解释司母戊鼎名称的由来。	观察并回答问题。	激发学生的参与意识，培养学生的观察力和表达能力。
			提问：如此巨大的一个青铜器，制造过程中会遇到什么困难？当时什么人才有可能组织协调这项如此困难而又复杂的工程？	做两道计算题，形象地反映铸造司母戊鼎的复杂，体会青铜器是商王权力的象征。	使学生由此对商朝的工艺水平和古代劳动人民的智慧感到钦佩，从而产生民族自豪感。

续表

	教学环节	教学内容	教师活动	学生活动	设计意图
教学过程	重点探究	青铜器	3. 青铜工艺是商周文明的重要标志，人们称夏商周时期为青铜时代。下面，请同学们欣赏青铜时代其他一些精美的青铜器。仔细品味商周青铜器，说一说：它们美在哪里？	欣赏并感受商周青铜器魅力。	培养学生的审美情趣，感受我国古代文明的光辉灿烂。
	课堂小结		通过这节课，我们知道了甲骨文是世界上最古老的文字之一，今天的汉字是从它发展来的。认识到甲骨文和青铜工艺是我国作为世界文明古国的典型代表之一，真正感受到中华民族优秀传统文化的历史悠久和光辉灿烂。让我们共同努力，用实际行动把中华民族辉煌灿烂的文明发扬光大！	在老师的小结中实现情感的升华。	通过课堂小结，学生再次明确本课的重点内容，再次激发民族自豪感和历史责任感，从而完成情感态度与价值观教育。
	趣味练习		课堂反馈： 1. 超级联想：根据提示答出知识点。 2. 挑刺环节：判断正误。 3. 猜字大比拼：辨别甲骨文。	积极参与游戏，合作探究，在活动中巩固本课所学知识。	既是对学生学习效果的反馈，又使学生体味学习的乐趣、发现的乐趣。在轻松愉悦的课堂气氛中完成学习任务，在快乐中学有所得。

续表

板书设计	第27课　甲骨文与青铜器 一、甲骨文 1. 甲骨文的含义 2. 甲骨文的出土 3. 甲骨文的意义 4. 甲骨文与汉字的关系 二、闻名于世的青铜器 1. 青铜铸造业 2. 司母戊鼎是商王权力的象征 3. 青铜时代（夏商周时期）

七年级上册第11课 《百家争鸣》教学设计

柳州市柳江县拉堡中学 肖海艳

<table>
<tr><td>教学理念</td><td colspan="3">面向全体学生，促进学生发展，培养学生的创新能力，为学生营造一种快乐的学习环境。</td></tr>
<tr><td>学情分析</td><td colspan="3">1. 七年级的学生相对来说年龄小，独立思考问题的能力有限，但学生的求知欲旺盛，感性认识比理性认识强，抽象思维能力弱，主要是形象思维。针对学生的这些特点，上课利用多媒体播放视频、创设情境、展示图片、设置问题，组织学生开展小组讨论，参与合作，在历史情境中体验历史、思考历史、以史为鉴，激发学生的学习热情，调动学生的积极性，培养学生全面思考问题的能力。
2. 七年级学生处于人生观、价值观的形成初期，培养学生的爱国思想和进取意识，有助于正确的人生观、价值观的形成。学习孔子和诸子百家在当时社会大变革的时代，敢于独立思考、创新的勇气和精神。</td></tr>
<tr><td rowspan="4">教材分析</td><td>内容标准</td><td colspan="2">知道老子和孔子，初步理解“百家争鸣”对后世的深远影响。</td></tr>
<tr><td rowspan="3">教学目标</td><td>知识目标</td><td>通过学习，了解孔子在思想、文化上的成就。知道诸子百家的代表人物及主要思想等。</td></tr>
<tr><td>能力目标</td><td>1. 通过学生自主阅读，搜集孔子、墨子、孟子、庄子等各学派代表人物的资料，掌握搜集有用信息的方法，培养自主探究的能力。
2. 通过设置丰富的历史情境，让学生走进历史，参与体验，展开合理的历史想象，感悟历史，培养创新思维和阐释历史的能力。
3. 通过设计多种类型的问题，让学生开展小组合作，培养合作学习的能力，提高分析问题、口头表达、语言组织能力。</td></tr>
<tr><td>情感态度价值观目标</td><td>1. 学习孔子和诸子百家在当时社会大变革的时代，敢于独立思考、创新的勇气和精神。
2. 认识到春秋战国时期思想文化的成就对后世的深远影响，增进民族自豪感。</td></tr>
</table>

续表

<table>
<tr><td rowspan="3">教材分析</td><td>教学资源</td><td colspan="4">课本教材、多媒体课件、音像视频、学生、教师自身等。</td></tr>
<tr><td>教学重点</td><td colspan="4">孔子及其历史贡献。</td></tr>
<tr><td>教学难点</td><td colspan="4">百家争鸣局面的形成。</td></tr>
<tr><td rowspan="3">教学方法</td><td>教学准备</td><td colspan="4">制作多媒体课件、通过网络搜集相关音像资料。</td></tr>
<tr><td>教学方法</td><td colspan="4">情境教学法、参与式教学、体验式教学、小组合作学习等。</td></tr>
<tr><td>教学手段</td><td colspan="4">影像视频、多媒体课件、课本剧表演等。</td></tr>
<tr><td rowspan="3">教学过程</td><td>教学环节</td><td>教学内容</td><td>教师活动</td><td>学生活动</td><td>设计意图</td></tr>
<tr><td>新课导入</td><td></td><td>多媒体展示各地“祭孔”图片，由此导入新课：孔子已经是2500多年前的历史人物了，至今依然受到国人乃至全世界的尊重，被誉为世界十大思想家之一，是中华民族的骄傲和光荣。孔子为什么会享有如此崇高的地位？我们一起去探究他所在的那个时代。</td><td>观看图片，聆听音乐，感受人们对孔子及中国传统思想文化的影响。</td><td>图片和音乐对学生具有很强的感染力，让学生在愉快的氛围中进入新课学习。</td></tr>
<tr><td>重点探究</td><td>孔子创立儒家学派</td><td>一、孔子其人
课件展示：《孔子》图像，指导学生结合教材介绍孔子的生平。</td><td>观看图片，自读课文，介绍孔子，掌握图文结合加深历史记忆的方法。</td><td>利用图文结合法加深学生对历史人物的记忆，培养学生初步掌握研读历史资料的方法和能力。</td></tr>
</table>

续表

	教学环节	教学内容	教师活动	学生活动	设计意图
教学过程	重点探究	孔子创立儒家学派	二、孔子的思想主张 1. 指导学生结合课件提供的漫画图文，讲故事《苛政猛于虎》，要求学生在听故事同时认真思考"苛政猛于虎"这句话的含义，想一想：故事反映了孔子的什么思想？ 2. 多媒体展示课文中"畅想天地"材料。设问：什么是"仁"？根据图文，小组讨论：谈谈你对孔子提倡的"仁"的作用的看法。它对于我们现在治理国家有何借鉴和启示？ 3. 指导学生理解、分析材料，鼓励学生积极回答老师提出的问题。多媒体展示"仁"的含义及"仁政"、"德治"的作用。 4. 对学生发言进行归纳总结。 三、孔子在教学方面的主张及文化成就 1. 多媒体展示材料： 材料一 孔子之前，"学在官府"，平民没有受教育的权力。孔子开创私学使平民也可以接受教育，从而突破了"学在官府"的限制。	1. 结合漫画，一位学生讲《苛政猛于虎》故事，其他学生认真聆听，理解故事所体现的孔子的思想主张。 2. 阅读材料，小组讨论老师提出的问题并进行归纳。小组代表发表本组的观点，其他组同学进行纠正和补充。 3. 自由发言，并注意聆听别的同学的发言，做好课堂笔记。 4. 学生把老师的归纳总结补充在课本或笔记本上。 1. 认真阅读、分析材料，思考提出的问题，并把答案写在纸上。	1. 视频的直观、画面的丰富和故事的生动，都能有效激发学生的学习兴趣。 2. 带着问题阅读材料，培养学生独立思考问题和分析材料的能力。 3. 培养学生口头表达能力、语言组织能力，引导学生学会倾听，获取有效历史信息，形象、直观地掌握历史知识。 4. 归纳总结，有利于学生对知识有个系统的认识和理解，并有利于加深对基础知识的掌握和记忆。 1. 带着问题阅读材料，培养学生独立思考问题和分析材料的能力。

打造初中历史『幸福课堂』

续表

	教学环节	教学内容	教师活动	学生活动	设计意图
教学过程	重点探究	孔子创立儒家学派	材料二 “中人以上，可以语上也，中人以下，不可以语上也。” 材料三 “学而时习之，不亦说乎”，“知之为知之，不知为不知”，“三人行，必有我师焉”。 提出问题：以上材料反映了孔子的哪些教育成就和教学主张？哪些教学主张是值得我们学习和借鉴的？ 2. 指导学生分析材料，结合课本知识，思考问题。 3. 多媒体展示归纳孔子的教学主张及文化贡献和《诗经》《春秋》《论语》书影。强调《论语》不是孔子的成就，而是记录孔子言行的书集。 语言过渡：孔子作为一名伟大的思想家和教育家，他的思想对后世的影响深远，战国时期，谁继承了他的思想呢？除儒家外，还有哪些学派并存，他们分别又提出怎样的思想主张呢？我们先来看一段视频。	2. 小组交流自己的答案后，学生自主举手发言，阐述自己的认识和观点。 3. 学生看书，重要知识点在课本中画出来。结合多媒体展示的图片，加深对基础知识的记忆。	2. 培养学生口头表达能力、语言组织能力，引导学生学会倾听，获取有效历史信息，形象、直观地掌握历史知识。 3. 回归课本，落实基础知识，加深记忆。

续表

	教学环节	教学内容	教师活动	学生活动	设计意图
教学过程	突破难点	百家争鸣	四、百家争鸣 1. 播放视频《百家争鸣》，让学生带着问题观看：视频中出现哪些学派？他们各自的主要主张是什么？	1. 带着老师提出的问题观看视频《百家争鸣》，根据老师的提示，注意搜集其中的信息。	1. 带着问题观看视频，使学生的观看有的放矢，目的明确，有效聚焦于老师想要传达的信息，提高观看视频的有效性。
			2. 课件展示问题：为什么会出现“百家争鸣”局面？指导学生分组讨论，要求学生把讨论结果写在纸上，并进行展示。	2. 小组合作，讨论老师提出的问题，并把答案写在大卡上，然后进行展示。	2. 小组合作培养学生的团结协作能力和发挥集体的智慧。通过展示，锻炼学生的胆量和语言表达能力，让学生体验到学习和成功的乐趣，有进一步学习的愿望。
			3. 指导学生根据视频信息，结合课文知识，用表格的形式归纳总结各大学派的代表人物、思想主张、著作。	3. 阅读课文，结合视频信息，用表格的形式归纳总结各大学派代表人物及主要思想主张、著作。个别学生自由展示自己的归纳成果，其他同学补充纠正。	3. 学生通过表格形式整理史实，还可以通过表格对四大学派的思想主张进行比较，帮助学生提高归纳、概括、比较、分析的能力。
			4. 指导其中一两组的答案进行课堂交流，其他组对于不同的观点进行补充。	4. 某一组或两组同学将自己讨论的答案在全班交流，其他组同学认真聆听，对于不同的观点进行补充。	4. 培养学生互相学习、互相评价的能力。

续表

	教学环节	教学内容	教师活动	学生活动	设计意图
教学过程	突破难点	百家争鸣	5. 对学生交流的答案进行归纳总结，多媒体展示。 6. 学以致用：将全班分成儒家、法家、道家、墨家四组。指导学生：假如你是班主任，针对班上出现的迟到、旷课、不交作业、乱丢垃圾、破坏公物、打架斗殴等不良现象，应该如何管理教育？各组可就此展开辩论。	5. 学生对老师的归纳总结进行补充，记在课本或笔记本上。 6. 四个小组的同学分别扮演孟子、韩非子、老子、墨子，与其他组进行辩论，阐述自己的观点。	5. 归纳总结，有利于学生对知识形成系统的认识和理解，并有利于基础知识的掌握和记忆。 6. 让学生以角色扮演的方式走进历史。将历史与现实结合，拉近历史与现实、书本知识与学生实际的距离，让学生能够学以致用，懂得以史为鉴，用历史经验来解决现实问题。
	课堂小结	梳理基本史实	1. 组织学生分小组进行讨论并完成小结任务：请对本课历史知识进行梳理和小结。 2. 设问：学习了这一课，你最大的收获是什么？你认为谁在课堂上表现最棒？	1. 学生小组合作，讨论用什么方式、语言来总结本课学习到的历史知识，商量确定本组答案。 2. 畅所欲言，畅谈自己通过本课学习收获的知识、懂得的道理以及对自己的生活、成长有何促进。	1. 通过课堂小结，学生再次明确本课的重点内容，在轻松愉悦的课堂气氛中完成学习任务。 2. 在课堂上真正做到关注学生的成长，创设民主、和谐的师生关系，通过平等的师生对话，鼓励学生勇于表现、积极进取。

续表

<table>
<tr><th></th><th>教学环节</th><th>教学内容</th><th>教师活动</th><th>学生活动</th><th>设计意图</th></tr>
<tr><td rowspan="2">教学过程</td><td>课堂小结</td><td>梳理基本史实</td><td>课件展示歌谣：
孔孟儒，行仁政。
道无为，老庄兴。
子墨子，讲非攻。
韩非子，法治行。</td><td>3. 齐声朗读歌谣，并利用歌谣记忆掌握本课基本史实。</td><td>3. 通过歌谣记忆历史，再次对学生进行学法指导，引导学生总结适合自己的学习方法，学会学习。</td></tr>
<tr><td>巩固练习</td><td colspan="4">（利用导学案练习）</td></tr>
<tr><td>板书设计</td><td colspan="5">第11课 百家争鸣
一、孔子创立儒家学派
1. 孔子生平
2. 孔子的思想主张
3. 孔子的教育成就及教学主张
二、“百家争鸣”
1. “百家争鸣”局面形成的背景
2. 主要学派及代表人物、思想主张</td></tr>
</table>

七年级上册第14课 《伐无道 诛暴秦》教学设计

柳州市三江县三江中学 何艳

<table>
<tr><td>课程标准</td><td colspan="2">掌握秦的暴政；陈胜、吴广起义的时间，地点和历史意义；巨鹿之战；秦朝的灭亡；楚汉之争；西汉的建立。</td></tr>
<tr><td>教材分析</td><td colspan="2">本课讲述了由于秦朝的暴政，引爆了我国历史上第一次大规模的农民起义——陈胜、吴广起义。陈胜、吴广起义失败后，刘邦、项羽继续反秦，最终推翻了我国历史上第一个统一的中央集权专制王朝。刘邦、项羽为争夺皇位，又进行了长达四年之久的楚汉之争，最后刘邦建立了西汉。教材揭示了人民群众是历史的创造者和社会进步的推动者这一真理。本课介绍了秦亡汉立的历史过程，在教材中有承上启下的作用。</td></tr>
<tr><td rowspan="3">教学目标</td><td>知识与能力</td><td>1. 要求学生掌握秦的暴政；陈胜、吴广起义的时间，地点和历史意义；巨鹿之战；秦朝的灭亡；楚汉之争；西汉的建立等知识点。
2. 引导学生探究秦亡的原因，培养学生初步分析、归纳历史问题的能力。
3. 引导学生探究秦亡前后，项羽、刘邦领导的战争的性质变化，培养学生初步比较历史的能力。</td></tr>
<tr><td>过程与方法</td><td>1. 通过播放影音资料，组织学生动手计算、动脑思考、用心体验等方法，让学生感受到秦朝的暴政，探究出秦末农民战争爆发的原因。
2. 播放《大泽乡起义》片段，再现历史情境，使学生去感知历史、体验历史。
3. 组织学生从刘邦、项羽领导战争的目的着手进行讨论，探究秦亡前后刘邦、项羽领导的战争性质的变化。
4. 指导学生搜集与本课内容有关的历史成语典故、历史故事，发挥学习潜能，体验学习的乐趣，进而培养学生学习历史的兴趣。</td></tr>
<tr><td>情感态度与价值观</td><td>通过对秦朝灭亡和楚汉之争胜败原因的探究，从而形成对“得民心者得天下，失民心者失天下”这一道理的深刻理解。</td></tr>
</table>

续表

<table>
<tr><td>教学重点</td><td colspan="3">秦末农民战争爆发的原因。</td></tr>
<tr><td>教学难点</td><td colspan="3">秦亡前后，项羽、刘邦所领导的战争的性质变化。</td></tr>
<tr><td>教学方法</td><td colspan="3">讲述法、情景创设法、自主学习法、启发教学法等多种教法综合应用。</td></tr>
<tr><td>教具</td><td colspan="3">多媒体教学课件。</td></tr>
<tr><td colspan="4">教学流程</td></tr>
<tr><td colspan="2">教师活动</td><td>学生活动</td><td>设计理念</td></tr>
<tr><td>导入新课</td><td>师：秦始皇是历史上第一个皇帝，他期望自己的王朝能千秋万代。但秦朝却是一个短命的王朝，仅存在短短的 15 年。为什么秦朝只是昙花一现，就迅速走向灭亡了呢？</td><td>学生思考、回答。</td><td>通过设疑的方式，培养学生的思维能力，激发学生的求知欲，自然导入新课。</td></tr>
<tr><td>学习新知</td><td>一、秦的暴政
师：请学生浏览书本，下面我们一起做一个活动“梦回秦朝”，一起穿越时空隧道回到秦朝，看看秦朝统治末期到底出现了什么问题？老师将给出三则材料，请同学们结合材料想象一下，如果你来到此时的秦朝你会看到什么景象？ 四人一组，合作完成。（出示资料）
情境一：秦末徭役繁重
1. 出示阿房宫、秦始皇兵马俑、秦长城有关图片，组织学生思考，奴役了多少人修建这些工程？
2. 学生计算每年服役人口占全国总人口的百分比，再想想除去老幼和妇女，壮年男子在家耕田的还剩多少？这会带来什么后果？</td><td>1. 分别让三位学生读情境创设的材料。
2. 小组合作探究。</td><td>1. 多媒体演示图片，增强直观效果，激发学生兴趣。
2. 让学生动脑动口，提高表达能力，动手计算，积极参与探究，认识到徭役的繁重。</td></tr>
</table>

续表

	教师活动	学生活动	设计理念
学习新知	情境二：老百姓生活困苦，赋税沉重（每年缴收三分之二） 我家有三子：老大修长城，多年未相逢；老二守边关，至今未归还；老三忙耕田，租税沉甸甸；饭菜不得饱，一家难团圆；敢怒不敢言，唯恐遭劫难。		3. 通过诗歌形式，组织学生想象当时农民的生活状况，得出赋税沉重、人民生活窘困等印象，体验到秦末百姓对秦统治者的憎恨等，培养学生分析历史问题的能力。
	情境三：刑法残酷（死刑有十几种） 当时在秦国市场上，有这样一种奇怪的现象：鞋子没人买，拐杖却是抢手货。		4. 通过质疑，使学生思维活跃起来，得出秦末刑法异常残酷的结论，使学生有所感悟。
	情境四：秦始皇死后，秦二世更加残暴，残杀兄长大臣，与赵高狼狈为奸。 请学生讲述成语“指鹿为马”的由来。 教师请学生归纳出秦末暴政的四个方面：徭役繁重，赋税沉重，刑法残酷，秦二世更残暴。		
	【过渡】如此残暴的统治，老百姓苦不堪言。秦朝的统治得不到人们的支持，必然导致反抗，由此掀起了历史上第一次大规模的农民起义。	讲故事	通过学生讲故事，增加课堂气氛，激发学生的愤慨之情，拓展了知识面，自然过渡到下一环节。
	二、秦末农民起义 1. 前期：陈胜、吴广起义 （1）播放影音资料《大泽乡起义》“揭竿而起”片段。	看视频	再现历史，让学生感知历史，体验历史。

续表

	教师活动	学生活动	设计理念
	（2）提问：视频反映了什么历史事件发生的场景？发生在哪一年？谁发动的？地点在哪里？他们的口号是什么？建立了什么政权？有什么历史意义？	思考问题。	设计一系列问题，采用启发式教学，并利用地图培养学生掌握战争经过的能力，培养学生合作探究能力和精神。
	2. 后期：项羽、刘邦继续反秦，推翻秦朝。 （1） 公元前207年，巨鹿之战。 请学生分享故事“破釜沉舟”，思考：为什么项羽能以少胜多？	结合课本知识，回答问题。	用动画形式使学生了解战役，大大激发学生的兴趣，直观、生动地培养学生的分析能力，同时也使课堂进入高潮。
	（2） 刘邦直逼咸阳，秦朝灭亡。 组织学生计算秦朝存在的时间。	运用公元纪年法计算。	训练学生掌握计算历史时间的方法，让学生感知秦朝统治的短暂。
学习新知	【过渡】秦朝灭亡在即，刘邦、项羽都想登上皇帝的宝座。而“一山不容二虎”，怎么办呢？		贴近学生实际，激发学生兴趣。
	三、 楚汉之争 1. 多媒体展示中国象棋棋盘，提问：棋盘中界河上写有什么字？源自什么战争？这场战争是谁和谁争战？为什么争战？结果如何？		
	2. 提问：刘邦为什么能够取得胜利？秦的灭亡和项羽的失败有什么共同之处？	思考，回答。	通过对问题的探究，使学生理解“得民心者得天下，失民心者失天下”这一道理，心灵情感得到升华。
	3. 组织学生讨论秦亡前后，刘邦、项羽领导战争的性质有什么变化？	思考，回答。	

续表

	教师活动	学生活动	设计理念
巩固新知	四、汉朝的建立 请学生从书中找出汉朝建立的时间、建立者、都城。 【拓展】若你是刘邦，你会在秦亡的过程中吸取什么教训去治理国家？ 1. 采取竞赛方式，学生列举出现在这一时期的历史成语。 （四面楚歌　斩木为兵　揭竿而起　破釜沉舟　楚河汉界　指鹿为马　项庄舞剑，意在沛公　霸王别姬　约法三章） 2. 根据成语出处所反映历史事件的时间顺序，把以上写有成语的小卡片在黑板上排列起来。	看课文小字部分内容，找出答案。 探究，找出答案。 小组合作，将成语写在小卡上。 两位同学上前排列成语，其他同学补充。	通过探究战争性质，培养学生初步比较、判断战争性质的能力和小组协作能力。 学生可以发表自己的见解，畅所欲言，促进了他们个性的发展。 发挥学生潜能，文史结合，体验学习历史的乐趣。 让学生再次参与到活动中来，不仅可以帮助学生回忆知识点，还能充分调动学生对学习历史的积极性。
练习巩固	【目标检测】 1. 下列最能表现陈胜、吴广领导农民起义英雄气概的一句话是（　　） A. “杀人者死，伤人及盗抵罪” B. “王侯将相，宁有种乎？” C. “知彼知己者，百战不殆” D. “福兮，祸之所伏” 2. “有志者事竟成，破釜沉舟百二秦关终属楚；苦心人天不负，卧薪尝胆三千越甲可吞吴。”此联所涉及的历史事件分别发生在（　　） A. 春秋和战国 B. 秦朝和春秋 C. 战国和三国 D. 秦初和汉初	学生用“开火车”形式作答。	用“开火车”形式回答问题，解除学习疲劳，提高兴趣，让学生在轻松的氛围中使知识点得到进一步强化。

续表

教师活动		学生活动	设计理念
练习巩固	3. 与象棋中的“楚河汉界”有关的历史事件是（　　） A. 秦末农民战争 B. 楚汉之争 C. 长平之战 D. 秦统一六国 4. 下列关于秦朝历史的评述，哪一项是不正确的（　　） A. 秦朝是我国历史上第一个统一的多民族的中央集权国家 B. 秦朝在地方上推行郡县制度 C. 陈胜、吴广起义是我国历史上第一次大规模的农民战争 D. 长平之战标志着秦统一六国的完成 5. 秦朝末年，民间流传着“阿房，阿房，亡始皇”的童谣。你认为导致秦朝灭亡的主要原因是（　　） A. 陈胜、吴广起义 B. 秦朝的暴政 C. 修建阿房宫 D. 项羽、刘邦起义 6. 最后推翻秦朝的是（　　） A. 陈胜、吴广领导的农民起义军 B. 项羽领导的农民起义军 C. 刘邦领导的农民起义军 D. 刘邦、项羽领导的农民起义军		通过练习，对本课的知识进行小结，再次强化知识点。
板书设计	第14课　伐无道　诛暴秦 1. 秦的暴政 2. 秦末农民战争 3. 秦朝灭亡　　公元前207年 4. 汉朝建立　　公元前202年，刘邦，长安		

七年级下册第2课 《贞观之治》教学设计

柳州市第十五中学 欧勇霞

【教学理念】

面向全体学生，促进学生发展，培养学生的创新能力，为学生营造一种快乐的学习环境。

【教学目标】

一、内容标准：列举“贞观之治”的主要内容，评价唐太宗。

二、教学目标

1. 知识目标

唐太宗与玄武门之变；唐太宗与“贞观之治”。

2. 能力目标

（1）通过分析唐太宗的执政措施和政绩，培养学生运用历史唯物主义观点正确评价历史人物的能力。

（2）引导学生分析概括“贞观之治”的内容，初步了解归纳、分析的基本方法。

（3）结合课文的引文、课中思考题及课后练习题，培养学生的口头表达能力和创新思维。

3. 情感态度与价值观目标

（1）通过对唐太宗统治措施和客观政绩的教学，加深学生对杰出人物和人民群众推动历史前进所起作用的理解。

（2）通过对唐太宗轻徭薄赋的原因、措施及作用的讲述，使学生认识到减轻民众负担、以民为本的重要性。

（3）通过唐太宗重视和善于纳谏的故事，培养学生勇于接受批评的品德。

【学情分析】

学生经过上学期历史学科的学习，具备了一定的历史基础知识和综合分析能力，为教师在教学上提供了较大的空间。

【教学重点难点】

重点：“贞观之治”的含义、出现的原因和表现。

难点：如何评价唐太宗，如何看待历史上出现的“盛世”现象。

【教学方法手段】

方法：情境教学法、自主学习法、合作探究法等。

手段：影像视频、多媒体课件、课本剧表演等。

【教学准备】

制作多媒体课件、通过网络搜集相关音像资料等。

【教学资源】

课本教材、多媒体课件、音像视频、学生、教师自身等。

【教学过程】

【设计一个情境】课堂历史剧——导入新课

演员表：学生 1——张玄素　学生 2——唐太宗

（后台解说材料）贞观初年，唐太宗计划在洛阳修建一座宫殿。

张玄素上书极力反对："天下刚刚平定，就大修宫殿，劳民伤财，恐怕您比亡国之君隋炀帝都不如。"

唐太宗一时接受不了，生气地问："你说我不如隋炀帝，那么比历史上的暴君桀、纣如何？"

张玄素从容地说："若是这座殿修成，您和桀、纣也差不多了。"唐太宗听后十分震动，反思良久，终于接纳了张玄素的意见，还奖励了他。

事后唐太宗对人说："唯唯诺诺的人再多，也不如一个能说出逆耳之言的忠臣。"

教师：唐太宗为什么能虚心听取臣下的意见？他统治下的唐朝呈现一种怎样的局面？今天，我们就来学习第二课"贞观之治"。

设计意图：设计一个情境，引导学生有效参与教学。小型的教室剧场让学生直观了解历史，在愉快的氛围中进入新课学习。

【设置一个悬念】明辨历史——玄武门之变

教师：帝位的正常传承是由嫡长子继承。但李世民不是嫡长子，他是如何登上帝位的？（播放视频《玄武门之变》）请同学说说，你怎么看待"玄武门之变"？

（学生踊跃发表见解，畅所欲言）

学生代表观点一：为了权力，骨肉相残，太残忍。

学生代表观点二："玄武门之变"后，李世民登上皇位。由于他的励精图治，"贞观之治"出现。也就是说，没有"玄武门之变"，也就没有李世民即帝位，自然也就不会有"贞观之治"。

学生代表观点三："玄武门之变"的客观后果是好的，即李世民登上帝位，励精图治，唐朝的第一个治世出现。这也从另一个侧面反映了尽管宫廷政变这样的做法不值得肯定，但其客观后果是我们谁也不能无视的。

教师："玄武门之变"是皇室内部争权夺利的斗争，但从历史影响来看，应持肯定态度。

设计意图：设置一个教学悬念，促进学生发展。畅所欲言，让学生发表自己的见解，培养独立思考的能力，提高学生明辨是非的能力。

【提出一个问题】以古鉴今——开创治世

教师：刚才同学们在评价时，提到了"贞观之治"。请同学们看课本内容，什么是"贞观之治"？

学生："贞观之治"指的是唐太宗统治时期，政治比较清明，经济发展较快，国力逐渐加强的社会局面。因为唐太宗的年号叫贞观，历史上称这一段时期的统治为"贞观之治"。

教师：同学们，我们上一节课学习过的隋朝有什么特点？

学生：繁盛但短暂。

教师：隋文帝励精图治，国家统一、社会安定，使隋朝出现了短暂的繁盛局面，史称"开皇之治"。什么原因终结了隋朝的繁盛？

学生：隋炀帝的暴政。

教师：隋朝灭亡的历史教训告诉我们，不能过分压榨人民，要以民为本。亲眼目睹过隋朝灭亡后，唐太宗会从哪几个方面入手治理国家？

（投影显示）措施一：轻徭薄赋，发展生产等

1. 原因

（贞观十八年，太宗）又谓曰："汝（指太子李治）知舟乎？"对曰："不知。"曰："舟所以比人君，水所以比黎庶。水能载

舟，亦能覆舟……”

——《贞观政要·教戒太子诸王》

教师提问：在这段材料里，唐太宗把君主和百姓的关系比作什么？

学生：舟和水的关系。水能载舟，亦能覆舟。

教师：唐太宗认为怎么样才能避免重蹈隋朝的覆亡呢？

学生：吸取隋亡教训，轻徭薄赋，发展生产，与民休息。

2. 作用

天下大稔，流散者咸归乡里，米斗不过三四钱，终岁断死刑才二十九人。东至于海，南极五岭，皆外户不闭，行旅不赍粮，取给于道路焉。

——《资治通鉴》

教师：上述材料中的内容表明了什么？

学生：经过李世民和他的谋臣们励精图治，终于改变了这种状况，而且出现了农业丰收、粮价下跌、社会治安状况良好的局面。

设计意图：利用史料还原历史情境，让学生思考唐朝建国后采取休养生息政策的必要性；以丰富的资料引导学生一步步探究，最后解决问题。

（投影显示）措施二：知人善任，重视纳谏

1. 表现：播放视频资料

2. 作用

教师：唐太宗知人善任，重视纳谏，对唐朝政局稳定和各项政策的顺利实施起了重要作用。

设计意图：提出一个深层次的问题，促成课堂生成。教师讲解结合视频资料解读，帮助学生理解唐太宗的为君之道，培养学生分析史实的能力。

（投影显示）措施三：加强中央权力

1. 措施：精简机构，沿用三省六部制

2. 作用：不仅分割了宰相的权力，防止出现宰相专权，又能集思广益，减少政策失误。精简机构还能节省财政开支，提高行政效率。

设计意图：培养分析历史事实、归纳结论的能力。

（投影显示）措施四：完善科举，发展教育

教师：唐朝的科举制度和隋朝相比有什么变化?

1. 常设科目：明经科和进士科，尤为重视进士科。

2. 考试内容：明经科：儒家经典；进士科：政论诗赋。

教师：科举考试的内容由政府制定，读书人要参加考试只能读政府指定的书籍，而这些书籍又是国家发行的。

3. 作用：科举制度既能招揽人才，扩大统治基础；又能控制人的思想，最终目的是维护专制统治。

【讲述一个故事】读史明智——柳州刺史柳宗元的故事

柳宗元是“唐宋八大家”之一，其仕途与科举制息息相关。

柳宗元是一个标准的“富二代”，高富帅，又才华横溢，留下了大量作品，其中入选过初中语文教材的有《黔之驴》《捕蛇者说》《小石潭记》，诗歌有《江雪》等。凭借着自己的才华，他参加科举考试考中进士。春风得意的他，参与了一些政治革新，失败后被贬为柳州刺史，同时他的好友刘禹锡也被贬到了云南。在柳州执政期间，他做了很多好事，如释放奴婢，带领群众种柑子、植柳树，教会人们打井，吃相对卫生的饮用水等，当然还创作了不少优秀的文学作品，其中有不少是抑郁悲愤、思乡怀友之作，但哪些作品是在柳州创作的，就有待考证了。今天的柳州还留有一些与柳宗元有关的历史遗迹，如柳侯公园中有柳宗元的衣冠墓，柳侯祠内有一块“三绝碑”（刘禹锡写的文，柳宗元的诗，苏东坡的字）。柳宗元的家庭出身，使他始终保持着对祖先“德风”与“功业”的向往。他常常以自豪的语气叙说祖上的地位与荣耀，表现出强烈的重振“吾宗”的愿望和对功名的执着追求。但遗憾的是，由于柳宗元已有家室，柳州的姑娘也太保守，柳宗元在柳州没有成家，也没有留下后人。819 年 11 月 28 日，柳宗元在柳州任内去世，终年 46 岁。后来其灵柩运回老家安葬。被贬后一直到死时他都只是柳州刺史，所以又称柳柳州。

设计意图：讲述一个故事，激发学生兴趣。通过介绍地方史如柳宗元治理柳州的小故事，贴近生活，激发学生探索历史的兴趣。

【发出一阵笑声】一代英主——唐太宗李世民

学生表演改编歌曲《走进新唐代》。（歌词自行改编如下：“总想对你表白 / 我的心情是多么豪迈 / 总想对你倾诉 / 我对生活是多么热爱 / 勤劳勇敢的中国人 / 意气风发走进新唐代 / 啊 我们意气风发走进那新唐代 / 继往开来的领路人 / 带领我们走进那新唐代！”）

教师：通过这节课的学习，“贞观之治”不仅赢得了唐朝人民的心，现今很多同学也成为李世民 FANS 啦。我们来采访一下，你为什么钦佩唐太宗？

学生甲：唐太宗吸取隋亡教训，与民休息，关注民生，人民的日子愈来愈好，他是一个仁君。

学生乙：他能使人民安居乐业，是一个能力卓越的领导人。

学生丙：长得帅（学生爆笑）。

学生丁：他统治期间国家统一，社会安定，经济繁荣，唐代成为享誉中外的王朝。我为他自豪，也感到骄傲。

教师：能让“零零后”的你们如此钦佩，作为专制王朝的统治者唐太宗，他无疑是成功的。评价历史人物要放在特定的历史环境中，看其做法是否有利于社会的进步与发展，是否做出了对后世产生深远影响的贡献。

设计意图：通过采访学生小粉丝的心情，让学生放松的同时，培养学生评价历史人物的能力，也引导学生正确看待当今社会的追星现象，学习明星身上积极的一面。

【教学反思】

本课的中心内容非常明确，课堂设计均围绕“贞观之治”来进行。为了上好这一节课，我在网上找了非常丰富的资料、史料，同时也做了充足准备，关键是如何把这些枯燥、简单的历史事件变得生动活泼起来。为此，我采用了历史短剧表演作导入，课堂讨论、播放影视资料、畅所欲言等形式使课堂气氛较为活跃，学生之间的交流也主动而充分，取得了一定的效果。反思这节课，我在备课时，往往考虑更多的是教学过程的设计，且力求尽善尽美。每一个子目怎么讲，需要学生回答什么问题，甚至连过渡语怎么说等全设计好；而恰恰忽视了学生这个学习的主人，忽视了学生在学习过程中可能会遇到哪些问题、为解决这些问题应采用哪些方法和途径。所以教师在备课时，要留一点空间给学生思考和讨论表达自己看法的时间。同时，要有一定的灵活性，可根据课堂情境，如学生的反应等及时调整教学计划。但是课堂活动不能是安排好学生的活动，学生应该是自发地得出结论和感受。主线应该更加突出，让学生即兴活动，不能流于形式，活动应该为教学服务，起着画龙点睛的作用。

七年级下册第10课 《宋金对峙》教学设计

柳州市柳江县拉堡中学 李英

教学目标	1. 知识与能力：了解宋金对峙局面的形成过程及其原因；搜集并讲述南宋抗金名将岳飞的事迹并进行评价。 2. 过程与方法：比较岳飞、秦桧在历史上的不同作为，掌握评价历史人物的方法。观察《宋金对峙形势》图，了解宋金双方作战情况以及宋金对峙局面形成后两个政权的控制范围；搜集并讲述岳飞的故事；运用自学、质疑、讨论法、角色扮演及小组合作学习方式完成本课内容的学习。 3. 情感态度和价值观：了解女真族对东北地区尤其是黑龙江地区的开发做出的重要贡献，从而认识到各族人民共同创造了祖国的悠久历史；正确看待、客观分析女真与辽的战争、金与北宋的战争和岳飞抗金的性质，认识到反掠夺、反奴役的正义斗争是符合广大人民利益的，而掠夺战争和投降派的可耻行为必定受到人民的谴责和唾弃；通过学习岳家军英勇抗金和岳飞遭奸人陷害的史实，树立正确的是非观念，用科学的人生观和价值观审视历史人物。
教学重点	岳飞抗金和宋金和议。
教学难点	如何正确评价岳飞的抗金斗争。
教材分析	本课选自岳麓版中国历史七年级下册第六单元。课文分三目：靖康之变、岳飞抗金和宋金和议。其中，岳飞抗金在课文中占了大量篇幅，教学中可通过课堂活动的组织充分发挥学生的积极性和主体性，增强学生情感体验，并通过问题探究的方式来深化学生对宋金战争性质及影响的理解。
学情分析	经过一个半学期的历史课学习，七年级下学期的学生已初步具备了搜集信息的能力，能够通过网络、书籍等多种途径搜集相关的史料，并通过资料整理掌握重要史实，形成初步的价值判断。学生对本课的中心人物岳飞较为熟悉，是本课教学的兴趣和感知基础，在教学过程中可以充分发挥学生的主体性，以课堂活动和问题探究的方式组织教学。

续表

<table>
<tr><td>教学措施</td><td colspan="2">课前让学生预习，教师布置预习任务，学生查找相关内容的资料，理解问题。课堂上，出示教师设计的问题，围绕问题，展开讨论。同时注意利用图片、音乐、视频等多媒体资料，突出直观性、形象性。</td></tr>
<tr><td>教学准备</td><td colspan="2">多媒体课件、学生搜集相关资料。</td></tr>
<tr><td colspan="3">教学过程设计</td></tr>
<tr><td>教学环节</td><td>师生活动</td><td>设计意图</td></tr>
<tr><td>●导入新课
歌曲导入——屠洪刚《精忠报国》
同学们知道这首歌是为谁而作的吗？岳飞是我们南宋时期著名的抗金将领，岳飞和他率领的岳家军是如何抵抗金军的？南宋和金的对峙局面又是怎样形成的？今天就让我们一起去认识一下历史上真实的岳飞和在他那个时代发生的事情。</td><td>播放歌曲，展示歌词。
老师设问，学生作答。</td><td>从学生熟悉的歌曲入手，创设情境。歌曲热情奔放、豪气干云，加上屠洪刚豪迈的演绎，听来使人热血沸腾、心生豪气，激发学生为我们伟大祖国的繁荣富强感到自豪，为我们都是炎黄子孙更添欣慰的情感！由此达到渲染气氛、激起学生学习兴趣的目的。
层层设问，引入课题。</td></tr>
<tr><td>●学习目标
了解宋金对峙局面的形成过程及其原因；讲述和评价南宋抗金名将岳飞的事迹。</td><td>学生齐读。</td><td>明确学习目标。</td></tr>
<tr><td>●活动一：知识对对碰
各小组互检互评导学案中“预习热身”，自纠，互纠。</td><td>教师指导学生前后左右相互对照检查。小组内部不能解决的问题，可以跟其他组讨论，或者向老师举手示意共同解决。教师巡堂检查。</td><td>对基础知识查漏补缺，生教生，师生互教。</td></tr>
<tr><td>●活动二：百家大舞台
各组展示课前搜集整理的资料。</td><td>学生以小品、诗歌、讲故事等方式表演。</td><td>提供平台，让学生展示自我，增强小组合作能力。提高学生语言表达能力，丰富学生熟悉历史事件的渠道。</td></tr>
</table>

续表

教学环节	师生活动	设计意图
●活动三：合作探究 小组探究，合作完成课前的“探究思考”题。 探究一：从东京保卫战的胜利到“靖康之变”的发生，你得到了什么启示？ 过渡：南宋建立后，宋高宗在江南苟且偷安，将黄河流域的土地和人民置于敌人手中，金朝贵族在那里进行极为野蛮的掠夺和统治。女真贵族的暴行，激起黄河流域人民的强烈反抗，他们组成义军英勇抗金，牵制了金军的南下。还有一批南宋抗金将领赤胆忠心，保家卫国。在众多的抗金名将中，最著名的要数岳飞了。 探究二：岳飞抗金为什么能够取得重大进展？ 过渡：正当岳飞取得郾城大捷、抗金斗争形势顺利发展的时候，宋高宗和秦桧却命令岳飞班师回朝。最后，岳飞被投降派（宋高宗、秦桧）以“莫须有”的罪名杀害了。 探究三：在岳飞墓前的石柱上刻有一副对联：“正邪自古同冰炭，毁誉于今判伪真。”这是什么意思？说明了什么道理？ 过渡：岳飞被害以后，1141年南宋与金达成和议。 探究四：宋金和议是在怎样的历史条件下达成的？你怎样看待这一和议？	学生讨论，教师巡堂指导（让学生结合课文图片与文字资料，运用比较法，从不同的角度来分析、讨论并回答，从而突破本课的重难点）。	将本课教学重难点设计成六个问题，让学生在组内进行探讨，并为后面的展示做准备。

续表

教学环节	师生活动	设计意图
●活动四：成果展示 各组派中心发言人阐述（交流探讨结果）。	各组学生代表发言，其他组员可以补充，教师加以引导。教师鼓励表现突出的小组和个人，对某些问题可适当引导。	通过学生的交流探究结果，发现问题，并鼓励学生质疑，层层设问，进行学法指导（如正确看待、客观分析历史事件），从而树立正确的是非观念。
●课堂小结	学生谈收获，教师帮助梳理知识点。	用框架结构将事件归类联系起来，便于学生更直观地识记本课的事件，从而系统地把握本课的知识点。
●达标检测 完成教材配套练习中的“课堂作业”。	学生当堂完成检测，教师巡堂指导。	通过一定量的练习，巩固学生的新知，并进行解题技巧的指导。
●课外延伸 有同学说：“我在一本书上看到，岳飞镇压过洞庭湖边的农民起义军。另外，他太忠于皇帝了，郾城大捷后，他不该退兵，应该把金兵打败，再杀掉秦桧。因此，岳飞并没有什么了不起。”你同意这种看法吗？为什么？		
板书设计	宋金对峙 { 金（女真）兴起 靖康之变 南宋的建立 岳飞抗金 宋金和议 } 南北对峙	

附

《宋金对峙》导学案

<table>
<tr><td>科 目</td><td>历史</td><td>主 备</td><td>李 英</td><td>审 核</td><td>熊柳娟</td><td>时 间</td><td>3.27</td></tr>
<tr><td>课 题</td><td colspan="7">第 10 课 宋金对峙</td></tr>
<tr><td colspan="8">学习目标：了解宋金对峙局面的形成过程及其原因，讲述和评价南宋抗金名将岳飞的事迹。</td></tr>
<tr><td colspan="8">【学习重点】岳飞抗金和宋金和议。
【学习难点】如何正确评价岳飞的抗金斗争。</td></tr>
<tr><td colspan="8">预习热身（预习课文，自主完成基础知识梳理，记下发现的问题）
一、靖康之变
金的建立：1115 年，______首领________建立金国，定都______。
东京保卫战：1126 年春，金兵包围东京，______率军民击退金兵。
靖康之变：______年，金兵掳走徽宗、钦宗，______灭亡。
二、岳飞抗金
南宋建立：1127 年，______（即宋高宗）即位，后定都________，史称南宋。
战绩：岳飞率“__________”夺回_________，在__________大败兀朮（zhú）主力骑兵。
结果：宋高宗勒令退兵；岳飞被__________诬陷杀害。
三、宋金和议
和议：________年，南宋和金达成和议。
内容：双方以东自________中流、西至_________为界。宋向金称臣，每年向金贡送银 25 万两、绢 25 万匹。
影响：形成了宋金______的局面。</td></tr>
<tr><td colspan="8">合作探讨（生生互助、师生互动，点拨释疑，共同提高）
探究一：从东京保卫战的胜利到“靖康之变”的发生，你得到了什么启示？
探究二：岳飞抗金为什么能够取得重大进展？
探究三：在岳飞墓前的石柱上刻有一副对联：“正邪自古同冰炭，毁誉于今判伪真。”这是什么意思？说明了什么道理？
探究四：宋金和议是在怎样的历史条件下达成的？你怎样看待这一和议？</td></tr>
<tr><td colspan="8">达标检测：完成教材配套练习中的“课堂作业”。</td></tr>
</table>

八年级上册第4课 《八国联军侵华》教学设计

柳州市柳城县民族中学 王海英

课程标准	了解八国联军侵华的史实；结合《辛丑条约》的主要内容，分析《辛丑条约》对中国民族危机全面加深的影响。
教材分析	八国联军入侵和《辛丑条约》的签订，使中国完全沦为半殖民地半封建社会，而义和团抵抗八国联军则表现了中国人民英勇无畏的斗争精神。本课为八年级上册第4课，为第一单元“列强的侵略与中国人民的抗争”中最后一课，本课可作为本单元的一个小结。
学情分析	八年级的学生已初步掌握了一些学习历史的基本方法，能够通过阅读、观看影视作品等方式独立地了解一些历史事件的大致情况，但缺乏理性的认识。由于本课的内容在课程标准中有识记层次、运用层次的要求，教师要注意引导学生采用自主学习与合作探究学习相结合的方式，在了解八国联军侵华史实的同时，深入分析《辛丑条约》对中国民族危机全面加深的影响。
教学目标	1. 知识与能力目标 通过图片、视频等方式，让学生了解八国联军侵华的基本史实。 2. 过程与方法目标 结合《辛丑条约》的主要内容，引导学生分析《辛丑条约》的签订给中华民族造成的严重危害，以培养学生综合分析的能力。 3. 情感态度与价值观目标 通过本课的学习，使学生认识到八国联军的烧、杀、抢、掠给中国人民造成深重灾难，《辛丑条约》是帝国主义向清政府进行的又一次穷凶极恶的敲诈勒索；真正体会到“落后就要挨打”的道理，初步树立对国家、民族的历史责任感。
教学重点	八国联军的侵华暴行、《辛丑条约》。

续表

教学难点	分析《辛丑条约》对近代中华民族的危害。		
教学过程			
教学环节	教师活动	学生活动	设计意图
情境体验知识导入	教师通过自制音频视频资料，简述从1840年鸦片战争至八国联军侵华的史实，让学生通过情境复习旧知识，感知历史。	学生认真听、思考并感知晚清四次列强侵华战争的历史。	情境导入，复习旧知识，提起学习新知的兴趣，并对新学知识有一个整体感知。
问题探究能力助达	一、义和团运动的兴起(板书) 1898年，山东义和拳运动兴起。1900年春，义和团运动发展到京津地区，斗争矛头直指帝国主义侵略势力。请同学们阅读教材内容，思考以下问题： ●问题探究一 1. 义和团运动兴起的原因是什么？该运动于何时何地爆发？怎样看待“扶清灭洋”的口号？ 2. 1900年6月9日，慈禧太后“决计不将义和团匪剿除”，认为“以之抵御洋人,颇为有用”。这说明清廷对义和团运动的高涨持什么态度？有何险恶用心？ 二、八国联军侵华：攻占天津→攻占北京（板书） ●问题探究二 1. 为什么会有八个国家共同发动战争？ 2. 你有什么好的记忆方法识记这八个国家？（多媒体显示图片《廊坊大捷》） 想一想：下列西摩尔的话说明了什么？	学生分组讨论，得出结论，代表发言，发表本组的意见。 学生热烈讨论，各组代表积极发言，得出结论并把本组同学的记忆方法进行分享。	小组合作探究，培养学生的合作精神，同时让学生自主学习。 培养学生科学记忆历史知识的方法。

续表

教学环节	教师活动	学生活动	设计意图
问题探究能力助达	（多媒体展示）西摩尔："设使义和团所用武器皆为西式枪炮，则联军必遭全军覆没之命运。" （多媒体显示图片《八国联军在大沽登陆》及《八国联军攻陷天津》） 1900年8月中旬，联军攻占北京，慈禧太后携光绪帝仓皇出逃。八国联军对北京进行了灭绝人性的烧杀抢掠。 （教师引导回顾）同学们想一下，中国近代史上，哪些国家的军队也曾打进北京？（多媒体投影八国联军破坏、屠杀、抢劫北京的系列图片资料） 总结说明："自元明以来之积蓄，上自典章文物，下至国宝奇珍，扫地遂尽。"这些图片和资料，反映了八国联军进占北京后所犯的罪行和给中国人民造成的危害。杀人放火固然危害很大，但在当时，真正对中国社会造成危害而且影响深远的事件是《辛丑条约》。 （板书）《辛丑条约》	学生讲述《廊坊大捷》的故事。 思考并回答问题。 学生感知历史。回忆第二次鸦片战争期间英法联军攻入北京的史实，体会清政府的无能、衰败；同时也提高了对新旧知识进行纵向联系的能力。	学生通过参与，展示自己的成果，锻炼了识图和语言表达等能力。 及时复习旧知识，并提高学生纵向联系历史知识的能力。
重现历史深入探究	（请学生根据所给材料分角色表演） 1900年12月的某一天，大太监李莲英手执李鸿章的急电，急匆匆地走进慈禧太后的住处，把电文呈上。慈禧太后一看喜出望外，原来电文上说《辛丑条约》议和代表们未把慈禧列为"祸首"惩办。 只见慈禧不假思索地示意道："所有十二条大纲，应即照允！" 李莲英："遵旨。"	学生欣赏表演，感悟历史。	通过表演的体验探究形式，尊重学生的认知规律，又让其创造力得以最大限度的开发。同时注重培养学生论从史出的意识。

续表

教学环节	教师活动	学生活动	设计意图
重现历史深入探究	1901年2月某日。 慈禧："小李子，传旨与李鸿章——量中华之物力，结与国之欢心。今兹议约不割我土地，念列邦之见谅，疾愚暴之无知……" ●问题探究三 1.为何慈禧会喜出望外？"量中华之物力,结与国之欢心"说明什么问题？ 2.条约签订双方中一方为清政府，另一方为何超出八国？ 3.请从政治、经济、军事等方面，分析条约给中华民族带来的严重危害。 教师小结："量中华之物力，结与国之欢心"是一句典型的卖国名言，这表明慈禧为首的清政府完全成为帝国主义统治中国的工具，成了洋人的工具。	各组学生认真思考，热烈讨论，选出代表，说明其观点，抒发其感想。	
小结提升情感渗透	19世纪中期至20世纪初，古老的中华帝国在枪炮声中揭开了一页页令人痛心的历史……随着一个个不平等条约的签订，中华民族陷入了灾难的深渊，清王朝一步步沦为帝国主义统治中国的工具。	回顾八国联军侵华的史实，结合现实，得出一个真理：落后就要挨打！	感知、感悟历史后获得情感的体验和提升。
巩固练习反馈纠正	请同学们将《南京条约》《马关条约》《辛丑条约》的内容归类整理，并设计成一个表格，进行对比分析，找出它们的共同点和不同点。	学生把三大条约内容及危害进行对比、逻辑推理，最终得出答案，同时也理出基本线索：中国是如何一步步沦为半殖民地半封建社会的。	培养学生列表归纳的能力及一定的逻辑思维能力。

续表

板书设计
第4课　八国联军侵华
义和团运动的兴起和发展
义和团运动失败
八国联军侵华
（1900年）
（天津保卫战）
攻占天津
攻占北京
《辛丑条约》签订
（1901年）
内容
经济：赔偿白银4.5亿两
政治：清政府保证严禁人民参加反帝活动
外交：划定“使馆界”
军事：拆毁炮台，驻兵要地
危害：中国完全沦为半殖民地半封建社会

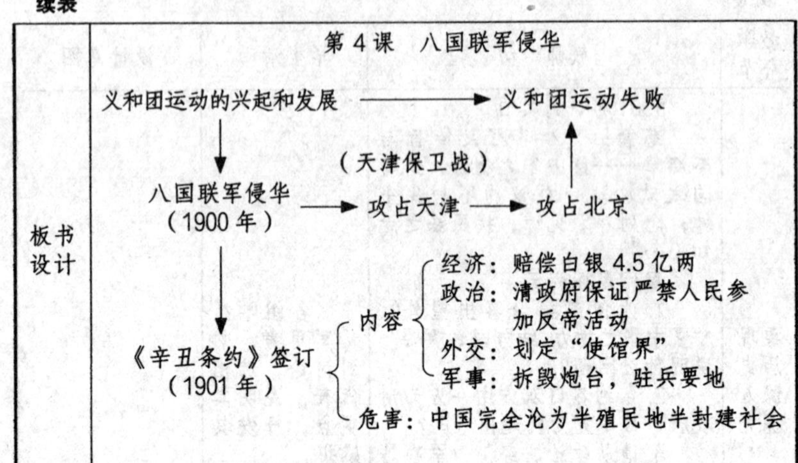

八年级上册第7课 《辛亥革命》教学设计

柳州市第三十中学 田威

【教材分析】

《辛亥革命》这课的内容是中学历史教学中的重点，它是中国历史的一个伟大转折。1840年鸦片战争后，随着列强的侵略和民族危机的加深，中国人民开始了追求民族独立和国家富强的斗争与探索。从中国人民抗争的角度来讲，辛亥革命是一次资产阶级民主革命；从近代化的探索来看，它使中国近代化进程深入到制度层面。辛亥革命后，中国人民的革命洪流汹涌澎湃，势不可当，新文化运动、五四运动相继爆发。辛亥革命在中国近代史中占有十分重要的地位。

【教学目标】

一、知识与能力

1. 通过学习孙中山在辛亥革命前后的重要革命活动，初步培养学生客观地认识和评价历史人物的能力。

2. 通过分析辛亥革命的意义，初步形成在独立思考的基础上得出结论的能力。

二、过程与方法

1. 阅读课文，掌握制作大事年表的基本技能；了解孙中山进行的主要革命活动；巧设历史情境，激发学生的学习兴趣。

2. 通过分析辛亥革命的历史意义，学会运用历史的眼光分析历史问题，加深对历史的理解。

3. 用导游的方式将辛亥革命博物馆分成四个展馆来学习，培养学生学习历史的兴趣。

4. 在教学中可以通过故事使学生更好地理解一个偶然的事件——武昌起义，为什么它爆发后全国纷纷响应，清朝统治土崩瓦解？

三、情感态度与价值观

1. 通过了解孙中山的主要革命活动和辛亥革命的历史意义，学习一代伟人“吾志所向，一往无前，愈挫愈奋，再接再厉”的革命精神；继承他“唤起民众”“振兴中华”的伟业；培养胸怀祖国、为实现中华民族全面振兴而奋斗的历史责任感和使命感。

2. 通过小组合作学习，培养团结协作、互相帮助的精神和竞争意识，学会正确地评价自己和他人。

【教学重点和难点】

重点：孙中山的重要革命活动。

难点：如何探讨辛亥革命的历史意义。

【教学方法】

问题教学法、情景再现法、讲授法等。

【教学过程】

<table>
<tr><th></th><th>教师活动</th><th>学生活动</th></tr>
<tr><td>教学步骤</td><td>【导入新课】
同学们大家好！欢迎来到辛亥革命博物馆，我是今天的导游。
提到辛亥革命，不知大家看过电视剧《武昌首义》吗？它开篇说道：“一个偶然事件却引起了一场必然发生的革命；一个并不成熟的新生力量却一举推翻了几千年的统治阶级；一个充满了悲壮和矛盾的首义故事。”为什么一个偶然的事件却引起了必然发生的革命，并取得成功？新生的力量又是如何推翻几千年的统治阶级？让我们带着这两个疑问一起走进辛亥革命博物馆。
【讲授新课】
同学们现在看到的是辛亥革命博物馆的平面图，我们今天将参观四个展馆。西北部为第一个展厅革命源起，东北部为第二个展厅武昌首义，西南部为第三个展厅创建共和，东南部为最后一个展厅评议辛亥。

一、革命源起
同学们，我们即将走进的是第一个展馆——革命源起，革命源起这个展厅主要讲述兴中会和中国同盟会是如何成立的。
1. 兴中会的成立
大家现在看到的是孙中山倡导革命的系列图片展，同学们看西边的蓝色区域，这个是“孙中山赴檀香山”的场景复原图（1878 年，13 岁的孙中山随母亲从香港前往夏威夷的檀香山，开始求学、行医和开创革命事业的历程）。1894 年，孙中山再赴檀香山，创办兴中会。
兴中会是怎样成立的？同学们自主参观，我们 1 分钟后集合。
<table><tr><td>建立者</td><td></td></tr><tr><td>时间</td><td></td></tr><tr><td>地点</td><td></td></tr><tr><td>口号</td><td></td></tr><tr><td>目标</td><td></td></tr><tr><td>性质</td><td></td></tr></table></td><td>学生回答

小组代表回答表格</td></tr>
</table>

续表

<table>
<tr><th></th><th>教师活动</th><th>学生活动</th></tr>
<tr><td>教学步骤</td><td>
2. 中国同盟会的建立
好了，各位同学继续跟着我往里面参观，1905 年 8 月 20 日，孙中山在日本东京成立了中国第一个革命政党——中国同盟会，同学们现在看到的是第一展厅的第二部分中国同盟会成立的图片展，大家注意这边，这就是“同盟会成立”时的场景复原图，这个部分还展示了关于同盟会的哪些内容呢？同学们自主参观，我们 2 分钟后在第二展馆门口集合。
<table>
<tr><td>时间</td><td></td></tr>
<tr><td>地点</td><td></td></tr>
<tr><td>领导人</td><td></td></tr>
<tr><td>革命纲领</td><td></td></tr>
<tr><td>指导思想</td><td></td></tr>
<tr><td>机关刊物</td><td></td></tr>
<tr><td>性质</td><td></td></tr>
<tr><td>历史作用</td><td></td></tr>
</table>
3. 三民主义
这一部分，我重点给大家介绍一下三民主义，三民主义包括民族、民权、民生三大主义。
民族主义：驱除鞑虏，恢复中华。其中，鞑虏指的是满族贵族。
民权主义具体的内容是创立民国。民权主义解决的是推翻旧制度后,建立一个什么样的国家？前面提到，孙中山 13 岁出国，从小接受西方教育，在西方资本主义社会的环境中生活，对西方资本主义制度颇有了解，认识到当时世界的潮流就是建立资本主义制度。所以孙中山决定顺应世界历史发展潮流,建立资产阶级共和国。
民生主义：政治上是建立共和国，经济上就要想办法为人民谋福利。孙中山的方法就是核定地价，解决人民的土地问题。
过渡：兴中会和同盟会的相继建立为辛亥革命的爆发做了重要准备，而我们接下来看的第二展厅展示的就是打响辛亥革命第一枪的事件。

二、武昌首义
看，这就是武昌首义的部分街道复原图，走在青石板路上，古朴的街道，昏黄的灯光，新军正在酝酿一场革命，战争一触即发。
现在我们进入历史体验、有奖竞猜环节。（播放武昌起义视频）
</td><td>小组代表回答表格

学生观看视频回答问题</td></tr>
</table>

续表

	教师活动	学生活动
教学步骤	1. 时间 2. 地点 3. 结果 武昌起义爆发后，18个省纷纷响应，革命形势风起云涌，此起彼伏，清朝统治土崩瓦解。在这次起义中，那无名的枪响在整个事件起了至关重要的作用。革命者这种“敢为天下先”的首义精神也被世代所传颂。那么这一枪是怎么回事呢？下面让博物馆的王馆长给大家讲解一下。 故事讲述： 到了傍晚，熊秉坤带着一小队革命党人，在军营内擦枪装弹，准备发动起义，这时却来了个混人，自愿来充当起义的导火线。此人名叫陶启胜，是工程营的排长。 陶启胜是个草包，素来就脾气孤僻，爱发官威，与大家不合。一入营帐，陶启胜就见到几个士兵在那里擦枪，当头一个乃是金兆龙。陶启胜喝道：“喂，你没事擦枪干什么？” 金兆龙本来就讨厌这个排长，心里想，既然都要造反了，还怕你做甚？没好气地顶回去：“没事擦一下不行啊？” 陶启胜见对方视他如无物，不禁大怒，骂道：“你们这帮兔崽子是不是要造反？” 金兆龙又是一句顶回来：“要造反又怎么了？” 两人大眼瞪小眼，一言不合，便扭打起来。陶启胜虽然脾气不好，可这排长也不是白当的，一个泰山压顶，就把金兆龙压在身下。营里的革命党人见这陶启胜如此嚣张，一起拥上前来，其中一个举起枪托就往陶启胜头上砸去。 这一下砸得陶启胜头破血流，这时他才稍微清醒过来，再看周围的士兵个个杀气腾腾，当即想起“好汉不吃眼前亏”的古训，连忙掉头就走。 营内的士兵程正瀛怕他跑出去报信，举手朝着他就是一枪。“啪”的一声枪响，犹如夜半一个惊雷，全营上下的革命党人本来就如满弦之弓，现在听到枪响，以为是起义的信号，纷纷操起枪械，从营房里冲出来，乱放一通，霎时间军营之内枪声四起，人声鼎沸。 这时熊秉坤见场面混乱之极，知道时不我待，当机立断，“噔噔噔”几步冲出营帐，鸣笛为号，又举枪连放三响，大喝道：“各位兄弟，革命立功，就在今日！”于是带着工程营的士兵，打死了几个前来弹压的军官，冲杀而出，直奔楚望台军械库。	

续表

	教师活动	学生活动
教学步骤	虽然历史不能假设，但是我们不妨假设一下，假如这个陶启胜没有带着两个士兵来查房，是不是就不会爆发这场起义呢？清朝统治就不会土崩瓦解了呢？	学生各抒己见、猜想
	从1840年到1911年，腐朽的清政府如同一艘摇摇欲坠的破船，千疮百孔。来自内外的哪些事件冲击着这个泱泱大国？（比如内部的探索和外部的侵略） 在外来列强的侵略之下，清政府已经非常腐朽了，并且也引起有识之士对它失望透顶；内部人民的反抗，来自地主阶级的自救和资产阶级的改良，虽然失败，但是民智已开启。所以才会一声枪响后那么多人参加到队伍中来。尽管只是那很偶然的一枪，也会让清政府统治土崩瓦解。 随着战争的结束，我们也来到了第三个展厅——创建共和。	学生思考后回答： 内：太平天国运动、义和团运动、洋务运动、戊戌变法 外：鸦片战争、第二次鸦片战争、甲午中日战争、八国联军侵华战争
	三、创建共和 1. 中华民国的成立 教师指导学生阅读图片，了解中华民国成立的概况。同时，用课件展示相关图片。 2. 清帝退位与袁世凯窃取革命果实 革命爆发后，在清朝和中华民国的对弈中的关键人物袁世凯登场了，他掌握北洋军，而北洋军则是清王朝唯一可以抵抗革命军的力量。 革命军无论从装备与士兵素质上都无法与北洋军抗衡，在军事威胁和促和谈判的双重打压下，孙中山妥协，只要袁世凯让清帝退位，孙中山就把大总统的职位让给袁世凯。 最终1912年二月清帝退位，袁世凯篡夺革命果实，中华民国土崩瓦解。 那么历史上是怎样评价辛亥革命的呢？让我们进入评议辛亥展馆。	
	四、评议辛亥 教师展示四幅图并提问，让学生们理解辛亥革命的历史意义。 ①看这幅图片，你能得出什么结论？ ②看这幅图片，你能得出什么结论？ ③将这两个阶段的工矿企业总数对比，你能获得哪些信息，得出什么结论？	学生看图片回答问题
	④阅读材料，辛亥革命后百姓眼中的辛亥是怎么样的？ 在讲解的基础上，教师安排学生畅所欲言：到底该怎么评价辛亥？	学生各抒己见

续表

	教师活动	学生活动
教学步骤	结语： 辛亥革命虽已逝去有百年之遥，但其成败得失仍留给我们不尽的思考。 通过今天的学习，同学们已经对辛亥革命有了一定的了解。希望同学们抱着对学习历史的兴趣和钻研历史的态度，将你对辛亥革命的看法能够更深入、丰富地挖掘！ 参观完四个展厅，回顾一下辛亥革命的丰功伟绩。 （知识点回顾）	

八年级上册第10课 《五四爱国运动》教学设计

柳州市第四十六中学 唐荣

【教学目标】

一、知识与能力

1. 1919年爆发五四运动，标志着新民主主义革命的兴起。

2. 简述五四爱国运动的基本史实，理解五四精神。

二、过程与方法

1. 通过分析五四运动的历史背景、经过和影响，培养学生把握历史线索，认识历史事件之间的相互影响的思维能力。

2. 通过新旧民主主义革命的比较，培养学生运用比较法分析历史问题的能力。

三、情感态度与价值观

1. 培养学生爱国情感。

2. 学习五四精神。

【教学重点和难点】

重点：无产阶级登上政治舞台，五四运动的性质和意义。

难点：五四运动爆发的背景。

【教学方法】

平台互动方式。

【教学过程】

教学环节	教材处理	学生活动	设计意图（关键项或教学策略）
导知	视频导入 播放影片《我的1919》中巴黎和会上中国外交家顾维钧拒绝在和约上签字的片段。	看＋想	以影片激发学习兴趣和爱国热情
	问：影片中简述的是什么事件？引出下文。	想＋答	
	大家知道青年节是什么日子？它和五四运动有联系吗？		
	议：结合刚才我们看过的影片和课文内容，想一想，“一战”结束后，作为战胜国的中国，得到的却是类似于战败国的待遇，说明了什么？		引导学生归纳
	答：弱国无外交。教师可根据实际情况点拨，如果两个国家在实力对等的情况下，外交就是力量；如果实力不对等、差距过大，那么外交仅仅是发言而已。	学生相互交流	
感知	1. 导火线：正是巴黎和会上中国外交失败的消息传来，由此爆发了五四爱国运动。		
	2. 背景：学生讨论，教师点拨，与已学知识联系，新文化运动奠定了思想基础；北洋军阀时代，是中国近代最黑暗的时代，他们为了各自的利益，大肆出卖国家主权，导致民怨沸腾；此时工人阶级队伍经过几十年发展，特别是辛亥革命后和“一战”期间，力量发展相当迅速。	小组合作回答	引导学生，此部分难度大，学生概括＋教师补充
	3. 经过：5月4日上午，北京大学等13所高校3000多人集会天安门，发起游行示威——北洋政府的镇压——北京专科以上学校总罢课——全国各地响应——英美日等国督促北洋政府加紧镇压学生（“六三大逮捕”）——工人阶级登上历史舞台。	学生阅读课文	
	4. 口号：“外争国权，内除国贼”“拒绝在巴黎和会上签字”“取消二十一条”“誓死争回青岛”等口号。		
	想：哪一条内容可以直接体现五四运动反帝反封建的主张？		

续表

教学环节	教材处理	学生活动	设计意图（关键项或教学策略）
探知	教师补充故事：痛打章宗祥。 5. 五四运动发展的“新”阶段，这个“新”体现在哪里？——无产阶级等上历史舞台。 议：无产阶级是如何发展壮大的？教师引导学生阅读概括无产阶级发展的三个阶段，并指出，无产阶级要先于资产阶级产生。 6. 结果：取得初步胜利：罢免曹、陆、章的职务；中国出席巴黎和会代表拒绝签字。 7. 影响：标志着新民主主义革命的开端。 议：为什么说五四运动是新民主主义革命的开端？教师引导分析，特别指出五四运动是中国近代史上一次彻底的反帝反封建的爱国运动，这既是五四运动的意义，也是五四运动的性质；同时为下节课“中国共产党的成立”做铺垫。	学生思考回答 阅读＋想 阅读概括 阅读＋想＋概括	有趣的故事可以有效吸引学生 重点讲述
拓知	比较：新旧民主主义革命。 小结：中国在巴黎和会上外交的失败，引发了五四爱国运动，这一运动首先爆发于北京，遭北洋政府镇压，“六三大逮捕”后，工人成为运动主力，运动中心由北京转移到上海，由此无产阶级登上历史舞台。在工人、学生、商人的积极响应下，运动取得了初步胜利。五四运动是中国近代史上重要的转折点，标志着中国新民主主义革命的开端。	学生阅读回答	培养学生运用比较法分析历史问题的能力
固知	课后练习＋精讲	学练结合	

【教学总结】

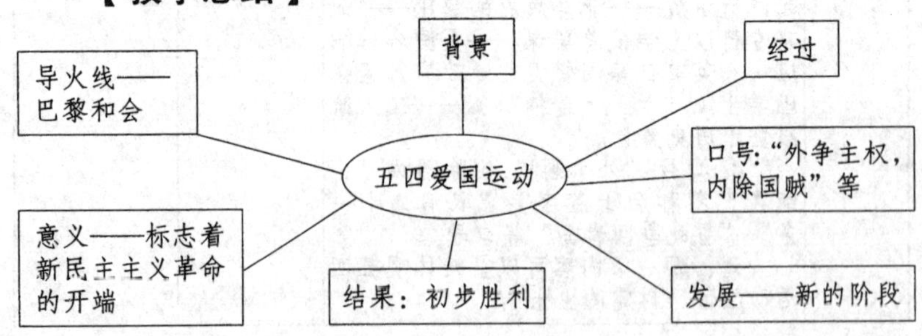

八年级上册第10课 《五四爱国运动》教学设计

柳州市鹿寨县第一初级中学 黄柳琼

<table>
<tr><td>教学理念</td><td colspan="2">面向全体学生，促进学生发展，培养学生的创新能力，为学生营造一种快乐的学习环境。</td></tr>
<tr><td>学情分析</td><td colspan="2">1. 八年级学生经过一年多的历史学科的学习，具备了一定的历史基础知识和综合分析能力。学生的求知欲旺盛，感性认识比理性认识强，抽象思维能力弱，主要是形象思维。针对学生的这些特点，课堂上教师应多利用播放多媒体视频、创设情境、展示图片、设置问题，组织学生开展小组讨论，参与合作，在情境中体验历史、思考历史、以史为鉴，激发学生的学习热情，调动学生的学习积极性，培养学生全面思考问题的能力。
八年级学生处于人生观、价值观的形成初期，培养学生的爱国思想和进取意识，有助于正确的人生观、价值观的形成，如学习“五四精神”：爱国思想、勤于学习、开拓创新、勇于奉献等。</td></tr>
<tr><td>内容标准</td><td colspan="2">掌握五四爱国运动的背景、原因、性质等史实，认识五四爱国运动的历史意义。</td></tr>
<tr><td rowspan="3">教学目标</td><td>知识</td><td>通过学习，了解五四爱国运动的历史背景及运动爆发的直接原因与经过，认识五四爱国运动的性质及历史意义，理解“五四精神”。</td></tr>
<tr><td>能力</td><td>1. 通过学生自主阅读、观察图片等，掌握搜集有用信息的方法，培养学生自主探究、解决问题的能力。
2. 通过设置丰富的历史情境，让学生走进历史，参与体验，展开合理的历史想象，感悟历史，培养学生的创新思维和阐释历史的能力。
3. 通过设计多种类型的问题，让学生开展小组合作，培养学生合作学习的能力，提高分析问题及语言组织能力。</td></tr>
<tr><td>情感态度与价值观</td><td>1. 通过对五四运动基本史实的学习和讨论活动，帮助学生初步理解“五四精神”。
2. 学习五四青年彻底的、不妥协的爱国精神。
3. 学习五四青年站在时代前列，不畏强权、勇于斗争，敢于承担历史重任的优秀品质。</td></tr>
</table>

续表

教学资源	课本教材、多媒体课件、音像视频等。
教学重点	五四爱国运动的历史背景。
教学难点	理解五四爱国运动的性质和历史作用；理解“五四精神”。
教学准备	制作多媒体课件、通过网络搜集相关音像资料等。
教学方法	情境教学法、参与式教学、问题探究法、小组合作学习等。
教学手段	影像视频、多媒体课件等。

教学过程

教学环节	教学内容	教师活动	学生活动	设计意图
新课导入		首先播放关于五四爱国运动的电影片断《我的1919》，导入新课：让我们一起走进五四爱国运动，去了解五四爱国运动的原因、性质、历史意义和精神。	观看视频，感受那个民族命运飘摇的岁月，那个令无数青年热血沸腾的年代。	观看视频对学生具有很强的感染力，将学生很快引入本课学习。
重点探究	北京学生掀起五四爱国运动	一、北京学生掀起五四爱国运动的历史背景 （一）问题导入 1.五四运动在何时何地爆发？是谁最先发起了这场运动？ 2.五四运动爆发的导火线是什么？ （二）播放图片导入相关内容及问题 内容：中国代表在巴黎和会上提出的正义要求：①取消帝国主义在华特权。②废除二十一条。③归还在大战期间被日本夺去的原德国在山东的各种特权。	1.根据课文相关内容，概括回答教师设问。	1.让学生带着问题看课文，可以激发他们的学习兴趣，培养他们开动脑筋，独立思考问题的能力。

续表

教学环节	教学内容	教师活动	学生活动	设计意图
重点探究	北京学生掀起五四爱国运动	问题：在巴黎和会上，为什么作为战胜国的中国，得到的却是类似战败国的待遇？ 二、北京学生掀起五四爱国运动的经过、结果 （一）课件展示 展示《北京学生在街头演讲》《五四运动中的北京游行队伍》《北京赵家楼胡同和被烧后的曹宅》等图片，让学生了解五四运动的简单经过和结果。组织学生分小组开展学习活动。 （二）问题导入 1. 五四运动爆发后学生提出了什么口号？他们强烈要求惩办哪几个卖国贼？ 2. 五四运动的口号哪些是反帝的，哪些是反封建的？ 3. 面对学生的爱国运动，当时的北洋政府有何举动？ 4. 随着学生运动的高涨，各社会阶层纷纷响应，其中革命斗争最激烈、态度最坚决的是哪个阶层？ 5. 五四爱国运动取得初步胜利表现在哪些方面？ 对于学生的上述回答，教师进行及时的引导和肯定。	2. 观看图片，了解中国代表在巴黎和会上提出的正义要求。 3. 学习小组长组织本组同学快速讨论并派出一位同学展示本组的答案。比一比哪个小组回答得又快又准确。 1. 学生自主思考问题，举手发言，阐述自己的认识和观点，其他同学进行补充完善。 2. 喊一喊：全体学生起立，在班长带动下，高呼五四运动的口号。	2. 图文并茂更能激发学生学习兴趣，使学生乐于学习，保持学习的积极性。 3. 小组讨论学习，激发学生积极参与，在讨论学习中加深对知识的理解和掌握。 1. 学生在自主探究、交流中感知历史，感受历史。 2. 带着问题观看视频，使学生的观看有的放矢，目的明确，有效聚焦于教师想要传达的信息，提高了观看视频的有效性。 3. 通过比较，培养学生辩证分析问题的能力。

续表

教学环节	教学内容	教师活动	学生活动	设计意图
突破难点一	无产阶级登上政治舞台	1. 课件展示设问：五四运动的第二个阶段是从哪个时候开始的？当时运动的主力军是谁？引导学生阅读课文，落实基础史实，要求学生特别记忆“无产阶级开始登上政治舞台，成为运动的主力”。教师强调指出：学生的游行、示威遭到了北洋政府的镇压，同时也激起了大规模的学生游行示威，并得到全国各地学生的积极响应，学生运动升级并发展了。学生运动的发展引起帝国主义列强的极度恐慌，他们向北洋政府施压，学生运动遭到更大规模的镇压，从而直接导致无产阶级参与进来，五四运动达到高潮，进入第二个阶段。 2. 多媒体展示设问：五四运动取得初步胜利的原因有哪些？教师强调指出：当时上海是中国最大的城市，工人最集中的地方，上海工人开始罢工，标志着无产阶级登上了政治舞台，并展示出强大的、前所未有的力量，在全国人民的强大压力下，特别是无产阶级最彻底的革命斗争，终于使五四运动取得了初步胜利。	1. 快速阅读课文，并在书上找出五四运动第二个阶段的时间及主力军，当堂记忆。特别标注“无产阶级开始登上政治舞台，成为运动的主力”。 2. 让学生带着问题观看视频，从视频中总结、归纳答案。	1. 发挥历史学科和历史知识独特的德育功能，让学生学会思考、学会从历史当中总结规律，指导自己现实生活中的言行，促进自己形成正确的价值观、人生观。 2. 历史与现实结合，拉近历史与现实、书本知识与学生实际之间的距离，让学生能够学以致用，懂得以史为鉴，思考历史，反思现实，用历史经验来解决现实问题。培养学生对自己、对国家的责任感，树立热爱祖国，开拓进取的使命感，提高明是非、辨善恶的能力。

续表

教学环节	教学内容	教师活动	学生活动	设计意图
突破难点二	五四爱国运动的历史作用	1. 多媒体展示：①学生返校图片；②曹汝霖、陆宗舆、章宗祥的免职令；③拒签和约的报道。教师过渡：五四运动取得了初步胜利，具有伟大的历史意义。 2. 课件导入问题：通过前面的学习，你认为五四运动是一次什么性质的运动？它有何历史意义？ 3. 以史为鉴，史实拓展：①你认为“五四精神”是什么？②在和平年代的今天，我们应该如何继承和发扬“五四精神”？	1. 观看视频，了解五四爱国运动取得初步胜利的表现方面。 2. 小组讨论，理解五四爱国运动的性质和历史意义。 3. 自主思考、小组讨论、合作探究、师生互动，然后归纳：继承和发扬“五四精神”的现实意义。	1. 充分利用历史插图，生动地再现了历史，是教材内容的补充和说明，起到良好的教学辅助作用，从而培养学生提取有效信息和自主探究学习的能力。 2. 培养学生互相学习、互相评价的能力。通过展示，锻炼学生的勇气和语言表达能力，让学生体验到学习和成功的乐趣，有进一步学习的愿望。 3. 以史为鉴，发挥历史学科的德育功能，及时对学生进行思想品德的教育，培养学生不畏艰难，报效国家的爱国主义情感。

续表

教学环节	教学内容	教师活动	学生活动	设计意图
课堂小结	梳理基本史实	1. 组织学生分小组进行讨论并完成小结任务：请对本课历史知识进行梳理和小结。 2. 设问：学习了这一课你最大的收获是什么？你认为谁在课堂上表现最棒？	1. 学生小组合作，讨论用什么方式、语言来总结本课学习到的历史知识，商量确定本组答案。 2. 畅所欲言，畅谈自己通过本课学习收获的知识、懂得的道理以及对自己的生活、成长有何促进。同学互相倾听，互相肯定、互相指正，共同进步。	1. 通过课堂小结，学生再次明确本课的重点内容，在轻松愉悦的课堂气氛中完成学习任务，在快乐中学有所得。 2. 在课堂上真正做到关注学生的成长，创设民主、和谐的师生关系，通过平等的师生对话，鼓励学生勇于表现、积极进取，培养学生民主、平等、乐观等良好的性格品质，有利于学生身心健康的发展。
巩固练习	利用导学案，完成导学案练习，不用再设计练习。			

板书：

第 10 课　五四爱国运动

一、导火线：巴黎和会上中国外交的失败

二、五四运动的爆发和发展（第一阶段）

时间：1919.5.4。

中心：北京。

主力军：学生。

口号："外争国权，内除国贼""拒绝在巴黎和会上签字""取消二十一条""誓死争回青岛"。

要求：惩办亲日卖国贼曹汝霖、陆宗舆、章宗祥。

三、五四运动的高潮和结束（第二阶段）

时间：1919.6.3。

中心：上海。

主力军：无产阶级（工人）。

续表

四、取得初步胜利：①释放学生；②罢免曹汝霖、陆宗舆、章宗祥；③拒绝签约。 五、历史意义 1. 性质：彻底的反帝反封建的爱国运动。 2. 中国新民主主义革命的开端。
教学反思： 一、良好的开端是成功的一半 导入这节课时，我首先播放关于五四爱国运动的电影片断《我的1919》，导入新课：让我们一起走进五四爱国运动，去了解五四爱国运动的原因、性质、历史意义和精神。通过观看视频，不仅让学生感受了那个民族命运飘摇的岁月，那个令无数青年热血沸腾的年代，还具有很强的感染力，把学生很快引入本课学习。 二、充分展示多媒体教学的辅助作用 在学习中，我播放自制的多媒体课件，让学生身临其境，感受历史。如讲授“北京学生掀起五四爱国运动”时，我利用课件展示：《北京学生在街头演讲》《五四运动中的北京游行队伍》《北京赵家楼胡同和被烧后的曹宅》等图片，让学生了解五四运动的经过和结果，为学生创造了较直观、生动的情景，使学生思想受到感染，从而很好地完成了本课情感态度和价值观的教学目标。 三、拓展学习 我在五四爱国运动讲完后，设计了两个问题：①你认为“五四精神”是什么？②在和平年代的今天，我们应该如何继承和发扬“五四精神”？可以提示学生应结合自己的生活和学习情况回答，这样设计的目的是使学生内化课堂学习内容，让课堂知识向课外延伸，从而培养学生爱国思想、勤于学习、开拓创新、勇于奉献等“五四精神”，突破课堂难点。 四、不足之处。整堂课教学时间的合理分配上有些欠妥，学生做练习少了一些，课堂组织讨论的有效性还有待加强，这些问题都有待自己在今后工作中不断改进。

附：

第10课 《五四爱国运动》导学案设计

一、学习目标

1. 知识目标：学习五四爱国运动的历史背景；了解五四爱国运动爆发的直接原因及经过；认识五四爱国运动的性质及历史意义；理解“五四精神”。

2. 能力目标：根据教师拟好的专题，学生分组选题，通过资料搜集、分析、整理工作，在课堂上表达观点、质疑解疑，增强分析能力、理解能力和表达能力。教师选取优秀的影视片断或有代表性的图片等资料，运用多媒体手段再现历史画面，增强学生感性认识。通过课堂学习展示活动，掌握重点内容，培养能力，培育情感。

3. 情感态度与价值观目标：通过对五四爱国运动基本史实的学习和讨论活动，帮助学生初步理解“五四精神”，激发其学习五四青年彻底的、不妥协的爱国精神，学习他们站在时代的前列，不畏强权、勇于斗争，敢于承担历史重任的优秀品质。

二、自主学习（以填空题形式检测识记层面的知识）

（一）北京学生掀起五四爱国运动

1. 导火线：第一次世界大战后，帝国主义列强无视中国合理要求，签订了《凡尔赛和约》，宣告__________________。

2. 爆发：________年5月4日，北京大学等校学生3000多人，在北京天安门前集会演讲，随后举行游行示威，五四爱国运动爆发。

3. 口号：爱国学生要求“________，内除国贼”“拒绝在__________上签字”“取消______________”“誓死保卫_________”。

（二）无产阶级登上政治舞台

1. 1919 年 6 月 3 日以后，运动中心由北京转移到_______。________开始登上政治舞台，成为运动的主力军。

2. 结果：_______被迫释放被捕学生，罢免____________等卖国贼的职务。

（三）新民主主义革命的开始

1. 性质：五四爱国运动是一次彻底的反对__________和________的爱国运动。

2. 意义：五四爱国运动是中国__________的开始。（原因是无产阶级登上了政治舞台）

三、合作探究（围绕本课的重点、难点设计一两个开放性、综合性的问题）

（一）情境畅想，体验历史

阅读下列材料，回答问题。

北京大学发行杂志多种，专以提倡过激派伪说。平时教授学生亦本此旨。此次罢学风潮，近因虽由政治问题发生，而其远因，未始不由此种学说有以致之。

——引自北京政府教育部主事条陈

（1）材料中的“罢学风潮”指什么？

（2）材料中的“伪说”指什么？

（3）材料中的“近因”是指什么事？与所谓“远因”是否有关系？说明理由。

（二）思维拓展，以史为鉴

阅读下列材料，回答问题。

材料一　由于那个时期新的社会力量的生长和发展，使中国反帝反封建的资产阶级民主革命出现了一个壮大的阵营。

材料二　6月5日上海日商纱厂的中国工人首先罢工……接着，机器制造、纺织、印刷、公共交通、码头、造船厂等行业的工人相继罢工。

（1）材料一中“新的社会力量”指的是什么？

（2）从材料二可知6月后，五四运动的形势发生了什么变化？

（3）从上述材料中你能得出什么结论？

四、导学测评（按中考题型选择题、非选择题两大类设计导学测评练习，测评题要求全面检测本课的知识、能力、情感三维目标达成情况）

（一）选择题

1.2011 年是五四运动 92 周年，这一运动成为五四青年节的起源，主要是因为（ A ）

A. 青年学生是运动先锋　B. 运动参加者都是青年学生

C. 五四运动席卷了全国　D. 运动的主力由工人转向学生

2. 下列口号最能体现五四运动反帝反封建性质的是（ A ）

A. 外争国权，内除国贼

B. 取消二十一条

C. 誓死争回青岛

D. 打倒日本帝国主义

3.“我们是五月的花海，用青春拥抱时代……”与这首《光荣啊，中国共青团》联系最密切的是下列（ D ）图片反映的历史事件。

A

B

C

D

4.“国内专电：免曹（汝霖）令已下。”此电文反映了1919年哪一运动取得的初步成果（ C ）

A. 戊戌变法运动　　B. 新文化运动

C. 五四运动　　D. 国民革命运动

5. 中国新民主主义革命开始于（ B ）

A. 鸦片战争　　B. 五四运动

C. 中国共产党的成立　　D. 中共“一大”的召开

（二）非选择题：阅读下列材料，回答问题。

材料一　1919年5月3日晚，北京大学及北京各校学生及代表上千人在北大法科礼堂集会，由《京报》主笔邵飘萍报告中国外交的失败情况，群情激愤。北大一位同学当场咬破中指，撕断衣襟，血书“还我青岛”四个大字，全体学生更加激动，决定联合发动游行。第二天，五四运动爆发了。

材料二　“外争国权，内除国贼”“取消二十一条”“拒绝在巴黎和会上签字”。

（1）从材料一中看五四运动的直接起因是什么？

（2）材料二中的“外争国权”指什么？“国贼”指谁？

（3）这次运动的领导力量是谁？

（4）这次运动的地点与主力有什么变化？

（5）材料二中的口号反映了五四运动的最终任务是什么？

（6）这次运动的结果如何？有何意义？

五、归纳提升（对本课知识进行归纳提升或拓展延伸）

阅读下列材料，回答问题。

中国的土地可以征服，但不可以断送；中国的人民可以杀戮，而不可以低头。

（1）这是什么运动的传单？这次运动的导火线是什么？

（2）这一运动表现了中国人民什么样的精神？

八年级上册第19课 《中国近代民族工业的发展》教学设计

柳州市第四十五中学 刘鑫

教学目标	知识能力	通过对本课的学习，使学生能够比较全面地列举和归纳出中国近代民族工业发展的基本史实，包括张謇兴办实业的背景、影响、结局，中国近代民族工业发展的阶段、原因、特征。
	过程方法	①通过学习和思考本课所叙述的中国近代民族工业曲折发展的过程，使学生能够列举从洋务运动至民国时期民族工业发展的各个阶段，使学生形成归纳历史发展阶段的能力；②使学生认识内外因的共同作用使民族工业在不同时期发展速度不一，培养其初步运用辩证唯物主义分析历史问题的能力。准确把握中国民族资本主义发展的阶段特征，培养学生用发展联系的观点观察历史和解释历史的能力。
	情感态度	通过对本课的学习，使学生感受到张謇等兴办企业，实业救国的爱国情怀，并且树立强烈的爱国情感和建设中国特色社会主义的历史使命感。
教学重点		中国近代民族工业的曲折发展。
教学难点		民族工业的“黄金时代”，民族工业的发展特征。
教学手段		多媒体课件、图片资料等。
设计理念		本课内容知识含量大，如果教师面面俱到地讲授所有知识点，那是不可能做到的，即使做到了，学生也是上课听下课忘，走马观花、蜻蜓点水。“掌握知识——灵活运用”是我们课堂教学的根本出发点，一节好的新课在于在这节课上学生是否真正学会了学习，掌握了学习的方法和解决问题的方法，在短短的40分钟内迅速而持久地掌握了应该掌握的内容，这样既提高了课堂的实效性，又避免了课上“精彩表演”，课后“抢时恶补”。

续表

<table>
<tr><td colspan="3">教学过程</td></tr>
<tr><td>教学内容及问题情境</td><td>学生活动</td><td>设计意图</td></tr>
<tr><td>导入新课：
清朝末年有一个人名叫张謇，本是状元出身，但是他却“舍本逐末”，回家开起了工厂，走起了“实业救国”之路。今天我们就来认识这位不做“状元”做“老板”的名人以及以他为代表的中国民族工业的发展。</td><td>感知。
（听、想）</td><td>激发兴趣，导入新课。</td></tr>
<tr><td>一、状元实业家张謇
1. 指导学生自己读课文，整理本目的相关知识点。
2. 多媒体做补充。
背景：甲午战后，民族危机加深，面对列强对中国的剥削，有识之士试图发展本国工商业，挽回中国的利益。
概况：创办大生纱厂、垦牧公司、轮船公司等。
结局：“一战”后，大生纱厂被列强恶意倾销挤垮破产。
3. 提问：张謇创办的大生纱厂的结局说明了什么？
师生共同归纳总结：在双重压榨下，民族工业的最终归宿注定是悲惨的。</td><td>读课文，整理回答（背景、概况、结局）。
（读、讲、想）</td><td>培养学生归纳历史知识点的能力，养成正确的学科学习方法。</td></tr>
<tr><td>二、近代民族工业的曲折发展
教师引导：张謇的大生纱厂可以说是中国近代民族工业的缩影，下面请同学们合作学习，共同了解中国近代民族工业的发展情况，要求归纳民族工业发展的阶段、特征及原因。
出示学习任务（时间3分钟）
<table><tr><td>阶段</td><td>特征</td><td>原因</td></tr><tr><td></td><td></td><td></td></tr><tr><td></td><td></td><td></td></tr><tr><td></td><td></td><td></td></tr></table></td><td>思考，交流。
（想、讲）</td><td>为下目做铺垫。</td></tr>
</table>

续表

<table>
<tr><th colspan="3">教学过程</th></tr>
<tr><th>教学内容及问题情境</th><th>学生活动</th><th>设计意图</th></tr>
<tr><td>小组间交流，取长补短（时间3分钟）
学生分组上台展示（2组以上）
指导学生回答：为何民族工业在“一战”期间得到了发展？
教师补充：
1.“革命就是解放生产力。”辛亥革命成功后，随着君主专制制度的推翻，资产阶级共和国的建立，极大地激发了资产阶级投资建厂、振兴实业的热情。提倡实业建设的社会团体纷纷建立，提倡工业建设的杂志、报纸纷纷出版，新的私人资本企业更是如雨后春笋般涌现，几乎每天都有新公司注册，令实业部应接不暇。
2.“使用国货，抵制洋货”运动。民族工业得以发展的另一个因素是抵制洋货运动的持续不断，洋货受到沉重打击，国货得以畅销。
教师出示——“看图说话”（见附页）：
①近代民族工业的发展曲线图。
②华商企业与外商企业每厂平均纱锭数比较示意图。
③中国近代民族企业分布图。
④轻重工业增长数比较示意图。
提问：通过这些图片，你能概括民族企业的发展特征吗？
三、感情提升
“提倡国货，抵制洋货”“从我做起！”近代中国老百姓使用的日常生活用品有许多是从外国进口的，因此有许多东西都带着一个“洋”字，当然有些日用品我国也能生产，人们就把国产的东西称为“国货”。“提倡国货，抵制洋货”是近代中国人民反帝斗争的重要内容之一。
1. 为什么近代中国市场上的“洋货”很多？
2. 你能举出带“洋”字物品的实例吗？</td><td>小组合作，总结归纳。
（听、看、讲、想、做，动静转换）
整理回答：辛亥革命的作用；“一战”中，帝国主义列强暂时放松了对中国经济的掠夺。
（听、看、讲、想）
读图思考回答：①时间短暂，过程曲折；②地区、产业不平衡；③总体水平落后。
（看、想、讲）
学生：讨论回答。
（看、想、讲）
思考回答：民族工业落后，外国工业品的大量倾销。
思考回答：洋火、洋灰、洋钉。</td><td>培养学生的合作意识及归纳历史事件的能力。
突出重点，明确民族工业在“一战”期间得到发展的原因。
通过图示比较，用更简单易懂的方法突破难点。
提升能力，感情升华；为国贡献，从我做起。</td></tr>
</table>

续表

<table>
<tr><th colspan="4">教学过程</th></tr>
<tr><th colspan="2">教学内容及问题情境</th><th>学生活动</th><th>设计意图</th></tr>
<tr><td colspan="2">3. 20世纪30年代中国某商店门前挂着“提倡国货，抵制日货”的招牌，你能说说这一举动的含义吗？并谈谈它在现实生活中的意义。

课堂小结：
中国近代民族工业从诞生起就在夹缝中求生存，历经了萌芽—黄金时代—凋谢萎缩的发展过程。虽然它历经曲折，发展水平也不高，但是给中国带来了重大的经济政治变化，很大程度上改变了中国的社会经济生活。</td><td>思考回答：反映抗日的史实，有利于中国民族工业的发展，增强人民的爱国热情。支持国货，从我做起等。

感知，温故。
（听、想）</td><td>

整体回顾。</td></tr>
<tr><td>作业设计</td><td colspan="3">1. 提出“实业救国”并主动放弃高官厚禄回乡创办企业的状元实业家是（C）
A. 曾国藩　B. 李鸿章　C. 张謇　D. 张之洞
2. 中国近代民族工业的“黄金时代”是在（C）
A. 洋务运动时期　B.《马关条约》签订后
C.“一战”期间　D.“一战”后
3. 下列关于旧中国民族工业发展的特征表述正确的是（B）
①发展阶段艰难曲折②发展程度极不平衡③发展水平整体落后④从行业来看主要集中在重工业和轻工业
A. ①②③④　B. ①②③
C. ①③④　D. ①②④</td></tr>
<tr><td>板书设计</td><td colspan="3">
<table>
<tr><th>阶段</th><th>特征</th><th>原因</th><th>总特征</th></tr>
<tr><td>洋务运动到清末</td><td>萌芽和艰难发展</td><td>1. 外商企业的刺激；
2. 洋务运动的推动。</td><td rowspan="3">1. 时间短暂，过程曲折。
2. 地区、产业发展不平衡。
3. 总体水平落后。</td></tr>
<tr><td>“一战”期间</td><td>“黄金时代”</td><td>1. 辛亥革命的作用；
2. “一战”中，帝国主义暂时放松了对中国经济的掠夺；
3. 国货运动的推动。</td></tr>
<tr><td>“一战”后</td><td>凋谢萎缩</td><td>1. 帝国主义侵略势力卷土重来；
2. 日本帝国主义的侵略；
3. 官僚资本主义的压迫。</td></tr>
</table>
</td></tr>
</table>

续表

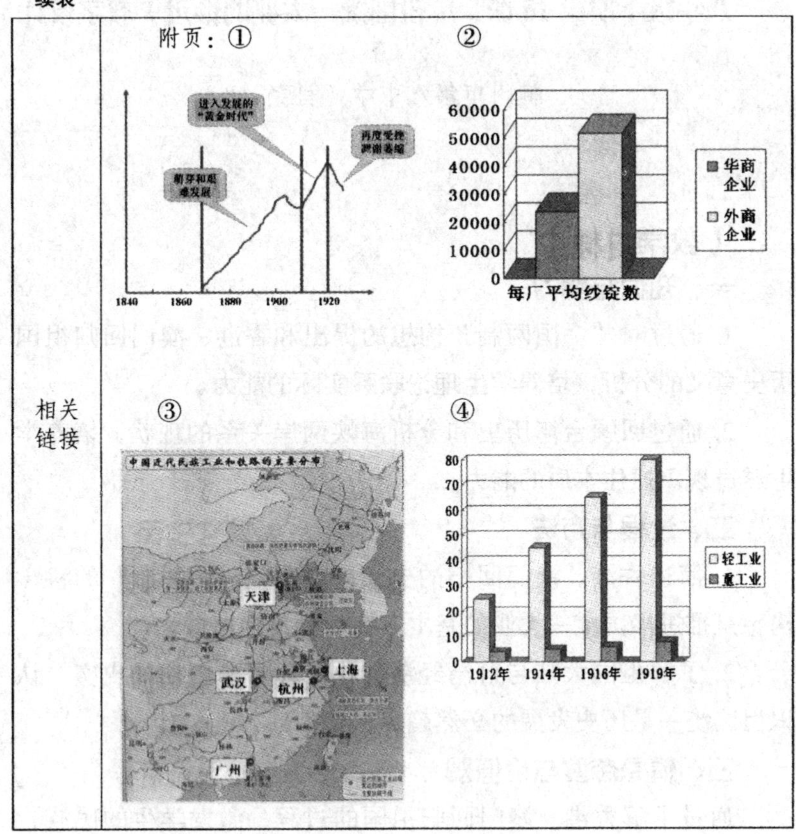

相关链接	附页：① ② ③ ④

八年级下册第16课 《祖国统一大业的推进》教学设计

柳州市第八中学 肖尧

【教学目标】

一、知识与能力

1. 通过对“一国两制”构想的提出和香港、澳门回归祖国历史意义的分析，培养学生理论联系实际的能力。

2. 通过回顾台湾历史和分析海峡两岸关系的现状，培养学生透过现象抓住本质的能力。

二、过程与方法

1. 简述香港、澳门回归的史实，说明“一国两制”的科学构想是推进祖国统一大业的基本方针。

2. 了解祖国大陆与台湾经济文化交往日益密切的史实，认识祖国统一是历史发展的必然趋势。

三、情感态度与价值观

通过了解香港、澳门回归祖国的过程，激发学生的民族自豪感和爱国主义情感，增强学生实现祖国统一的坚定信念和奋发图强、振兴中华的决心。

【教学重点和难点】

重点：香港、澳门的回归，台湾与祖国大陆关系的发展。

难点：理解“一国两制”的科学构想。

【教学流程】

导入：

教师播放歌曲《七子之歌·澳门》并介绍其相关创作背景：《七子之歌》是闻一多先生于1925年在美国留学期间创作的组诗。他用拟人的手法将七处失地比作远离母亲怀抱的七个孩子，用小孩子的口吻诉说他们被迫离开母亲的襁褓，受尽异族的欺凌，渴望重回母亲怀抱的强烈情感。1949年新中国成立后，失散在外的游子已纷纷回到祖国母亲的怀抱，在西藏和平解放之后，祖国大陆已基本解放，但是香港、澳门、台湾依然没有与祖国大陆实现统一。

一、历史之源

回顾香港、澳门问题的来源。

问：香港和澳门是怎样成为他国殖民地的？（香港：1842年，《南京条约》，割香港岛；1860年，《北京条约》，割九龙司地方一区；1898年，《拓展香港界址专条》，强租新界。澳门：1553年，葡萄牙殖民者借口晾晒货物，进入澳门暂时居住，此后不断租地建屋，最终强占澳门。）

二、统一之策——“一国两制”的伟大构想

1949年，新中国诞生，但祖国的统一大业并未完全实现。半个多世纪以来，中国共产党不断探寻实现祖国统一的途径和方式。20世纪80年代初，我国开始与英国就香港问题进行谈判。

教师讲述中英谈判时邓小平与英国首相撒切尔夫人会谈的故事：邓小平同志在与撒切尔夫人会谈时，明确提出要收回香港所有主权，针对英国人“以主权换治权”等种种妄想予以坚决的

驳斥，并且明确声明，中国政府有能力保证香港的长治久安。撒切尔夫人在离开人民大会堂，走下台阶时，不小心绊倒了。这一幕被在场记者抓拍下来，有媒体评论说，100 多年前，中国人在英国人面前低声下气，而现在则轮到英国人在中国人面前“卑躬屈膝”了。

问：邓小平同志坚决对英国人说“不”的底气从何而来？（中国综合国力的增强。）

问：党和政府如何保证香港的长治久安？（提出了“一国两制”的伟大构想。）

问：“一国两制”的伟大构想是在何时由谁正式提出的？最初是针对什么问题提出的？（邓小平在 1984 年针对台湾问题正式提出。）

问：什么叫“一国两制”？（坚持“一个中国”，即中华人民共和国；坚持“两种制度”，即在统一的中华人民共和国境内，作为国家主体的大陆地区坚持社会主义制度不变，港澳台保持原有的资本主义制度不变。）

问：“一国两制”的核心是什么？（核心是“一国”，即坚持“一个中国”。）

“一国两制”提出之后，成为我国实现祖国和平统一的基本国策。

三、统一之路

1. 香港澳门回归祖国。

问：在“一国两制”方针指导下，中国政府为解决港澳问题做出了哪些努力？（分别与英国、葡萄牙进行谈判，最后签署《中英关于香港问题的联合声明》《中葡关于澳门问题的联合声明》。）

问：港、澳分别在何时回归祖国？（1997年7月1日，1999年12月20日。）

教师播放“中英香港政权交接仪式”的视频，重温香港回归的宝贵历史时刻。

问：看到五星红旗在香港上空冉冉升起，此时此刻你有何感想？（洗刷民族耻辱，感慨祖国综合国力的日益提升，体会到强烈的民族自豪感。）

情景设置：“港澳一日游”，并展示反映香港、澳门社会生活的图片资料，让学生找出港澳地区与内地在社会生活上的差异。

问：回归之后的香港、澳门与祖国大陆在社会生活上有何不同？（使用繁体字、道路靠左行、使用本地货币、澳门还有合法的博彩业等。）

问：同样是在中国，为何港澳地区和内地在社会生活方面会有如此大的差异？（港澳地区曾是外国殖民地，有着与内地不同的生活方式，在回归之后保持原有生活方式不变。）

问：港澳在回归祖国之后如何进行管理？这样做有何好处？（设立特别行政区，实行港人治港，澳人治澳，高度自治，现行社会制度、经济制度、生活方式50年不变。这样有利于保障社会的稳定，有利于争取港澳人民对中央政府的支持和信任，有利于政权的平稳交接，有利于港澳地区的长治久安。）

问：港澳的回归有何重大意义？（洗雪了历史耻辱，是完成祖国统一大业的重大步骤，港澳的发展进入了新时代。）

香港、澳门的回归，是对“一国两制”伟大构想的成功实践，说明通过实施“一国两制”，我们有能力、有办法解决祖国的统一问题，我们可以保证香港、澳门回归之后的长治久安。这为我们解决台湾问题提供了一条新的途径。

2. 海峡两岸关系的发展。

历史上台湾两次被外国侵占，又两次回归祖国。但是到目前为止，海峡两岸尚未实现统一。

教师引导学生欣赏诗歌《乡愁》。

问：《乡愁》表达出台湾人民的什么情感？这种情感是由于什么历史事件造成的？（渴望祖国统一。解放战争末期，国民党败逃台湾，人为造成海峡两岸的隔离状态。）

问：台湾问题和香港、澳门问题的性质有何区别？（台湾问题是国共内战的历史遗留问题，是中国的内政；港澳问题是中英、中葡间的历史遗留问题，属于外交问题。）

辩论：祖国的统一大业是否能很快实现？（课前布置论题，让学生搜集好相关材料，课堂上将学生分为正反两方进行辩论。）

在祖国最终实现完全统一的过程中，既有着积极有利的因素，也有着许多问题和困难。两岸关系发展的积极因素：党和政府的努力（“一国两制”、“九二共识”、江泽民八项建议和主张）；海峡两岸经济、文化、政治、人员交往日益密切。两岸关系发展的阻力：“台独”势力和国外势力的干涉；两岸人民的误解和隔阂。

尽管海峡两岸的关系发展时有波折，但是我们相信，有着港澳回归对“一国两制”的成功实践，有着强大的综合国力作为后盾，国家实现统一是民心所向、大势所趋，祖国的统一大业必将能够实现。

四、课堂小结 练习与反馈

1.“一国两制”伟大构想的提出者是（B）

A. 叶剑英 B. 邓小平 C. 毛泽东 D. 周恩来

2. 中国恢复对香港和澳门行使主权的时间是（D）

A.1984 年和 1987 年 B.1992 年和 1997 年；

C.1996 年和 1999 年 D.1997 年和 1999 年

3. 我国实现国家和平统一的基本国策是（C）

A. 和平共处五项原则 B. 独立自主的和平外交政策

C.“一国两制”方针 D. 改革开放的伟大决策

4.“一国两制”的核心和前提是（C）

A. 坚持社会主义 B. 坚持共产党领导

C. 坚持“一个中国” D. 坚持改革开放

5. 目前阻碍海峡两岸关系发展的因素包括（C）

①“台独”势力的阻挠②大陆经济的发展③国外势力的干涉④台湾政局的变动

A. ①②③ B. ①②④ C. ①③④ D. ②③④

6. 近年来，香港居民和内地游客之间的误解和摩擦不断，引发了两地人民之间的争论不断。

材料一 个别内地游客在香港的不文明行为（文字、图片）。

材料二 香港非法“占中”行为的相关新闻报道。

材料三 香港的“水客”问题和反“水客”现象。

请就这些现象谈谈你的看法，并说说我们可以做哪些力所能及之事，来促进海峡两岸暨香港、澳门人民之间的沟通和理解。

【教学反思】

祖国统一问题和海峡两岸暨香港、澳门关系的发展一直是时政热点问题，本课教学内容具有很强的现实意义。在本课的教学过程中，一方面要在了解基本史实的基础上，对学生进行爱国主义教育，另一方面还要结合当下社会热点问题，培养学生历史与现实相结合的思维方式，学会理性、客观、准确地看待社会热点问题。本课教学设计，具有以下几个亮点。

1. 运用历史故事，提升学生的学习兴趣。通过讲述邓小平与撒切尔夫人会谈的故事，让学生从故事中了解和体会“一国两制”提出的历史背景，感受邓小平同志的外交智慧、中英谈判的艰辛。

2. 创设情境，拉近学生与课本理论知识之间的距离。正确理解和把握“一国两制”，是本课的重点和难点。通过设计“港澳一日游”环节，让学生自己找出港澳地区生活方式与内地的差异，直观地让学生体会“一国两制”的内涵，准确把握特别行政区的“特别”之处，理解“五十年不变”对于保持港澳社会稳定的重要性。

3. 科学设计问题，提高课堂教学的有效性。在本课教学中，设计了一个课堂辩论题：祖国的统一大业是否能很快实现；以及一个课后思考题：针对香港与内地之间的误解和摩擦进行评论。这两个问题都是当前时政热点，能够让学生充分将课本知识与现实生活相结合，做到学以致用。这两个问题的设计，注意到了以下几个原则。

首先，开放性问题的设计，要给学生提供充分的背景材料。这两个问题已经超出了课本的范围，要想让学生准确地理解问题，必须给学生提供充分的背景材料。背景材料可以由学生自己搜集，比如在课前布置辩论题目，让学生自主搜集材料；也可以由教师提供，比如课后思考题，由教师搜集整理相关新闻素材。只有掌握了充分翔实的材料，学生才能言之有物。

其次，准确把握问题设置的措辞，掌握问题的指向性。课堂辩论题设计为“祖国的统一大业是否能很快实现”，这一问题的措辞非常讲究。问题表述为“是否能很快实现”，意在表明，祖国的统一大业最终一定能实现，只是早晚问题，现在要分析的是有哪些有利于统一和阻碍统一的因素。如果表述为“是否能实现”，则辩论过程中反方观点会被表述为“不能实现”统一，这会对学生产生错误的价值观的暗示，是在历史教学中要极力避免的。

总之，在课堂教学中，如何拉近历史知识与学生之间的距离，如何将抽象的理论知识化为易于学生感知和理解的材料，如何准确地提出问题，把握正确的价值导向，是历史教师在课堂教学中需要不断研究的课题。

九年级上册第2课 《亚非文明古国》教学设计

柳州市第三十三中学 杨剑

【教学理念】

课堂教学的重要任务之一就是把识记作为特征的、以知识为中心的学习转变为“以学生发展为中心的学习”，也就是使教学过程变成为学生在体验、实践中去掌握知识和经验，获取知识、发展能力的活动过程，成为科学知识内化为学生精神财富的过程。

在教学中立足于学生的实际，立足于实践，寓教于乐，使学生在轻松、愉快、积极的课堂氛围中成长、进步。

【教材分析】

随着生产的发展，原始社会逐渐解体，人类步入文明时代。四五千年前，在埃及的尼罗河流域、中国的黄河流域、印度的印度河和恒河流域、西亚的幼发拉底河和底格里斯河流域，先后出现了世界上最早的奴隶制国家，最终形成四大文明古国。奴隶主贵族为了维护其统治利益，残酷剥削和压迫劳动人民。因此，本课内容是帮助学生了解古代世界的重要一课，在世界古代史中地位较重要。本课内容分为三部分：第一目主要讲述埃及的统一和举世闻名的金字塔，第二目主要讲述古巴比伦王国的建立和《汉谟拉比法典》的内容及实质，第三目主要讲述印度的种姓制度。

【教学目标】

一、内容标准

知道古代埃及金字塔，古巴比伦的《汉谟拉比法典》和古代印度的种姓制度，了解人类早期文明产生的自然地理环境。

二、知识与能力

1. 探索金字塔建筑史，培养学生科学探究精神和创新能力。

2. 分析《汉谟拉比法典》的实质，培养学生辩证看待历史问题的能力。

3. 学习种姓制度，了解印度社会等级森严的特点。

4. 组织探讨“古代文明的产生与自然地理环境的关系”，培养学生利用逻辑方法得出结论的能力。

三、过程与方法

1. 通过阅读课文自主探究，让学生了解本课的基本知识，通过合作探究使学生突破重点难点，通过探究使学生积累正确的方法，拓展学习内容。

2. 通过历史剧《梵天造人》，激发学生学习历史的兴趣，认识其体现的阶级本质。

四、情感态度与价值观

认识奴隶社会的阶级实质是为奴隶主服务，认识金字塔是古埃及文明象征。

【教学重点难点】

重点：金字塔、《汉谟拉比法典》。

难点：种姓制度，古代文明的产生与自然地理环境的关系。

【学情分析】

本课的学习主体是九年级学生，对历史的认知水平有所提高，但辩证看待历史的能力有待提高，抽象逻辑思维能力简单、片面，分析理解能力较弱。我校是一所农村中学，学生大部分历史知识来源于教科书，学生课余查阅资料的范围较小。综合上述原因，我充分利用现有资源，通过各种情境资料、图片、歌曲、历史剧创设情境，形成浓郁的历史氛围，使学生产生身临其境之感，激发学生的学习兴趣，加深印象。

【教学方法】

情境创设法、合作探究法等。

【教学准备】

下载歌曲《爱在西元前》、编排历史剧《梵天造人》。

【教学资源】

视频、相关图片和文字资料。

【教学过程】

第一环节：激趣导入

（教师活动）展示四大文明古国图片、视频，带学生到四大文明古国去神游一番，探索古国奥秘。

（学生活动）观看，回答。

（设计意图）激发学生学习兴趣，探索文明古国奥秘。

第二环节：基础落实

（教师活动）展示自学提纲。教师点名回答，师生共同完成自学提纲。学生一边回答，教师一边用多媒体展示答案。教师在学生回答的基础上引导学生建立知识结构。

（学生活动）对照提纲自主学习，同桌可合作解决问题，在课本上完成标注。

（设计意图）熟悉考点，形成知识网络，学会学习。

第三环节：探究学习

探究一：四大文明古国

（教师活动）展示《亚非文明古国区域》地图。

1. 引导探究各国所处地理位置有何相同之处？

2. 探讨古代文明的产生与自然地理环境有什么关系？

（学生活动）观察探讨回答：起源于北纬 20° 至 40° 之间的大河流域，自然条件优越，适合农耕文明。

（设计意图）学会利用历史地图，寻找共性，总体把握四大文明古国的相同点，提高读图分析理解能力。

探究二：神秘之旅第一站——古代埃及与神秘的金字塔

（教师活动）利用图片、视频、史料展示金字塔的神秘，引导学生：金字塔如何修建？怎样评价？

（学生活动）解开神秘，结合史料讨论探究。

（设计意图）通过阅读资料，分析讨论，正确认识金字塔是人类建筑史的奇迹，也是古埃及劳动人民血汗的结晶。

探究三：神秘之旅第二站——古代巴比伦与《汉谟拉比法典》

（教师活动）播放歌曲《爱在西元前》，引导学生探究法典的历史地位与作用是什么？对今天建设法制社会有何启示？

（学生活动）听歌回答，合作探究。

（设计意图）利用歌曲放松情绪，再激发合作探究的积极性，一张一弛。

探究四：神秘之旅第三站——古代印度与种姓制度

（教师活动）安排表演，探究种姓制度的内容、实质是什么？

（学生活动）表演历史剧《梵天造人》，然后思考探讨回答：种姓制度分四个等级，婆罗门、刹帝利是统治阶级，吠舍、首陀罗是被统治阶级；种姓制度是维护奴隶主阶级利益的森严的等级制度。

（设计意图）利用历史剧，让学生积极参与，身临其境，营造浓郁的历史氛围，深刻体会种姓制度是一种森严的等级制度。

第四环节：课堂小结

（教师活动）问：通过神秘之旅，同学们探寻到哪些奥秘？

（学生活动）大家畅所欲言，然后整理归纳，教师适当点拨，形成知识网络。

第五环节：练习巩固

当堂练习，及时反馈巩固。

【板书设计】

亚非文明古国

	古代埃及	古代巴比伦	古代印度	中国
起源地	北非尼罗河流域	西亚两河流域	南亚印度河流域	东亚黄河、长江流域
文明成就	金字塔	《汉谟拉比法典》	种姓制度	分封制

【自学提纲设计】

1. 公元前 3100 年，尼罗河流域出现统一的奴隶制国家埃及，都城在孟斐斯，国王称法老。埃及金字塔是法老的陵墓，最大的金字塔是胡夫金字塔。

2. 公元前 18 世纪，西亚两河流域的古巴比伦国王汉谟拉比建立起统一的奴隶制国家，首都在巴比伦。他在位期间制定了历史上第一部比较完备的成文法典——《汉谟拉比法典》。法典实质：保护奴隶主阶级利益，体现了奴隶制度的残酷性。

3. 公元前 2500 年左右，印度河流域出现城邦。古代印度种姓制度的划分：婆罗门、刹帝利、吠舍、首陀罗。种姓制度实质：保护印度奴隶主阶级利益的一种等级制度。

4. 亚非四大文明古国指：古代埃及、古代印度、古巴比伦、中国。

【课堂检测设计】

1. 历史文物和历史遗迹最能体现一个国家或地区的古代文明。下列能代表古代非洲文明成就的是（ A ）

A. 金字塔和狮身人面像

B. 刻有《汉谟拉比法典》的石柱

C. 圣索非亚教堂

D. 巴黎圣母院

2. 大河流域以其独特的地理环境孕育了人类璀璨的文明。在两河流域孕育的古代人类文明是（ A ）

A. 古巴比伦文明　　B. 古印度文明

C. 古希腊文明　　D. 古埃及文明

3. 歌曲《爱在西元前》唱道："古巴比伦王朝颁布了______，刻在黑色的玄武岩，距今已经三千七百多年。"歌词中的横线处应填写（ A ）

A.《汉谟拉比法典》　　B.《民法典》

C.《刑法典》　　D.《商法典》

4. "在权利方面，人生来是而且始终是自由平等的。"但在

公元前2000多年前的古代印度，却逐渐形成了严格的等级制度。在当时的四个等级中，处于第二等级的是（ B ）

A. 婆罗门　　B. 刹帝利

C. 吠舍　　D. 首陀罗

5. 小文同学准备以“上古亚非文明”为主题进行探究性学习。他探究的内容应包括（ B ）

①古代埃及文明②古巴比伦文明③古代印度文明④古代希腊文明

A. ①③④　　B. ①②③

C. ①②④　　D. ②③④

【历史情境剧设计】

历史剧《梵天造人》：

梵天：我是伟大的神灵——梵天，我要造一些人为我服务。（摸摸嘴）变，我用嘴造出婆罗门。

婆罗门：（激动万分）感谢伟大而仁慈的神！您用嘴创造我，我是第一等级，将代表您的意志，宣扬神的光辉，成为祭司，做神的代言人。

梵天：（伸伸手）变，我用手造出刹帝利。

刹帝利：感谢伟大而威严的神！您用手创造我，我是第二等级，将代您掌握权力，成为国王与官吏，管理国家。

梵天：（拍拍腿）变，我用腿造出吠舍。

吠舍：我好可怜，神用腿创造我，我是第三等级，成为农民、商人，一生奔波劳碌。

梵天：（跺跺脚）变，我用脚造出首陀罗。

首陀罗：（痛哭流涕）我好惨啊！神用脚创造我，我是第四等级，成为卑贱的奴隶，生生世世任人践踏。

九年级上册第8课 《文艺复兴和新航路开辟》教学设计

柳州市柳江县第二中学 陈俐

【教材分析】

《文艺复兴和新航路开辟》是岳麓版《中国历史》九年级上册第二单元中的第8课，主要介绍了文艺复兴和新航路开辟的主要史实，列举了文艺复兴的主要成果、开辟新航路的航海家和路线。学习本课，使学生初步认识文艺复兴和新航路开辟对欧洲资本主义社会的产生所起的作用。另外，新航路开辟成功促进了各国的交流，推动了历史发展的进程，改变了世界的形式，为世界近代历史的到来开辟道路。所以，本课内容无论是在世界历史中还是中考考点上，都有着非常重要的地位。

【教学目标】

一、内容标准

知道《神曲》，说出《最后的晚餐》的作者和艺术风格。复述达·芬奇、哥伦布的主要活动。初步认识文艺复兴和新航路开辟对欧洲资本主义社会的产生所起的作用。

二、知识与能力

1. 识记文艺复兴时期早期的代表人物但丁和达·芬奇及其代表作。

2. 识记开辟新航路的航海家哥伦布等人的名字和新航路的路线。

3. 理解人文主义的含义、文艺复兴的意义和新航路开辟的影响。

三、过程与方法

1. 指导学生通过“比一比”“找一找”“议一议”“画一画”等活动形式，运用比较学习法、启发式教学、情景教学法等，引导学生分析文艺复兴时期优秀的文学、艺术作品，培养学生对文学作品和绘画艺术作品的鉴赏能力。

2. 通过尝试评价重大事件和主要人物，提高学生用科学的观点客观评价历史问题的能力。

四、情感态度与价值观

文艺复兴时期的作品体现了反神学、反封建的精神，新航路开辟是人类对大自然的成功斗争，它促进了各国的交流，推动了历史发展的进程，改变了世界的形势，从而鼓励学生要从小树立敢于坚持真理、勇于开拓创新的信念和意识，倡导乐观进取的人生观，要有勇于探索、克服困难与险阻的精神。

【教学重点和难点】

重点：文艺复兴的主要成果和文艺复兴的历史影响。

难点：新航路开辟的原因和新航路开辟的影响。

【学情分析】

本课的教学对象为九年级学生，他们已经基本掌握学习历史的方法和规律，有一定自主学习的能力和合作探究的精神。因此，教师必须在课堂上营造轻松、和谐、知性的氛围，积极发挥学生的主动性，让他们大胆畅谈，通过观察图片、对比总结、情景体验、互助交流等环节，激发学生的想象力和思维，让他们在体验中感知历史、认识历史。

【教学准备】

根据新课程标准中“学生才是课程资源中最重要的资源”的理念和柳州市教育教学研究课题《初中历史课堂教学情境创设与学生参与教学活动的关系的研究》的要求，针对九年级学生的特点，在实践中我采取“学生就是自己的老师”的主动教学模式，借助多媒体课件，采取设疑讨论、分组合作探究等方法，营造历史氛围，使学生主动参与，乐于探究，从而圆满完成教学任务。

另外，我还注重在学法上对学生进行指导。本节课，我将引导学生通过观察、体验、对比、探究的形式，理解历史与现实的关系，加强情感态度与价值观教育。

【教学过程】

引入新课：利用多媒体展示图片。

歌谣：哥伦布说地球是圆的，找一个方向，不停地走，只要你的信心足够，总会有那一天，实现自己的梦想……

我们本节课的主角就是上述图片里的人物，让我们一同了解在他们身上发生的故事吧。

（一）比一比

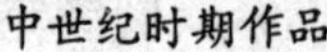

中世纪时期作品

文艺复兴时期作品

设问：你认为哪一时期的作品，更能体现出人的生命活力？在此通过直观对比，生成问题，激发学生学习的好奇心，引领学生探究，得出什么是人文主义。

教师归纳：同样是描绘圣母玛利亚和耶稣的《母与子》，不难看出，在文艺复兴时期更强调人性的美。这一时期的人们无论从艺术到社会生活，力求摆脱教会对人的思想和生活的束缚。他们颂扬人性的美好和伟大，肯定人的价值和尊严，赞美人生，鼓励追求幸福生活。这就是人文主义，也是这一时期的主要社会思潮。

设问：到底什么是文艺复兴呢？首先在哪兴起？通过阅读课文找到答案。

14—15 世纪的欧洲技术进步，商品经济发展，特别是意大利的威尼斯和佛罗伦萨等城市工商业发达，新兴的资产阶级需要打破封建教会的精神统治，于是他们打着恢复古希腊、古罗马文化的旗号，一种与社会发展相适应的新思想、新文化诞生了。它要求打破宗教对人性的束缚，实现人性的解放。文艺复兴首先出现在意大利，最先突破的不是绘画，而是文学领域。

（二）找一找

设计表格，学生自主学习，掌握文艺复兴时期的主要成果，详见下图。然后教师组织抢答赛，以比赛的形式让学生巩固知识，也直观地让学生理解、记忆，达到学习效果。

领域	作者	主要成就	地位
文学	但丁	名著《神曲》	文艺复兴的先驱
艺术（绘画）	达·芬奇	名画《最后的晚餐》和《蒙娜丽莎》；在自然科学、机械工程方面有创造性见解	文艺复兴的"巨人"
天文学	哥白尼	"太阳中心说"	"日心"说虽不科学，却奠定了近代天文学的基础

说说你知道的这些大师们的故事，从他们身上可看到哪些优秀品质？同时利用多媒体展示这一时期文艺复兴运动主要成果的图片。

15世纪后期，文艺复兴运动从意大利扩展到了欧洲国家，英国剧作家莎士比亚是又一代表人物。

这场持续了300多年的文艺复兴运动，极大地冲击了旧的思想，形成了一股思想解放的潮流。这股强大的思想潮流对西欧产生什么样的影响呢？在此解决文艺复兴的历史意义问题。

（三）议一议

辩论会：文艺复兴到底是复古还是创新？

学生各抒己见，教师注重学法指导，论从史出。得出：文艺复兴运动并不是一种简单的模仿和再现，而是继承中有发展，有创新。同时贯彻情感态度与价值观教育，鼓励学生要从小树立敢于坚持真理、勇于开拓创新的信念和意识。

如果说文艺复兴是一场“人文”大发现运动，那么，下面要介绍的是一场“地理”大发现——新航路的开辟。

设问：什么是新航路？西欧人为何要开辟新航路？他们为什么能开辟新航路？

教师提供材料：

葡萄牙人在非洲海岸、印度和整个远东寻找的是黄金；“黄金”一词是驱使西班牙人横渡大西洋到美洲去的咒语；黄金是白人刚踏上一个新发现的海岸时所要的第一件东西。

——恩格斯《论封建制度的瓦解和民族国家的产生》

通过启发式教学，启发学生认识新航路开辟的原因。除教材所列因素外，可启发学生联系所学知识，如马可·波罗来华等，训练发散思维。注重学法指导，论从史出。

（四）画一画

发下事先印好的地图，如下页图。将学生按学习小组分为三个大组，每个大组负责一位航海家，根据地图找出该位航海家的航行路线并标示出：出发点、中途经过的地方、到达新地点，并设想：新航路开辟过程中会遇到哪些艰难险阻？从而培养学生的想象能力和学习开拓者们勇于探索、克服困难与险阻的精神。

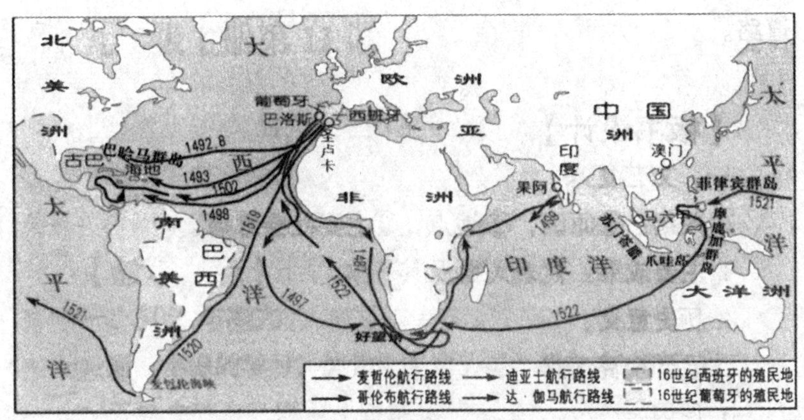

设问：西欧人为了追求黄金而踏上了去往东方的征程，那么，他们达到目的了吗？我们来看看新航路开辟的影响。鼓励学生用科学的观点客观评价历史问题。

（五）小结

欧洲14—16世纪的文艺复兴也是科学的伟大复兴，它把人们从上千年的封建枷锁和神学的桎梏中解放出来，使人重新认识了世界，认识了人自身。因而，给了人们无穷的力量和勇气，为人类的才能和智慧的发挥开辟了广阔的前景。

——钱学森《大成智慧学》

美洲金银产地的发现，土著居民被消灭、被奴役和被埋葬于矿井，东印度公司开始进行的征服和掠夺，非洲变为商业性地猎获黑人的场所：这一切标志着资本主义生产时代的曙光。这些田园诗式的过程是原始积累的主要因素……

——《马克思恩格斯选集》第二卷

文艺复兴和新航路开辟对欧洲资本主义社会产生了巨大的影响。特别是新航路开辟成功促进了各国的交流，推动了历史发展的进程，改变了世界的形式，为世界近代历史的快速到来开辟道路。

【板书设计】

一、文艺复兴

1. 兴起：①原因，②地点，③主要社会思潮。

2. 主要成果：代表人物及其著作。

3. 历史意义。

二、新航路开辟

1. 原因。

2. 经过：航海家及航海路线。

3. 影响。

九年级上册第11课 《法国大革命》教学设计

柳州市第八中学 陈佳春

【教学目标】

一、知识与能力

1. 通过本课的学习，使学生掌握法国大革命的过程和影响。

2. 了解拿破仑帝国兴亡的基本情况。

二、情感态度与价值观

1. 通过对法国大革命历史的分析，使学生认识到：法国大革命顺应当时历史发展的潮流，具有重大意义和历史作用。

2. 通过对拿破仑帝国败亡原因的分析，使学生明确战争的性质是决定战争胜负的关键。

【教学重点和难点】

重点：《人权宣言》的颁布，法国大革命的历史意义和拿破仑的内外政策。

难点：对拿破仑的评价。

【教学方法】

应用多媒体课件，运用启发式和问题目标教学法。

【教学过程】

导入新课：一个国家一年有许多节日，比如中国就有元旦、春节、五一劳动节等等，但对每一个国家来说，有一个节日显得特别重要，那就是国庆节。同学们，你们知道哪些国家的国庆日？法国的国庆日是什么时候？

师：7月14日。7月14日是法国历史上非常重要的日子，因为，这一天巴黎人民攻占了巴士底狱，揭开了法国大革命的序幕。那么，这场革命是怎样发生的？拿破仑和拿破仑帝国又是怎么回事？这些问题将是我们本课要学习研究的内容。

第一篇章：巴士底狱揭序幕：讲述了法国大革命的爆发。

第二篇章：《人权宣言》显民主：讲述了大革命的发展。

第三篇章：一代枭雄拿破仑：讲述了拿破仑的上台和法兰西第一帝国的兴亡。

首先，我们来分析：为什么在18世纪末的法国会爆发一场轰轰烈烈的大革命？

第一篇章：巴士底狱揭序幕

1. 法国大革命爆发的原因。

学生阅读教材，了解法国等级制度、深受压迫的法国农民，得出法国大革命是资产阶级、工匠、城市贫民、农民（领导阶级是资产阶级，主力是人民群众）与封建地主阶级（教士、贵族）间矛盾激化的必然结果。

师：（1）封建专制统治严重阻碍资本主义经济的发展（根本原因）。（2）严格的封建等级制度，社会矛盾激化。

2. 导火线：三级会议的召开（1789年5月）。

三级会议通常是在法国国家局势出现困难或财政发生危机时，国王为寻求支援和征税而召开，一旦危机消除，王权得到加强，三级会议便长期停开（体现了封建君主专制），此次会议就停开了175年。当时法国国王路易十六企图通过三级会议征税，而第三等级要求制定宪法限制王权。国王便企图以武力驱散会议，于是两者之间的正面冲突爆发。三级会议的召开被视为革命开始的导火线。

3. 开始时间和标志：1789 年 7 月 14 日，巴黎人民攻占巴士底狱。

提问：人民为什么攻占巴士底狱？因为巴士底狱是法国封建势力的象征；这一事件成为革命开始的标志；人民群众是法国革命的主力军（联系法国人民的处境，指导学生理解。这是法国革命的突出特点）。为纪念这次起义，7 月 14 日被确定为法国的国庆日。

师：革命爆发后，三级会议改为制宪会议，并于 1789 年 8 月通过了《人权宣言》。

第二篇章：《人权宣言》显民主

思考两个问题：

1.《人权宣言》表达了哪些民主思想？它和美国的《独立宣言》相比，有何相同之处？

2. 如何评价《人权宣言》？

师：内容包括四个方面：平等、自由、主权在民、保护私有财产；其中“私有财产神圣不可侵犯”是《人权宣言》的核心思想。它和美国的《独立宣言》相同之处在于倡导自由和平等。

师：对《人权宣言》的评价，要一分为二、辩证地看待。

《人权宣言》是进步的：它规定私有财产神圣不可侵犯，保障了资产阶级的经济利益，有利于维护资产阶级革命的成果。

《人权宣言》又有很大的局限性：它在宣布“人人平等”的同时，又宣布财产是“神圣不可侵犯的权利”，这从根本上把资产阶级宣扬的所谓“人权”完全变成了维护资本主义私有制，维护少数人剥削多数人的权力。

师：《人权宣言》发表后，革命也向前发展了一步。

随着革命形势的发展，巴黎人民在1792年发动了第二次武装起义，将革命形势向前推进了一步，成立了法兰西共和国，这就是法国历史上的第一共和国。

次年，封建君主路易十六被送上断头台。1793年巴黎人民又发动了第三次武装起义，将雅各宾派推上了统治地位。雅各宾派上台后，针对当时的形势采取了一系列措施，使革命渡过了危机，巩固了专政，推进了革命。这是法国革命最激进的阶段，法国资产阶级革命由此达到了高潮。

师：雅各宾派以后的法国政局又有了新发展。

1794年的“热月政变”推翻了雅各宾派的统治，代表新兴大资产阶级利益的热月党人夺取了政权，建立了督政府。同时，英、俄等国组成了第二次反法同盟，进攻法国。面对这种形势，督政府束手无策。大资产阶级为了维护自己的利益，迫切需要建立一个强有力的军事政权，来扭转形势，他们选中了拿破仑。

第三篇章：一代枭雄拿破仑

1.“雾月政变”（1799年）。

拿破仑本人也以其政治敏感，看准时机，返回法国。1799年他在大资产阶级的支持下，发动了“雾月政变”，建立军事独裁政权。

师：拿破仑为什么能掌权？

不能单纯归结为他个人的杰出才干，更重要的是当时法国政局动荡，需要一个强有力的人物来维护资产阶级的利益，从而得出“时势造英雄”这个观点。

2. 1804 年，法兰西第一帝国建立。

师：法兰西第一帝国与被推翻的封建王朝性质一样吗？为什么？

生：畅所欲言。

3. 拿破仑的内外政策分别是什么？产生了怎样的作用？

对内颁布维护资产阶级利益的《民法典》，将革命成果用法律的形式固定下来；《民法典》几经修改，在法国沿用至今，成为世界各国编撰法典时所参考的蓝本，确立了资本主义社会的立法规范。对外多次打败反法同盟，并大肆扩张，四处征讨。

提问：你如何评价拿破仑所推行的战争？

在初期是具有正义性质的民族战争，拿破仑打到哪里，资本主义便开始渗透到那里。后期变为军事侵略，所以拿破仑的对外战争既打击了欧洲的封建势力，同时也损害了他国人民的利益。

4. 你认为拿破仑帝国覆灭的原因有哪些？

拿破仑帝国覆灭的直接原因是由于欧洲各国民族意识的觉醒和战争使法国国内矛盾激化，但其根本原因是当时欧洲大陆的封建势力远远大于资产阶级势力。

归纳：战争的性质是战争胜负的关键。

5. 如何评价拿破仑？

生：畅所欲言。

师：拿破仑事业成功的原因是多方面的，其中最主要的有两方面的原因：一方面是他个人的能力，他具有卓越的军事、政治才干；另一方面，他的成功还与法国当时特定的历史环境有密切关系，可以说拿破仑的个人才华适应了时代的需要。

归纳：时势造英雄。

师：评价历史人物时，要遵循三个原则：第一，应将历史人物放在当时的历史背景下；第二，看人物的活动是否顺应历史潮流，是否促进社会的发展；第三，要全面、客观、公正地评价。

归纳：拿破仑是法国资产阶级的代表人物，法国历史上杰出的军事家、政治家，是英雄。

他统治法国期间，巩固了法国大革命的成果，其颁布的《民法典》是资本主义国家第一部法典，为后来许多欧洲国家所效法。拿破仑发动的对外战争，一方面打击了欧洲封建势力，把资产阶级革命的成果带到了欧洲各地；另一方面也损害了被侵略国家人民的利益，激起当地人民的反抗。

师：关于对拿破仑的评价问题，同学们还可以继续探讨，并搜集相关资料，准备本学习主题的活动课《我看拿破仑》。

师：（本课小结）轰轰烈烈的法国资产阶级革命过去了，拿破仑帝国也覆灭了，但资本主义制度最终还是在法国确立下来，法国革命具有巨大的历史意义。由此看出，法国大革命是资产阶级革命时代规模最大，革命最彻底，影响最深远的一次革命，是一场当之无愧的“大”革命。

【巩固小结】

安排学生完成课后习题，比较并归纳英、法资产阶级革命的相同点和不同点，帮助学生深入、牢固地掌握知识，学会处理复杂学习内容的方法。

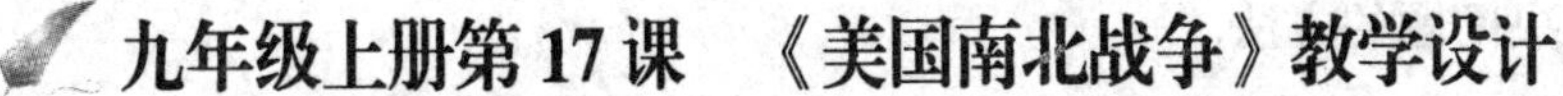

九年级上册第17课 《美国南北战争》教学设计

柳州市第四十六中学 曾海玲

【教材分析】

《美国南北战争》是义务教育课程标准实验教科书《历史》（岳麓版）九年级（上册）第四单元《资产阶级统治的巩固扩大和国际工人运动》中的一课，主要讲述美国南北战争爆发的原因、经过和结果，林肯在南北战争中的主要活动，促使战争形势发生转折的文件《宅地法》和《解放黑人奴隶宣言》的颁布及其主要内容，使学生理解南北战争在美国历史发展中的作用。

【教学目标】

一、知识与能力

1. 能说出美国南北战争爆发的原因、经过和结果。能讲述林肯在南北战争中的主要活动。归纳美国南北战争的历史意义。能列举促使战争形势发生转折的两个文件和其中《解放黑人奴隶宣言》的主要内容。

2. 分析内战原因、性质、结局，认清矛盾的对立斗争，培养学生的辩证思维能力，培养学生对因果关系的认识。分析《解放黑人奴隶宣言》的主要内容，培养学生运用历史资料获取信息的能力。引导学生分析战争双方力量的对比，培养学生获取信息、分析信息的能力。

二、过程与方法

1. 通过小组辩论分析美国内战的起因，学会分析问题和解决问题的方法。

2. 通过阅读教材、观察图片、观看视频等，概括归纳知识点，学会从图片、史料中获取有效信息的方法。

3. 讲述林肯在内战中的故事，对林肯作出评价，学会客观、公正地评价历史人物的方法。

三、情感态度与价值观

1. 通过北方战胜南方的史实，使学生认识，先进的制度必然战胜落后的制度；残暴的统治是要被推下历史舞台的，民主、平等是不可抗拒的历史潮流。

2. 通过战争中林肯和人民群众的活动，使学生认识到人心向背是战争胜利与否的根本原因，个人作用也是不可忽视的。正确评价林肯，了解林肯的人格魅力，认识到为了国家进步、社会发展而献身的人必将青史留名。

【教学重点和难点】

1. 重点：林肯在南北战争期间的作用。

2. 难点：南北战争的起因。

【教学准备】

1. 学生准备：课前搜集、整理有关美国南北战争和林肯的影音、图片和文字资料，初步形成对南北战争的认识，了解林肯在南北战争期间的作用。

2. 教师准备：（1）查阅相关教学资料；（2）制作多媒体课件；（3）对学生进行分组指导。

【教学方法】

教法：小组合作、问题探究式教学法；多媒体辅助教学法。

学法：（1）搜集资料；（2）自主、合作、探究学习；（3）请教他人。

【教学过程】

教学过程	设计思路及多媒体应用分析
（一）导入新课 （1）展示美国南达科他州总统山图片。 （2）提问：美国南达科他州这座山因刻有美国历史上四位杰出的总统头像而闻名，被称为总统山。该山的左右两边雕刻的是美国两次资产阶级革命的著名领导人。你知道他们是谁吗? 生：华盛顿、林肯。 师：你还知道其他总统吗？你最敬佩的美国总统是谁？为什么？ 生：畅所欲言。 （3）展示林肯头像，提问：谁来给大家介绍一下你心目中的林肯? 师：林肯是美国第16任总统。他的名字是与美国历史上一场伟大战争联系在一起的，这场战争就是今天我们所要学习的“美国南北战争”，也叫美国内战。有人说，是华盛顿创立了美国，是林肯拯救了美国。我相信，通过今天的学习，同学们对林肯将有更深的了解。	多媒体课件展示美国南达科他州总统山图片，创设情景，以激发学生的学习兴趣；通过师生问答，导入新课。
（二）检查预习情况 师：同学们，在课前布置大家预习，要求分组合作查阅相关材料，这一环节同学们做得相当好，提出表扬。	通过检查预习情况，为下面的学习展示做好铺垫。 课前学生在网上搜索，获得更多相关信息，加以整理。在搜集、整理过程中逐步掌握“自主、合作、探究”这一有效的学习策略，学会合作学习。

续表

教学过程	设计思路及多媒体应用分析
（三）讲授新课 提问：美国在领土扩张中采取了哪些手段和方式，具有什么样的特点？ 一、美国的领土扩张 1. 领土扩张。	学生阅读课文。
（1）展示美国国旗前后对比图。 师：请大家仔细观察建国初期、19世纪、20世纪的美国国旗，找一找发生了哪些变化？想一想为什么会有这些变化？	学生观察国旗的变化，教师引导学生思考发生变化的原因及谈感受。
（2）展示美国领土扩张图，请学生结合地图进行演示并述说其扩张的大致情况。（从方式、地域、方向等方面提示学生） 方向：由东向西。 方式：购买、取得、吞并、夺取。 师：在短短的几十年里，美国的领土从大西洋扩展到了太平洋，人口从1800年的530万猛增到1860年的3140万。随着领土向西扩张，美国发生了大规模的向西移民运动，也就是“西进运动”。 2. 西进运动。	让学生学会倾听，学会思考及解答问题。
（1）播放视频《大国崛起》中剪辑的美国“西进运动”。 （2）请学生谈谈对“西进运动”的认识。	学生观看视频。 学生谈对“西进运动”的认识。
师：美洲大陆原本居住着大量的印第安人，在西进运动过程中大批印第安人被屠杀，“西进运动”可以说是印第安人的血泪史。	学生学习用观察法进行学习。
二、美国南北战争（1861—1865） 1. 起因：两种经济制度的矛盾。 师：美国独立后，南方和北方沿着两条不同的道路发展。大家回忆一下它们的经济制度分别是怎样的？	学生分组合作、探究学习，阐述本组观点，提高语言表达能力。
生：南方是奴隶制大种植园经济，北方是资本主义工商业经济。 请同学们看一幅漫画（展示图片《奴隶制的扩张》），哪位同学上台为大家讲解一下对漫画的理解？ 师：对于西部新增加的土地，南方、北方各有什么想法？ 生：南部的人想把奴隶制推行到西部土地上，而北部的人则想在西部土地上推行资本主义制度。	帮助学生抓住要点，利于掌握所学知识。

续表

教学过程	设计思路及多媒体应用分析
师：理解非常到位。请同学们阅读课本，按课前分组找出并讨论自己所代表的一方经济发展情况及存在的问题。时间3分钟。 师：我们先请第一组“南方种植园主”代表阐述经济发展情况及存在的问题。 第一组 南方：（略） 现在请第二组“北方工业资产阶级”代表阐述经济发展情况及存在的问题。 第二组 北方：（略） 最后请第三组仲裁员阐述双方有几对主要矛盾。 第三组 矛盾 （略） 师：以上是南北双方在经济发展中的三个矛盾，这两种经济制度的矛盾是无法调和的，那么其中的焦点是什么呢？ 生：矛盾的焦点集中在奴隶制的存废问题上。 师：当矛盾无法调和时，最终只能通过战争来解决，什么事件引发了这场战争呢？	引发学生思维碰撞，提高思辨能力。
2. 导火线：林肯当选美国总统（1860年 11月）。 师：（展示《林肯就任图》）为什么林肯就任美国总统会引发这场内战呢？ 师：请大家阅读下列材料，回答问题。 一幢裂开的房子是站立不住的。我相信这个政府不能永远维持半奴隶和半自由的状态。我不期望联邦解散，我不期望房子崩塌，但我的确希望它停止分裂。 奴隶制是建立在人性中的自私自利上面的，是与人热爱正义的天性相违背的。 ——林肯	创设情境，激发兴趣。
这两段话，反映了林肯在对待联邦政府和黑人奴隶制度的问题上态度是怎样的？ 生：维护国家统一，主张废除奴隶制。 师：南方奴隶主愿意让一个主张废除奴隶制的总统上台吗？ 生：肯定不愿意。 师：在这种情况下，1861 年 4 月，南方军队挑起内战，美国南北战争爆发了。美国面临着分裂的危险。	让学生置身于历史情境中思考问题，分析历史事件。

续表

教学过程	设计思路及多媒体应用分析
3. 爆发：南方挑起战争 （1861 年）。 师：战争爆发后，情况如何呢？首先我们来看一下战前南北方各自的情况(展示《内战中南北双方的力量对比》)。 师：现在请你作为军事观察员，根据图表预测一下战争的形势，并说明理由。 生：畅所欲言。 师：战争初期的战况究竟如何呢？是否与军事观察员预测的一致？请同学们阅读课本。 师：搞分裂、打内战、维护奴隶制，南方奴隶主的倒行逆施不得人心，北方还占有政治优势。但从 1861 年到 1862 年，北方在战争中节节失利，这是为什么？	让学生阅读课本，找到“尽管北方在很多方面占据优势，但战争初期南方军队却节节胜利”。
生：畅所欲言。 师：北方人民显然接受不了这个事实，林肯政府面临着巨大的压力。如果你是林肯，你会采取什么措施扭转战局呢？（提示：从土地和黑人两个方面来考虑。） 生：颁布《宅地法》和《解放黑人奴隶宣言》。 师：播放《解放黑人奴隶宣言》视频。	让学生思考分析失利的原因。
4. 转折：《宅地法》和《解放黑人奴隶宣言》（1862 年）。 师问：这两部法令的颁布有什么作用呢？ 生：畅所欲言。 师：对。颁布《宅地法》和《解放黑人奴隶宣言》后，北方军队由防御转为进攻，这个事件成为战争的转折。 5. 军事转折：葛底斯堡战役（1863 年）。 师：法令颁布后，1863 年，出现北方军事上的胜利。是哪一次战役？ 生：1863 年的葛底斯堡战役。 师：展示葛底斯堡战役相关图片，并作简单介绍。 6. 结束：南方投降 （1865 年）。 师：1865 年，南方已山穷水尽，濒临崩溃的边缘。北军从陆海两个方向发起最后攻势，南军于 4 月 9 日被迫投降。美国内战以北方胜利、南方奴隶制度灭亡而告终，美国重新获得了统一。	帮助学生理清线索，利于掌握所学知识。

续表

教学过程	设计思路及多媒体应用分析
师：然而在1865年4月14日晚，就在南方军队投降后第5天，林肯在华盛顿福特剧院遇刺。（展示林肯遇刺图片并讲述相应故事） 三、南北战争的性质和影响 师：现在我们来分析这场战争的性质和影响。 （1）播放《美国南北战争》视频。 （2）美国南北战争是一场什么性质的革命？为什么这样说？（引导学生从原因、目的、结果分析） 1. 性质：资产阶级革命。 2. 意义： （1）维护了国家的统一。 （2）废除了奴隶制度，扫清了资本主义发展的又一障碍。 师：美国内战是美国历史上第二次资产阶级革命。但南北战争虽然使黑人获得解放，但远未获得平等的政治经济地位。黑人的真正解放是个漫长的历程，直到今天美国依然存在种族歧视。 师：（展示林肯、林肯纪念堂图片）请同学们评价林肯。 生：畅所欲言。 师：马克思对林肯评价称："他是一位达到了伟大境界而仍然保持自己优良品质的罕有人物。这位出类拔萃和道德高尚的人竟是那样的谦虚，以致只有在他成为殉道者倒下去之后，全世界才发现他是一位英雄。" 四、精彩回放 师：现在我们对本节课同学们的表现来一次精彩回放。我们这节课有哪些收获？哪些同学、哪些地方表现特别突出？ 生：各抒己见。 师：予以点评、表扬。 五、即时检测（课件展示练习） 1. 选择题。 2. 材料题。	利用视频的直观性，帮助学生理解南北战争的性质及历史意义。 引导学生掌握评价历史人物的方法——"论从史出，史论结合"，归纳林肯在南北战争中的主要事迹。 让学生体验成功的喜悦，分享他人的快乐。 利用自制的多媒体课件展示，选择题主要检测学生对基础知识的掌握情况，材料题主要是对学生进行思想品德教育。

【板书设计】

第 17 课 美国南北战争

一、美国的领土扩张

1. 领土扩张: ①方向: 由东向西。②方式: 购买、取得、吞并、夺取。

2. 西进运动。

二、美国南北战争

1. 起因：两种经济制度之间的矛盾。

2. 导火线：林肯当选美国总统（1860 年 11 月）。

3. 开始：南方挑起内战（1861 年 4 月）。

4. 转折：《解放黑人奴隶宣言》《宅地法》。

5. 军事转折：葛底斯堡战役（1863 年）。

6. 结束：北方胜利（1865 年）。

7. 性质：资产阶级革命。

8. 影响：①维护了国家的统一；②废除了奴隶制度，扫清了资本主义发展的又一障碍。

【教学总结】

课前分组搜集、整理资料
（分小组进行自主、合作、探究学习）
新课开始
电脑
图片引入
教师提出与本课相关的问题
（激发兴趣，新旧衔接）
阅读、理解教材内容
（自主式学习）
电脑
检查预习情况
（师生互动）
能否理解新知识
电脑
分组展示自主、合作、探究学习成果
（合作、探究式学习）
教师适时指导
（提高探究能力）
发现问题
（善于提问）
电脑
师生归纳
（在探究中提高历史素养）
电脑
（视频、互动式学习、思想教育）
小结：谈收获
收集精彩表现
（提高自评、互评的能力）
结　束
教学内容和教师的活动
学生的活动
媒体的应用
教师进行

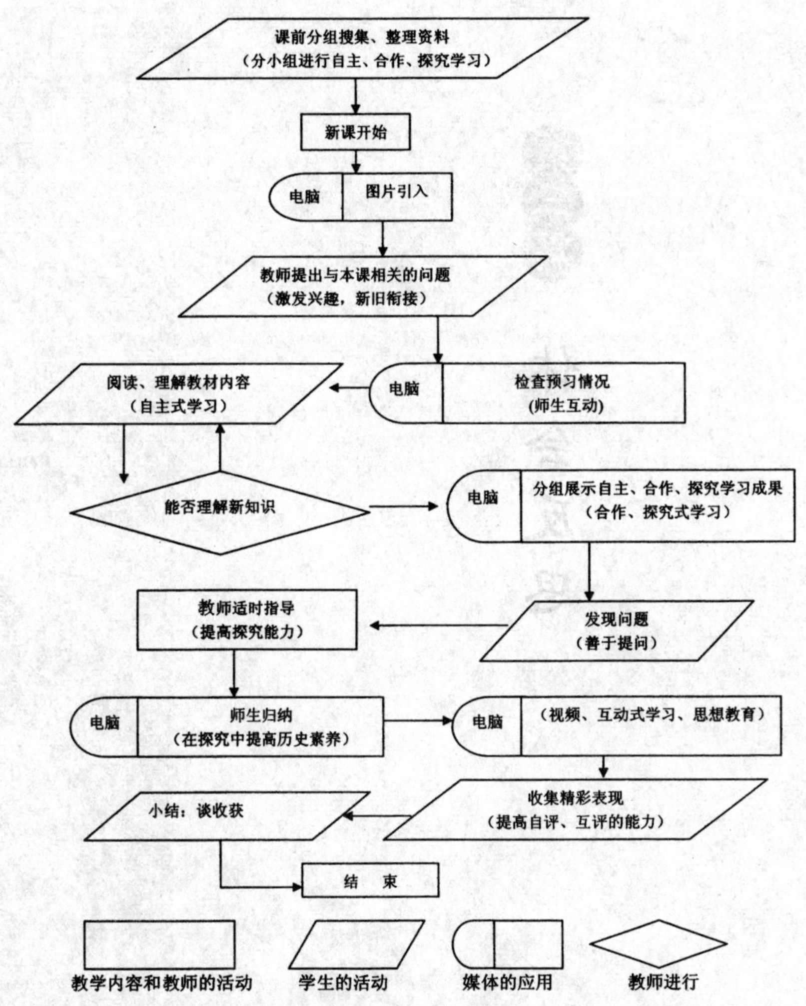

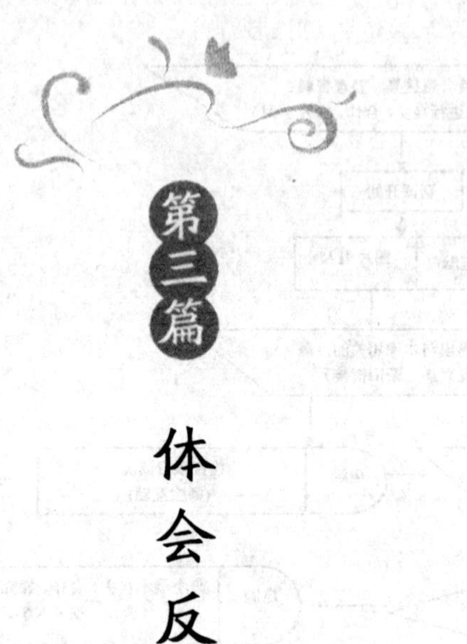

第三篇

体会反思

让情境创设在对学生的预设中升华

——从一节观摩课谈起

柳州市第三十九中学 葵柳春

学习中提升，提升后再实践，实践中反思，反思中成长。观摩柳州市青年教师技能大赛后，我对其中一节历史课感触颇深，也引发了对情境创设方面的思考。

授课的内容是岳麓版七年级下册第一课《开运河 创科举》。教师设计了一个情境：隋朝，一个家住余杭的寒门书生，他想去长安。1. 你觉得他最有可能选择什么方式去？沿途他有可能看到什么景象？ 2. 他去那干什么？说说你的理由。看到这样的设计，我在思考，授课教师一定是想通过情境一的设计，感知大运河，落实大运河相关的基础知识，而“沿途他有可能看到什么景象”的设计既为科举制的学习过渡，也是为隋朝的灭亡打下伏笔，同时甚至可以强化人民是历史的创造者和推动者的辩证史观。情境二的设计则是为了感知科举制。创设一个故事情境，两个设问，把全课的内容都统领和涵盖进去，让学生在感知历史的同时获取知识，这样的情境设计让人耳目一新，拍案叫绝，如果能落实，这节课就真如一份让人回味无穷的佳肴。

果真，师生被情境创设所感染，学生参与度高，回答也很精辟，不失为一节优质课；但教学永远是一门遗憾的艺术，在收获情境创设带来的惊喜和高效的同时，也有遗憾之处。有个小环节让我记忆犹新。有个孩子在回答“沿途他有可能看到什么景象”

时，说道："我看到了人民的辛苦，但是隋炀帝却乘大船游玩。"我顿时欣喜，多好的回答呀，多难得的、有效的课堂生成呀，这不正是隋朝灭亡的主要原因所在吗？这不正是教师所需要的吗？"赶快抓住这个闪光点"，我心里暗暗想。很可惜，由于教师对学生预设不充分，仅用一句"还有吗"的反问，忽略了有效的课堂生成，也代替了教师本应有的评价和对知识的深化。

情境的创设仅仅是为了创设情境而创设吗？只有情境的创设，却没有对学生进行预设和深化，再完美的教学情境设计，也会变得苍白无力。在教学设计中，如何才能完成有效的情境创设呢？笔者认为，从以下几个方面对学生进行有效预设，是情境创设得到升华的源泉。

一、教师观念的转变是前提

传统教学设计大多从教学内容出发，依靠教师的实践经验或个人直觉来选择教学方法和安排教学过程，关注对教学情境的创设和环节的设计，对学生的"学"，更多是以"学生积极参与或学生积极回答"等话语呈现，这样的设计突显教师的"教"；而新课程改革强调在教育、教学过程中体现学生学习的主体地位和作用，在此背景下的现代教学设计，既要关注有效的教学内容和方案，又要考虑教学背景、对象、策略、媒体、评价等因素，即在设计中，考虑学生"如何学"以及教师和学生间的互动，同时对学生"学"的过程的预设也应较为完整地呈现在教学设计中。只有教师观念有了这样的转变，我们才能把"以生为本"真正落实在课堂中。

例如，《百家争鸣》一课，关于孔子思想文化、教育方面贡献的学习，教师有这样的设计：治理国家的想法是有了，但要有人支持，如果你是孔子你打算如何宣传自己的主张？情境创设好了，教学设计中是不是就此打住了呢？不然，“学生踊跃回答，这里可根据学生的回答适当调整孔子在思想教育和文化两方面的贡献的学习顺序”，教学设计中加上这样的回应，才能真正体现对学生“学”的关注和预设。

二、教师专业素养的提高是基础

教学设计倡导创新和个性化，但历史教学的情境创设必须建立在尊重历史、展示真实历史的基础上，它要求教师具备求真求实的高尚史德、博通精专的史学知识，具备各种专门史、国别史、断代史的基础，能把握人类历史发展的基本脉络和整体性，能透过现象看本质，对教材进行宏观把握，有系统而准确的历史观，只有这样的教师才更容易做出视野广阔、见解独到、富有创意的教学设计，对学生如何“学”才会有更广、深、全的预设，对课堂中学生的有效生成才能应对自如。

三、教师对课标和教材的研读是关键

对课标和教材的研读是提高教师学科实施能力，促进教师专业化发展的必由之路。要清楚认识，情境创设应以教材为本，体现课标精神，而不完全以学生的喜好、教师手中掌握资料的多少确定；情境创设是为了突出重点，突破难点，教学重点内容应该是浓墨渲染，而难点问题则要求清楚、明了就可以。

四、教师对学情的分析和预设是根本

著名特级教师于漪指出：学生的情况、特点，要努力认识，悉心研究，知之准、识之深，才能教在点子上，教出好效果。教师在进行教学设计和情境创设时，要考虑学生是学习的主人，对学生进行充分的了解，才能进行科学合理的教学设计，才能促进课堂教学中学生同教师之间达成默契，提高学生学习兴趣，提高课堂教学效率。

（一）注意对学生起点能力的分析和预设

起点能力是指学生在学习新内容之前原有知识和技能等方面的准备水平，它是学生学习新知识和形成新能力的必要条件；课堂教学中，学生是学习的主人，他们是带着自己的知识、经验、思考、灵感参与课堂教学的，是课堂上主动求知、主动探索的主体。因此，我们在进行情境设计时，时时处处要考虑到学生的起点能力，如学生的年龄特点、认知规律、知识经验、社会阅历、家庭环境、情感兴趣等等，使情境设计更贴近学生，使课堂更加充满智慧与和谐，从而提高教学的效率。

例如：《百家争鸣》一课对于孔子学说与现实问题有这样的设计："对于科技日新月异的21世纪，在孔子思想主张中，你认为有哪些是值得我们学习和借鉴的？"以史鉴今，营造氛围，有效创设情境。接下来的教学设计，对学生的回答进行了预设：学生回答踊跃并能言之有据，但都主要提及教育原则和学习方法，诸如"因材施教""有教无类""循循善诱""温故而知新""知之为知之，不知为不知""学而不思则罔，思而不学则殆""三人行必有我师"等等。此时教师通过展示《弟子规》中的"圣人训 首孝弟 次谨信 泛爱众 而亲仁 有余力 则学文"来引导学生回忆《弟子规》，指出孔子言论在品行修养方面对今天人们的影响。

初一学生通过对语文课本中《论语》篇章的学习，对孔子在教育原则和学习方法上的言论比较熟悉，所以这个情境创设后，学生方面的预设是"回答踊跃并能言之有据"，这个是符合学生认知水平和知识积累的；但对于孔子在品行修养方面的言论学生接触得比较少，对这部分的教学就预设为教师引导。因此，教师只有充分掌握学生的起点能力，才能有效创设情境，同时对学生进行预设，驾驭课堂才能做到游刃有余。

曾看到关于《明朝和清朝前期的科学技术》的设计：教师以“欢乐时光之旅”为主题，组织全班同学参加“欢乐北京三日游”，创设情境，营造氛围，通过对明长城、故宫博物馆的游览，在“旅游”返程时候，还采用幸运抢答的方式检测所学知识。对于初一的孩子，采用喜闻乐见的活动方式，把原本“死”的课本知识变得活灵活现。这不正是在对学生情感兴趣分析下的情境创设么！

美国教育家波利亚说：“教师讲什么并不重要，学生想什么比这重要一千倍。”在教学中，教师只有对学生了解得多一些，了解得更全面一些，了解得更深入一些，才能设计出科学合理的教学设计，才能生成高效的课堂以满足学生需求，促进学生发展。

（二）对学生“别出心裁”“标新立异”的反应进行可能的预设

新课改倡导以科学探究为主的多样化学习方式，增加了教学过程中的不确定因素，这不仅为课堂教学的精彩生动提供了广阔的空间，而且对课堂教学的预设提出了更高的要求。因此，我们要尽可能对学生在学习过程中的各种“意外”进行准确全面的预测，在教学设计中将心比心、换位思考，精心做好应对“意外”的预案，以便在遇到突发情况时，能做出合理的处置和有效的引导，做到游刃有余。

我还清楚地记得在岳麓版中国历史七年级上册《战国时期的社会大变革》的教学中，关于商鞅死得值不值得的讨论中遭遇的“意外”。课中的讨论，有学生认为值得，也有学生认为不值得，在表达理由的时候，有个持否定态度的学生说：“我的理由是——好死不如赖活着。”霎时，我心中猛地一震，又惊又喜，学生居然还能想出这个理由。这个时候我该如何点评这位同学的发言呢？否定？今天的独生子女是父母的掌上明珠，生存对他们来说肩负着至少两代人的希望，“赖活着”有错吗？何况，今天我们不也在关注生命教育吗？珍视生命有错吗？绝对没错。肯定？人的自然属性是人存在的基础，但人生存的价值应该在他的社会属性。庆幸的是，我在教学设计中预设到了学生这方面的回答，我表扬了这位学生对生命的珍视，尊重孩子的社会阅历。同时游刃有余地引用了臧克家为纪念鲁迅逝世十三周年而写的一首抒情诗——《有的人》，并将诗中的某些句子拿出来分享：“有的人活着，他已经死了；有的人死了，他还活着。”通过引导，孩子们很快就明白了“人固有一死，或重于泰山，或轻于鸿毛”的道理，对学生进行人生观、价值观的教育便因学生的一个“好死不如赖活着”的理由得到升华。总之，预设得越周密，教师越能做到心中有数，对学生“突发奇想”的课堂生成就越能积极应对，也就能从容不迫地利用生成资源，从而促进课堂知识生态的良性循环。

叶澜教授曾说：“课堂是师生彼此共行的人生旅程。”教师的主导，其目的是为了更有效地发挥学生的主体地位。教师富有创意的教学设计不是为了标新立异，而是为了促进学生更好地发展，只有在教学设计中对学生进行充分的预设，才能让情境创设得到升华，而不是流于形式。

情境教学——"虚与实"、"情与境"、"思与辨"

——执教《人民军队和革命根据地的创建》有感

柳州市第二十八中学 黄菁华

钱锺书先生曾在《管锥编》中指出："史家追叙真人实事，每须遥体人情，悬想事势，设身局中，潜心腔内，忖之度之，以揣以摩，庶几入情合理。盖与小说、院本之臆造人物、虚构境地，不尽同而可相通；记言特其一端。"钱锺书先生既强调了学习历史要追求"真人实事"，但也强调要"设身局中""入情合理"展开合理的想象。历史教学中创设情境教学法与之有相通之处，通过创设情境让学生"遥体人情""设身局中"，拉近学生与历史的距离，提高课堂效率，调动学生积极性。创设虚拟情境是创设情境教学法的手段之一，它是指以客观历史为依据、利用思维想象空间创设虚拟历史场景和历史人物，从而激发历史想象体验与历史假设研究的历史教学方法。《人民军队和革命根据地的创建》一课包含了多个历史事件，而这几个历史事件所体现出的历史发展既有其突出性又呈现出事件间的因果性。如何把这些重大的历史事件统率在一个主线下进行教学，同时又能拉近学生与课文内容的距离感成为教学设计的难点。最终我通过虚拟历史人物张大爷记革命日记的办法来解决这一教学设计难点。

有虚有实，虚实相辅

【教学片断】

师：本课我想给大家介绍一位革命前辈张大爷，他是一位有知识、有文化的老革命。张大爷珍藏的革命日记中清晰地记录下了那漫漫的奋斗岁月，就让我们一起随着日记的记载，从南昌枪响燃火苗、红色政权存火种、星星之火已燎原三个方面进行本课学习。

日记展示：（一）起义——南昌枪响燃火苗　民国十六年八月二日　晴

今天，天气显得分外的好，在刚刚经历了战争的南昌，人们也难得地露出了笑容。这一年，对于我们共产党员而言是很艰难的一年，许多党员同志惨遭屠杀，老蒋和汪精卫的白色恐怖仍在继续。但昨天的起义，让我们看到了希望也充满了希望：我们共产党员是不会被吓倒、被征服、被杀绝的……我们又继续战斗了！

【反思与评析】

这一教学片断中，是虚拟情境教学的开始。为帮助学生“设身局中”，我创设了一个虚拟的人物——张大爷，虚拟史料——革命日记。通过“虚”的人、史料、境遇来拉近学生与“实”的距离。但是，在进行虚拟情境教学时要特别注意“虚”和“实”的结合。“虚”指的是创设的人物、境遇等情境要素可以是虚拟的，“实”则强调虚拟情境的创设不一定完全符合具体的史实，但必须符合史实基本特征，要“以史实基本特征为架构的再现，并非可以脱离基本史实进行虚构”。在这个片段中，我依据1927年国民党的白色统治以及南昌起义的基本史实而虚构了张大爷在日记中的文字记载，将“虚”与“实”相结合。让学生不仅仅是感受一个虚拟的情境，而是虚拟情境背后真实的历史背景，历史史实。

除此外，“实”还应该包括有真实的情感流露，创设出来的情境生动、鲜活、有真实感。日记中张大爷流露出的面对白色恐怖和大屠杀，革命志士艰难但“不会被吓倒、被征服、被杀绝的……我们又继续战斗了”的情感是符合当时的历史背景的。这样使得情境不仅内容上有真实感，在情感上也充满了鲜活感，才能使得学生真正地“神入”情境中，才能以情境启发思维，让虚拟情境教学提高实效性。“虚”和“实”是为整个教学而服务的，其目的就是希望通过一个能够让学生感知的“虚”拟情境架起了解过去真“实”历史的桥梁。

有思有辨，思辨结合

【教学片断】

日记展示：（二）寻路——红色政权存火种　民国十六年九月二十一日　阴

起义部队失败了，损失惨重，同我并肩作战的许多同志都牺牲了，看着他们一个个地倒下，我……我该怎么表达此时的心情？而现在又出现了新的争论，我们的部队到底该去向何方？昨天召开了前委会商议部队下一步的动向。会议上，余师长坚持要继续攻打长沙，认为城市里条件好，有吃有穿，还可以成立政府，苏联就是通过攻取城市获得革命成功的，而且这是中央的指示我们应该听从。但是毛委员却说要去井冈山，到农村去，认为我们现在已经没有能力继续攻打城市了，农村敌人力量薄弱，可以弄到物资，团结农民。我们到底该去哪？如果继续攻打城市，我们还有这样的能力吗？会不会有更多的同志倒下？不去城市，那中央的指示怎么办，我们这样算不算逃跑主义呢？革命到底该何去何从，希望到底在哪？

在学生观看日记片断后，教师讲述并加强感情渲染提出问题引发学生思考：在当时的情况下，你会选择去农村还是继续攻占城市？

学生先独立思考 2 分钟，然后进行 5 分钟的小组讨论，合作探究问题。

每个组对本组观点进行阐述，对他组发言进行质疑或辩驳。

【反思与评析】

创设虚拟情境的本意就是让学生在情境中去思考、感悟。所以创设出的情境要有可供学生感受后的思辨之处，而这一则日记就是对革命去向问题的思考，学生在感受人物内心的挣扎、矛盾后，沉浸在情境中对问题进行思考，真正达成“利用思维想象空间创设虚拟历史场景和历史人物激发历史想象体验与历史假设研究”的目的。我还在日记中提供学生思考材料，比如日记中提到的“余师长坚持要继续攻打长沙，认为城市里条件好……苏联就是通过攻取城市获得革命成功的，而且这是中央的指示我们应该听从”。这既是情境创设的素材也是提供给学生思考的观点材料，让学生对于去农村和城市观点有所了解然后进行思考。最后让学生对这个问题进行思辨，激起思维的火花，从而使学生不仅能够体验、感悟历史，还能在情境中思辨历史。

有情有境，情意并进

【教学片断】

日记展示：（三）燎原——星星之火已燎原　民国十九年四月十八日　晴

来到井冈山，我们保存了革命的火种，也开始积蓄力量。在这里我们把土地分给了贫苦的农民，他们充满了感激之情，对我们也特别热情，真有“军民鱼水一家人”的感觉啊！还有很多农民前来报名，意志坚定地说要加入我们的队伍和我们一起作战、一起革命。一股暖流涌上心头，这是希望，这是喜悦，这是对革命无比坚定的信念！再看着这眼前的春耕，大片农作物欣欣向荣地生长，内心很是感慨。如果当初我们没有来到农村，没有来到井冈山，还会是这样令人欣喜的景象吗？心中更确定了我们当初来井冈山的决定没有错！

【反思与评析】

采用虚拟情境进行教学，因为缺乏丰富的史料作为创设的支撑，容易出现只有当时的境而没有情的现象，使得虚拟情境教学仅仅是浮于表面，干瘪无味，影响学生的实际课堂参与兴趣和情感体验。所以我们在虚拟情境创设的时候要增添感情色彩，依据想要创设的人物所处的境遇增添适当的人物感情。日记中为了增添感情色彩，虚拟了人物内心活动“一股暖流涌上心头，这是希望……”“心中更确定了我们当初来井冈山的决定没有错！”让学生感受到虚拟人物来到井冈山后看到革命火种得以保存，革命力量得以积蓄后充满喜悦、希望的心情。

除了日记中增添了感情色彩，在实际操作中我还利用语言对情境进行了渲染，目的是想通过自己的语言使学生对这一情境有更深的情感上的体验或者共鸣，达到钱锺书所说的“遥体人情”。只有有情有境，情意并进才能让学生更容易去“神人”虚拟的情境中。

情境教学在历史教学中已经得到了普遍的使用，但是关于虚拟情境的设置，我们不能使其成为教学上的“花架子”。要充分利用这种教学手段提高学生课堂参与度，挖掘学生兴趣点，优化课堂质量。对于历史情境教学的探索还在继续，不止步才能更近一步，让我们带着探索之心继续前行！

合理创设历史教学情境，提升历史课堂幸福感

——以《丝绸之路的开辟》一课为例

柳州市柳江县第二中学 韦利虹

历史教学情境是指根据教学内容的要求，创设出类似史实的情境，使学生身临其境或由此启发思维，引起联想，从而调动学生学习历史的积极性。历史课程改革要求教师“树立以学生为主体的教学观念，探索新的教学途径，改进教学方法和教学手段，组织丰富多彩的教学实践活动，为学生学习营造一个兴趣盎然的良好环境，激发学生学习历史的兴趣”。然而历史知识本身具有过去性和事实性的特点，时间和空间的距离让学生不可能直接接触到学习内容，纷繁复杂的历史现象也容易让学生感到困惑，这些都容易使学生失去学习的兴趣和动力。因此更需要我们在进行教学时，尝试创设类似于历史事实的情境，拉近历史与学生的距离，在纷繁复杂的历史长河中为学生梳理出历史发展的脉络，抓住学生的兴趣和历史知识碰撞的关键点，为学生创造参与教学过程的条件和环境。如何合理创设历史教学情境、激发学生学习历史的兴趣、提升历史课堂幸福感？笔者就以《丝绸之路的开辟》（岳麓版七年级上册第16课）一课为例，简要谈谈个人的粗浅看法。

一、创设导入情境，激发学生学习兴趣

爱因斯坦说过：“兴趣是最好的老师。”学生的学习情绪直接影响学习效果。因此，在导入新课时，创设生动、新奇、有趣的情境，能激发学生的学习兴趣，使学生在整堂课中都能保持极

高的学习热情，始终处于积极的思考状态，多种感官都能参与到学习活动中来，提高课堂学习效率。以学习《丝绸之路的开辟》一课为例，为了激发学生的学习兴趣，充分调动学生的学习积极性，笔者课前即在教室播放了《达坂城的姑娘》这一新疆民歌的视频，优美动听的音乐，配上新疆独具特色的民族舞蹈，瞬间吸引了学生们的注意力，甚至有学生跟着音乐舞动起来，课前气氛得到了很好的营造。上课铃声一响，笔者再展示一幅美丽的维吾尔族姑娘的图片，以及一串晶莹剔透的葡萄图片，随后提问学生："课前听的音乐及刚才展示的两张图片，讲述的是哪个地方的风情？"学生很容易得出"新疆"。在给学生享受了听觉及视觉盛宴之后，笔者接着拿出课前准备的新疆特产，请学生品尝，并趁机提问："同学们刚刚听到和看到的这些新疆的民俗风情、品尝到的新疆特产，在历史上最早是什么时候传入中原的？"引导学生回答出"西汉"后，点出：新疆的民俗风情、特产是在西汉，尤其是在张骞通西域、丝绸之路开辟之后传入中原地区的。最后抛出问题：张骞通西域会遇到哪些困难？丝绸之路的开辟还给中原地区带来哪些丰富的物产和文化？从而引出新课。通过从视觉、听觉、味觉上创设一种积极的教学情境，让学生展开丰富的想象，从而调动学生对《丝绸之路的开辟》一课的学习兴趣，激发他们主动参与课堂的热情，为新课的学习创造了良好的开端。

二、利用影视作品，创设问题情境

影视作品包含的信息直观、生动、真实，容易激发学生的想象力，让学生对过去的事产生兴趣与热情，加深对历史知识的理解和记忆，进而发现问题、分析问题、解决问题。现在的多媒体技术操作较为简便，将影视作品剪辑后，用于课堂教学，会使课堂更加丰富、生动。

在学习《丝绸之路的开辟》一课中“张骞通西域”这一目的内容时，笔者借助电视剧《汉武大帝》片段，剪辑制作了一段“张骞意气风发出使西域，在出使途中遇险，辗转13年后衣衫褴褛归来面见汉武帝”的视频，并借助视频中张骞面见汉武帝时所说的“陛下，臣回来晚了”这句台词设问：“张骞为什么会回来晚了？他到底遇到了什么困难？历经13年，张骞最终完成使命归来，体现了张骞怎样的精神品质？”学生通过观看影视作品，很容易融入到历史情境中，很快得出张骞通西域遇到的困难；同时通过直观感受张骞历经艰险、被困10余年依然不忘使命的“有胆、有识、有行、有恒”的精神，容易让学生产生共鸣，达到情感态度与价值观的教育目的。

三、借助图像再现教学情境

历史课堂教学情境的图像包括图片（地图、人物、景象图）、视频、音乐等等。借助图像，可以增强教学的直观性，容易激发学生学习兴趣，升华学生情感。例如在学习《丝绸之路的开辟》中“西域都护的设置标志着新疆自西汉成为中国神圣领土不可分割的一部分”时，笔者先通过语言渲染气氛：“新疆自古就是中国神圣领土中不可分割的一部分，可是，近年来却出现了一些不和谐的声音。‘疆独’分子制造恐怖袭击，企图将新疆分裂出去。”接着，配乐展示“疆独”分子打、砸、抢、烧新疆百姓店铺图片，攻击无辜百姓致死、伤、残的血腥图片，充分展现“疆独”分子令人发指的暴行。借助图像创设情境，能让学生拥有更为真实的体验和更为深刻的感悟，容易引起学生的共鸣，从而激发学生内心深层次的真实情感。学生在看了“疆独”分子的暴行之后，义愤填膺，强烈谴责“疆独”分子的暴行，激发了坚决捍卫祖国统一的情感，从而达到了对学生进行爱国主义情感教育的目的。

四、利用历史故事，创设教学情境

故事，人人爱听，学生更不例外。在历史教学中，与知识相关的故事比比皆是，因此利用得好，对激发学生学习历史有着极其重要的作用。在学习《丝绸之路的开辟》中“班超经营西域”这一内容时，让学生用生动形象、富有感情的语言讲述班超“投笔从戎”“不入虎穴焉得虎子”的故事，班超“有勇有谋、胆识过人”的形象就深深地印在学生们的脑海中，从而达到学习的目的。

五、运用实物演示情境，使历史教学生活化

“历史是凝固的现实，现实是流动的历史。”在历史课堂教学中，教师借用实物演示情境，使历史教学生活化，有利于拉近历史教学内容与学生的距离，激发学生对历史学习的热爱。例如，在学习丝绸之路开辟的作用时，笔者向学生展示课前准备的核桃、哈密瓜、黄瓜、胡萝卜、大蒜、石榴等原产于西域的实物，让学生们知道原来自己在日常生活中常见、常吃的水果、蔬菜，就是从西域经过丝绸之路传入中原地区的，使学生们感知“历史”离我们并不遥远，就在我们身边。通过实物教学，让学生感受在我们生活中蕴含着许多历史积淀，从而激发学生去探索生活中的历史，进而加深对历史学习的热爱。此外，教师演示的这些实物，还可以作为小礼物，送给课堂中积极参与的学生，有了物质激励，学生学习的积极性和热情就更高了。

六、设计表演情境，有助于挖掘潜力、培养能力

老子云：“授人以鱼，不如授之以渔。”在大力提倡素质教育的今天，更要求课堂教学在传授知识的同时，要突出能力的培养。在历史课堂教学中设计表演情境，对于挖掘学生潜力，培养学生能力有一定作用。

情境教学中的表演有两种：一是进入角色；二是扮演角色。由于学生自己进入角色或扮演角色，使历史角色不再是书本上的人物，而是自己或自己班中的同学，这样学生对历史角色必然产生亲切感，很自然地加深内心的体验。与此同时，学生的语言、观察、模仿、思维、想象、分析、理解等能力也会在表演中不断开发并提高。

在课堂教学中，经常可以设计这样的表演情境："假如你是……你准备怎么办？"让学生进入角色，积极思考。在学习"丝绸之路"这一内容时，让学生充当小导游，带领全班同学畅游丝绸之路，介绍丝绸之路的路线、沿途风光以及西域与内地的物产文化交流。通过这一设计，鼓励学生积极主动参与课堂，在参与学习中掌握历史知识，学习历史的兴趣自然就浓了。

历史教学情境的创设是为学生进行高水平的思维活动和情感提升服务的，情境的创设必须把握目的性的宗旨，应该为突出重点、突破难点和产生情感共鸣服务，应该围绕中心进行整体思考，为教学主旨服务。在学习《丝绸之路的开辟》一课时，通过创设合理、有效的历史教学情境，拉近了历史与学生之间的距离，增强了历史亲和力，激发了学生学习历史的兴趣，这样的历史课堂无疑是生动的、有趣的，更是幸福的。

教学的进步在于勇于尝试与探索

——《丝绸之路》教学随笔

柳州市第三十九中学　廖春艳

新课改明确要改变课程实施过于强调接受学习、死记硬背、机械训练的现状，倡导学生主动参与、乐于探究、勤于动手，培养学生搜集和处理信息的能力、获取新知识的能力、分析和解决问题的能力以及交流与合作的能力。新课改所提倡的学习方式被归纳为自主学习、合作学习和探究学习。

合理利用教材，引导学生自主学习，合理想象，敢于表达

【片断一】“假如你是张骞，请设想一下出使西域会遇到哪些困难？”

之前学生明确了西汉时西域的地理位置并从古人的诗句中对西域的人文地理有了大致的了解。历史的想象并不是漫天想象、天马行空的，对于张骞第一次西域之行可能会遇到的困难，必须了解西汉时期西域的地理环境、政治形势和当时的科技发展水平，而这些要素就隐藏在教材中。所以我提出问题，让学生自主学习，最后分享成果。

下面是学生自主学习并独立思考的成果。

生一：张骞可能会遇到强盗，因为西域地域很广，人烟稀少，这些地方最可能有强盗出没。

生二：张骞可能被匈奴抓起来并杀掉。因为这时西域是被匈奴控制，匈奴人生性残暴，而且张骞要去找大月氏王，说服大月氏与西汉一起打匈奴，匈奴人怎么可能会放过张骞呢?

生三:张骞可能会遇上沙尘暴,会迷路,会缺水,可能会饿死，可能会遇到猛兽，因为西域有好大一块是沙漠。

生四：张骞与人沟通可能会出现问题，因为西域有30多个国家。

【反思与评析】

新课改提倡学生要经历、体验、探索知识形成的过程，强调培养学生自主学习能力。在传统的教学方式中，学生就像拴着绳索的羊，教师牵到哪，学生就跟到哪。在这种情况下，教师的“教”与学生的“学”无法拧成一股劲,削弱了学生的学习力量。“自主学习”是学生通过自学、探索、发现来获得知识的新型教学方式，它强调学生是学习的主导者。实践研究表明自主学习是一种能够有效促进学生发展的高品质的学习方式，具有主动性、独立性、自控性和相对性等特征。而七年级的学生自主学习能力相对较弱，他们很难准确地把握本课的学习目标。如果教师不给学生列出明确的问题，学生心中就没有底，这样的课堂是完全随意而没有组织性的。所以我把零散的教学目标知识点进行整合，创设一个有趣的问题情境——“假如你是张骞，请设想一下出使西域会遇到哪些困难?”此问题难度不大，其表述又富有情趣且具有想象的空间，让学生在明确学习目的和思考方向的同时又提升了学习兴趣，可让学生转化角色“变为张骞”在问题情境中自主探索挖出知识点。接着学生通过自主阅读、想象、思考、分享完成自主学习的过程。

学生的回答，真的很棒！在他们的分享中已经把西域的自然环境、山川地理、人文风情和政治面貌等一一展现出来。他们已经把相关的知识目标都表述完整，教师只是个组织者。所以我反思，教学要敢于尝试，要相信学生的能力是无限的，只是你未开发，只是你没有勇于放手，只是你未给孩子们一个很好的平台。在这节课中我创设的问题情境就是学生一个很好的平台，是教师一次大胆的尝试，是课题一次质的飞跃。

整合教材知识点，组织学生合作学习，探究问题，感受历史

【片段二】大家共同穿越，回到汉朝，组成一支商旅团，沿丝绸之路到欧洲做生意。请在出发前做好以下相应准备：①要行走的路线；②要带去的商品或技术；③想要带回的商品或技术。

学习到此，学生已经了解因为前人的勇敢探索和开拓进取，伟大的丝绸之路已开通，课堂下一步的重点和难点就是让学生理解丝绸之路并不是一条普通的商路，它是一座沟通东西方的友谊之路、文化交流之路、经济发展之路，促进了东西方之间经济文化的交流。为改变学生接受学习、死记硬背、机械训练的学习现状，教师抛砖引玉，给学生创设特定的教学情境，开展历史体验活动，让学生合作探究，根据课本内容共同努力自主创设历史情境，掌握当年丝绸之路的路线，并体会当时沿途历史地理人文和理解其在东西方经济文化交流中的作用。

生一：我们商队打算从长安出发，然后沿河西走廊向西，出了玉门关，我们就沿天山南路穿过今新疆地区，翻过白雪皑皑的葱岭，到达中亚，走过中亚大草原，就北上到了繁荣的罗马帝国。

生二：我们商队也从长安出发，走河西走廊，但我们从阳关出去，走天山北路穿越今新疆地区。

师：我们的商队都很棒，找到了去欧洲的重要商道，这就是当时闻名世界的“丝绸之路”，这条道路在未来1000多年历史中发挥了重要的作用。

师：那么你们打算带什么商品或技术去跟当地人贸易？

生一：我们要带中国著名的丝绸，因为那是中国特色，欧洲没有。

生二：我们也带丝绸，因为丝绸到欧洲可以卖到很棒的价钱，一斤丝绸可以换回同等重量的黄金，我们商队打算带1000斤丝绸，假如都运到，我们就发财了。（全班笑）

生三：带中国的瓷器，那可是中国顶尖的艺术。

生四：还有我们，我们带中国的凿井技术，教会中亚沙漠中的民族凿井，他们就有水喝了，这个技术可以交易又不用力气扛，只要记在脑子里就行了。

（教师要对学生的回答一一肯定并生成教学）

师：那你们要是到了欧洲换到了黄金，可别就这么回来，把欧洲的特产带回来，又可赚一笔，你打算带回什么？

生一：我们学会欧洲的魔术，回国开个魔术学校，铁定火。

生二：我们带玻璃艺术品，它们像水晶、钻石一样晶莹剔透，肯定好卖。

生三：我们带中亚的千里马，绝对抢手。

……

师：同学们都很棒！很有经商的头脑。请说说你对丝绸之路的评价。

生一：我觉得丝绸之路传播了各国的商品。

生二：我觉得丝绸之路使各国的文化、艺术得到相互交换。

……

师：丝绸之路促进了东西方之间的经济文化交流。

【评析与反思】

新课改明确指出："历史教学是师生相互交往、共同发展的互动过程。教学中应充分发挥学生的主动性，逐渐推进教学手段、教学方法的改进，实现教学形式的多样化和现代化。”

合作、探究学习有利于调动学生的积极性，给历史课堂带来了活跃的气氛，可以改变“满堂灌”“填鸭式”的传统历史教学模式。合作探究教学使学生的主体地位更为突出，更有利于培养学生的合作精神与人际交往能力，是改变学生学习方式的着力点，通过小组合作学习，还可以培养学生学会做人、学会做事。我们要打破封闭式的教学模式，实行开放式的教学模式，放手让学生以小组为单位实现合作，在合作中共同探索知识。但成功的合作、探究学习需要明确的目标、组员相互依赖、教师的支持与监控、适当的学习内容、灵活的合作时间等作为保障。所以为了让学生理解“丝绸之路促进了东西方之间的经济文化交流”这一难点，我设计了“商队做买卖”这一问题情境，让学生们组成一个个商队以提高他们的学习兴趣，让孩子们乐于探索丝绸之路。

学生们的回答真的非常精彩，教师必须抓住其中的闪光点进行归纳、总结、提升和生成。例如：有一位学生说她想把犀牛带回汉朝，当时全班哄笑，有同学笑她没有考虑到路途的难行，带这么笨重的动物，而且动物很难活着回到汉朝。虽然我当时也肯定了她，并认为她想带犀牛回来是从经济层面考虑，所以我给了她建议，只需带犀牛角回来一样可以换取经济利益。课后我反思，带犀牛回来有什么不好呢？为什么一定要从经济层面考虑这个问题呢？我国的国宝——熊猫多次被送出国门，熊猫就是我国的友谊大使，熊猫的多次出访促进了我国跟各国的友谊，那从欧洲带回犀牛难道就不能很好地促进东西方文化的交流吗？

这堂课学生的思维活了，我也看到了不一样的学生。其实学生还是这些学生，只是教师勇于尝试，设计好的问题情境，采用自主学习、合作学习和探究学习让学生成为课题的主角。学生可以变得很棒！因为他们的潜力被激发了！

我们应该激发学生的学习兴趣，帮助学生掌握深层式的学习方法，从而理解知识而不是死读书。所以关注教学方式的变革、学习方法的变化是极为必要的，作为一线教师我们义不容辞。

浅谈初中历史课堂提问的着眼点

柳州市鹿寨县初级实验中学　黄正飞

文豪巴尔扎克说过："打开一切科学的钥匙都毫无异议地是问号。"教育家陶行知也说："发展千千万，起点是一问。"善教者必善问,科学设计课堂提问是有效拓展学生思维的重要手段。教师在课堂上不失时机地提出高质量的问题，犹如一石激起千层浪，能够激发学生思维的火花，提高学生分析问题、解决问题的能力。在推进新课程改革的实践中，我有幸成为了柳州市《初中历史学科打造"幸福课堂"，建构"五个一"教学模式研究》子课题组的一分子。我们参加的子课题是"提出一个深层次的问题，促进课堂生成"，研究如何科学设计问题以提高学生历史思维能力。

2014 年春季学期，在我县历史课题组与柳州市鱼峰区课题组的交流活动中，我承担了一节教学研讨课，教学内容是八年级下册第 19 课《独立自主走向国际舞台》。这样的活动让我深受锻炼，获益匪浅，让我对历史教学中的科学设计问题有了进一步的认识。我认为，对初中历史教学而言，科学设计问题以培养学生历史思维能力的着眼点可以从以下几个方面考虑。

第一，着眼于提升学生的概括能力。研讨课中我用《中英南京条约》《马关条约》《辛丑条约》签订的图片和漫画《八国之辱》和《洋人的玩偶》导入，然后设问：这组图片和漫画反映了旧中国怎样的外交状况？以此启迪学生思考，有利于培养学生的概括能力，学生不难从中得出"旧中国政府的外交是屈辱的外交，是不平等的外交”的结论。此外，在讲到“新中国的外交政策”时，我插入了一个比较阅读材料的小练习，提出问题：新中国外交与旧中国外交的根本区别是什么？学生进行比较前须概括两则材料所反映的外交状况，从材料一中学生可以分析概括得出“旧中国政府实行屈辱外交”，从材料二学生可以分析概括出“新中国实行独立自主的和平外交政策”。

第二，注意问题的趣味性，激发学生兴趣。爱因斯坦说过：“兴趣是最好的老师。”孔子也说过：“知之者不如好之者，好之者不如乐之者。”如前文所述，导入新课时使用图片和漫画，然后提问。图片和漫画这种形象直观的形式本身对学生就比较有吸引力，将 PPT 课件中的漫画展示到屏幕上时学生的兴致就已经激发出来，再抛出问题学生就顺理成章进行分析思考。又如，讲到和平共处五项原则提出的重大意义时，提问：为什么说和平共处五项原则是中国独立自主和平外交政策的完整体现？试结合五项原则的内容谈谈你的理解。可以让学生说说五项原则如何体现了独立自主的外交政策，也可以让学生就任意一项原则举例说明，进而理解独立自主的外交就是在国际交往活动中相互尊重、平等互利，就是能够自己决定本国重大事项而不受别国支配控制。又如，在学习了新中国的外交政策、外交方针、外交原则之后，过渡到“中国出席日内瓦会议”部分，在学生讲述中国参加会议的基本史实后，没有急于接着学习“中国出席万隆会议”部分，那样显得太过无味，而是设计了让学生欣赏时长约 1 分钟的短视频《中国出席日内瓦会议》调节一下课堂气氛。这样的设计让学生在领略周恩来的外交家风采的同时，重新激发了学习的热情，为紧接着了解中国参加万隆会议强调周恩来的贡献创造了良好的情境。

第三，注意培养学生分析、对比的能力。比如，学习到“新中国的外交政策”时，穿插了一个比较阅读材料的小练习：材料一：在近代中国历史上，“外交”同“屈辱”可以说是一对孪生兄弟。周恩来曾满怀义愤地指出：中国的反动分子在外交上一贯是神经衰弱惧怕帝国主义的。清朝的西太后、北洋政府的袁世凯、国民党的蒋介石，哪一个不是跪在地上办外交呢？材料二：新中国成立前夕，毛泽东就明确指出：“中国必须独立，新中国必须解放，中国的事情必须由中国人民自己做主张，自己来处理，不容许任何帝国主义国家再有一丝一毫的干涉。”提问：新中国外交与旧中国外交的根本区别是什么？这样设计问题，意在培养学生的分析比较能力，也使学生在分析、对比中加深了对新中国独立自主外交政策的认识。

第四，培养学生理解分析的能力。在问题讨论环节，有两个问题的设计考查学生的理解分析能力：1. 和平共处五项原则为什么会获得世界上越来越多国家的赞同？2. 新中国成立之初，为什么能够独立自主地走向国际舞台？弄清这两个问题的基础是理解什么叫独立自主。第一个问题，和平共处五项原则为什么会获得世界上越来越多国家的赞同？学生经过分析，理解了这五项原则反映了绝大多数国家不受强权控制、不受外来干涉独立自主地处理本国事务的愿望，这是赞同的根本原因。第二个问题，新中国成立之初为什么能够独立自主地走向国际舞台？学生比较容易找到答案，那是因为新中国提出并实施了科学、明确的外交政策、外交方针和外交原则，教师借机引导学生作进一步的分析，这个问题就能促使学生理解新中国实施这样的组合拳式的外交举措的目的是摆脱西方列强的控制，实现独立自主。

第五，问题的设计有利于激发学生生成问题和解决问题的能力。我在教学中有这样的设计：先抛出问题“万隆会议上出现了较大的矛盾与分歧，针对这种情况周恩来在大会上提出了什么方针，对会议产生了怎样的影响”，让学生思考并阅读课文相关内容，却有意不叫学生回答预设的问题，而是让学生根据设问介绍万隆会议。学生在介绍万隆会议时，提到会议出现的矛盾和分歧的原因，周恩来提出“求同存异”方针促成了会议的圆满成功，增进了中国与亚非国家的了解和友谊。关于会议出现矛盾和分歧的原因，教师还没讲到，学生自然地提到并解答了问题，而这正是中国对会议所做的重大贡献，恰好落实了本次研讨课“提出一个深层次的问题，促进课堂生成”的教学目标。这就是课堂上设计的问题促进了课堂生成，即激发了学生生成问题、解决问题的能力。

第六，注意问题的梯度，环环相扣，层层深入。如讲授新中国外交关系的创建问题时，抛出一组问题：新中国成立之初面临着什么样的国际形势？在这种国际形势面前新中国制定了怎样的外交政策？其目的是什么？先解决第一个问题，课件展示《“二战”后世界形势图》，教师补充交待“二战”后社会主义阵营和资本主义阵营对立的国际形势，再让学生阅读课文了解以美国为首的资本主义阵营敌视中国的情况。接着找到新中国的外交政策，然后阅读课本小字材料了解毛泽东提出的外交方针，弄清新中国实行独立自主和平的外交政策，其目的是摆脱帝国主义国家的控制，在国际交往中实现独立自主。这样，外交政策、外交方针、外交原则三个方面环环相扣，体现了新中国外交走向成熟的过程。

由于本人的教学水平有限，在课堂教学中也不可避免出现了一些不尽人意的地方。比如，讲到新中国制定外交政策的目的，有两名学生的答案不一样，而我没能有意识地抓住机会让学生讨论加深理解。又如，在学生的理解运用能力的培养方面有待进一步提高。

当然，参与这次教学研讨活动，收获是主要的。在备课、磨课过程中，得到了课题组老师的多方指导；上研讨课的过程，更是一次锻炼的历程；课后专家给予中肯的点评，让自己能从理论的高度重新审视自己的课。这样的锻炼机会不可多得，做得好的地方得到专家肯定，增强了自己教好历史学科的信心；不足之处专家给出诚恳的建议，让自己明确了努力的方向。

总之，科学设计问题，有利于提高学生历史思维能力，激发学生学习历史的兴趣，扩大学生课堂参与度，提高师生历史课堂教学活动的有效性和幸福感，值得广大历史教师去研究和实践。

讲好故事让历史课堂充满活力

柳州市第二十八中学　宋婷

一堂无奈的历史课

在112班的一节历史课上，我正在很认真地讲述着关于战斗英雄邱少云的故事，学生们都比较认真地聆听，但当讲到“敌人的燃烧弹引燃了邱少云身边的草丛，不久，邱少云被火烧着，在他的后边，就是一条水沟，只要往沟里一滚，就可以把火扑灭。然而，钢铁战士邱少云，任凭火焰越烧越猛，他强忍着常人难以想象的巨大痛楚，以超常的毅力，咬紧牙关，纹丝不动”的时候，就有一个男生在下面小声地说：“怎么可能做得到啊？”他旁边的男生马上跟着说：“就是就是，昨天晚上，我的手不小心被打火机的火碰到了一点点都会马上缩回手，感觉非常非常痛，而邱少云是整个身体被火不断地烧着，怎么能做到纹丝不动呢？”又有一个女生说：“他是超人吧！”接着越来越多的学生加入到了他们的讨论当中，“他是蜘蛛侠”，“不不不，他是钢铁侠”，并且还越来越激烈，而我的故事也被打断了。我只能强行制止了他们的讨论，接着我跟学生们说因为在邱少云身上有舍小己顾大局、爱国爱民、舍己为人的精神，所以他能做到完全不动。可学生们只是非常茫然地看着我，而本来想让他们思考回答：在邱少云身上有什么精神值得我们学习？从而培养他们的爱国主义观，可这个问题答案也被我很无奈地说了出来，最后这一节本来应该很具有爱国主义教育意义的课就只能草草收场了。

我的课堂怎么了

课后，经过冷静的反思，我发现这节课的问题出在我给学生讲的战斗英雄邱少云的故事这里。邱少云所生活的时代，所经历过的事，离我们已经很远了，我的讲述也很平淡、很简单，学生根本无法体会和理解邱少云是怎么能做到纹丝不动的，他们只会根据自己平时的生活感知来体会，觉得这并不是一个常人能做出来的事，所以才会出现 112 班那节历史课上的情况。

我应该怎么做呢

在历史教学中运用故事，不仅可以激发学生学习历史的兴趣，而且能够很好地完成教学任务。但故事要讲得好才会有效果，不然就会像之前那样，让一个故事扰乱了一节课。美国著名学者杜威曾指出："学习是基于真实世界（真实情境）中的体验。"而历史是段遥远的过去，要想让学生有真实的感受，教师要努力营造一种历史氛围，拓展学生思维空间，让学生在古人的位置上思考历史、感受历史，从而与古人产生情感的交流与心灵的共鸣。所以后来我在上 111 班的同一节课，同一个内容时，稍微合理地改编了战斗英雄邱少云的故事，在描写邱少云被火烧这一段内容时，加入了一小段他的心理活动描写，主要是邱少云回想过去的一些经历：新中国成立前邱少云及其家庭成员所受的苦难，然后得到解放军帮助后的感激，参加人民解放军的骄傲，及后来作为一名中国人民志愿军战士到了朝鲜目睹美军的暴行后的愤怒。从这些邱少云的经历中，学生就能很好地站在邱少云的立场上体会，明白邱少云由于自己和家人以前所受的苦难，现在他能作为一名解放军战士而感到无比的骄傲，所以他要严守部队的纪律，保护战友的安全，保证战斗的顺利进行，可以为了这些付出自己的一切，包括生命；由于他亲眼目睹了美军的暴行，胸中充满了愤怒的火焰，所以他也可以为打败美国侵略者贡献自己的一切，包括生命。经过这么一小段邱少云的心理描述，学生自然就会理解邱少云为什么能忍受着烈火烧身的剧痛，坚持一动不动，像一块巨石，直至壮烈牺牲。然后让他们思考回答：在邱少云身上有什么精神值得我们学习？学生们能很顺利地回答出来，并从中体会到他高度的组织纪律性，坚韧顽强的革命意志，高度的自我牺牲精神，舍小己顾大局、爱国爱民的精神，从而达到情感态度与价值观教育的目标。

我的感悟

美国德育学家里克纳曾说："故事曾经是世界上许多大教育家最喜欢用的教育手段。"那什么是故事呢？通常来说，故事是人类对自身历史的一种记忆行为，人们通过多种故事形式，记忆和传播着一定社会的文化传统和价值观念，引导着社会性格的形成。故事通过对过去的事的记忆和讲述，构建着一定社会的文化形态。可见，故事本来就是对历史的一种呈现，历史正是过去发生的事情。而在历史课上，通过讲故事，在故事中呈现出历史人物的风采和历史事件的感人细节，使我们的历史教学不再死气沉沉，它能有效地激起学生学习历史的兴趣，培养学生的情感价值观，所以，历史课堂上运用好历史故事，将会对我们的历史课堂有着很大的帮助。那怎样才能运用好历史故事呢？ 我从自己平时的教学中谈谈自己的感悟：

1. 故事的选择要围绕本节课的教学目标进行。在一节历史课的教学中，我们选取的故事一定要为我们的教学目标服务。用故事铺就理解历史现象的台阶，帮助学生把复杂的问题变成简单的问题，把困难的问题变成容易接受的问题，把抽象的问题变成具体的问题，把枯燥的乏味的问题变成生动有趣的讲述。但故事选择不能是随意的、漫无目的的，更不是单纯为了课堂的活跃或吸引学生。例如，在我大学毕业刚登上讲台不久的时候，为了能让学生喜欢上我的历史课，所以每一节历史课之前我都会给学生们讲一个小故事，但我所选的故事是非常随意的，在上《西周的分封制》时，我讲的是有关埃及金字塔的故事，上《汉武帝大一统》时，讲的是草船借箭的故事，这些故事都与我要上的课的教学目标风马牛不相及。刚开始我的自我感觉还挺好的，觉得学生都喜欢自己的历史课，但后来我发现事实并不是这样的，学生只是在我讲课前听小故事的时候很认真，听得津津有味，但故事一结束开始上课的时候，他们都是心不在焉，课堂效率非常低，教学效果也很糟糕。后来在资深教师的指点下，经过自己不断的学习研究实践后，我发现在历史课上选择故事一定要围绕本节课的教学目标进行，而不是为讲故事而讲故事。讲埃及金字塔的故事，应该放在《亚非文明古国》这节课，而讲草船借箭的故事，应放到《三国鼎立》这节课，这样才能让我的历史课既活泼生动、吸引学生，又能完成教学目标，提高课堂效率，取得较好的教学效果。

2. 故事的取材方式可以是多样的。可以从各种版本的初中历史教材中就地取材，包括历史教科书、教师教学参考书、历史地图等等，都为我们提供了丰富的历史故事素材；可以就课程内容的人物和事件进行整理创编，在教学中，可以以课程的教学内容为立足点，向广阔的史料宝库去寻找素材，围绕历史课程所涉及的主要人物、重要事件整理、创编历史故事；可以为了达到教学的目标，把几个故事串编在一块；但这些故事都要真实可信，尊重历史原貌，再巧妙地融入个人的创意和思想。

另外，在讲故事时还要注意语言的运用。语言艺术也是故事讲述中一个很重要的方面，语言要准确简练、生动直观、爱憎分明，还要处理好语速和节奏。这样才能让学生感受到故事要达到的效果，才能为我们的教学服务。

总之，讲好故事，能让我们的历史课堂教学充满活力。

情境教学法在教学中的实际应用举例

柳州市第三十五中学　黄鹤

一、源起

传统的教学模式越来越不能引起学生的兴趣，随着新课程改革的推进，历史教师应该与时俱进，构建符合新课改教学理念的教学方法和模式。历史教学要达到全面的教学目标，需要多种方法的配合使用，情境教学是比较理想的一种教学模式。在近几年的教学实践中我们进行了“初中历史课堂教学情境创设与学生参与教学的关系”研究，从中感觉到创设符合学生认知水平的情境更利于学生参与教学。为此我们把七年级下册第 17 课《郑和下西洋和戚继光抗倭》的教学设计展示出来作为案例研究，具体分析情境教学法在教学中的实际应用。

二、教学设计

（一）课标内容

1. 概述郑和下西洋的史实。

2. 讲述戚继光抗倭的史实，感受中国人民反抗侵略的英勇斗争精神。

（二）教学目标

1. 知识方面：郑和下西洋的时间、条件、目的、概况、影响，开发南洋，倭寇，戚继光抗倭。

2. 能力方面：通过引导、讨论、探究、分析等方式，培养学生的观察能力、识图能力、理解能力以及综合分析历史事件的能力。

3. 情感态度与价值观

（1）通过本课的学习，使学生认识到郑和下西洋是世界航海史上的壮举，增强学生的民族自豪感。

（2）了解戚继光的抗倭义举，使学生认识到中国人民自古以来就有反抗外国侵略的精神，培养学生的爱国主义情感。

（3）通过学习，使学生了解明朝时期我国对外交往既有友好合作的一面，也有反侵略的一面，从而全面认识明朝时期对外关系的基本特征。

（三）重点、难点

郑和下西洋和戚继光抗倭；如何全面地、辩证地评价郑和下西洋。

（四）教学方法

情境设置，问题探究，启发创新等方法。

（五）教学内容

第一环节：创设情境，导入新课

1. 谈话导入

师：同学们好，今天黄老师非常高兴能与我们班的同学一起来学习历史。大家看过《感动中国》这个节目吗？

生：看过。

师：大家听说过这个人吗？

生：有（或没有）。

师：他是《感动中国》2009 年度人物航海勇士翟墨，他为什么能成为感动中国年度人物？请看推选委员的推选理由。

（播放 2009 年度《感动中国》航海勇士翟墨的故事）

【设计意图】让学生带着一种感动的心情，很快地融入情境，通过问题的提出，上溯到了 600 年前的航海年代。

师：相信大家已经知道他为什么能成功当选。在颁奖辞中提到“600 年后，他眺望先辈的方向”，请问翟墨眺望的 600 年前的航海先辈是谁呢?

生：郑和。

师：没错，在中国的明朝时期，郑和与稍晚时候的戚继光因为在对外关系中的杰出表现曾经感动过当时的中国，今天就让我们回到明代，了解那段历史。

2. 多媒体显示课题，学生齐读课题，明确本课中涉及的两个英雄人物。

【设计意图】继续借用《感动中国》的情境，沿用了“感动”的主线将郑和与戚继光带进了“感动中国”的评选节目中。学生们也被赋予了代言人的身份，明确了学习的任务。

第二环节：融入情境，自主探究

1. 出示情境问题，走进“感动中国”。

师：假如近期中央电视台的《感动中国》录制组，将开设一个新的专栏，评选感动中国的历史人物，让我们来为他们报名参选吧。

2. 初识人物。

师：首先让我们来了解这两个人的基本信息。请看视频，看完视频后我们会有一个小小的竞赛，比一比看谁搜集到的信息又多，又准确。

（先播放郑和，再播放戚继光）

师：同学们都看清楚了吗？我们的竞赛开始了。现在老师这里有十个金蛋，其中七个金蛋内有题目，看谁能抽中有题目的金蛋并做出正确回答。

学生选题并作答。

第三环节：合作探究，深入认识

师：现在大家都对这两个人物有了认识，但是组委会只给了我们一个推荐的名额，我们该推荐谁呢？

下面请同学们分组讨论一下，看看推荐谁参加评选，在讨论之前请看讨论要求。

（屏幕展示）

小组讨论要求：

①郑和和戚继光只能推选一人。

②结合视频、课文及相关资料充分讨论推荐理由。

③在讨论过程中认真填写推荐表。

④讨论结束后派一名小组代表发言，阐述推选理由。

师：下面请同学们分组讨论，老师发推荐表给大家填写。

“感动中国历史人物”评选推荐表

被推荐人姓名	
推荐理由	
推荐辞	

学生分小组讨论并填写推荐表。

师：下面各小组派代表发言，其他小组的同学要注意听，理由不充分的可以补充，不同意的还可以反驳。

学生发言，并阐述理由。教师在学生阐述理由的过程中引导学生分析得出，郑和下西洋成功的原因、产生的影响，戚继光抗倭受到人民欢迎的原因，戚继光是民族英雄等。

师：大家各自阐述的理由都很充分，下面请小组派代表宣读你们的推荐辞，用你们深情的诵读来打动评委。

学生分组宣读推荐辞。

师：大家说得都很好，真是难以抉择，到底推荐谁这个问题就留给评委吧。无论是谁当选，相信他们的事迹和精神都深深感动了历史，感动了我们。在感动我们的同时，老师也在考虑一个问题，在给翟墨的颁奖辞中说道“古老船队的风帆落下太久，人们已经忘记了大海的模样”。为何在这600多年间，在郑和之后就再也没有后起之郑和了？这个问题留给大家课后思考。

第四环节：回归情境，总结提升

师：这节课通过对两个历史人物的推选，我们深入了解了明代对外关系中的两件大事：郑和下西洋和戚继光抗倭，知道了明朝时期对外关系的基本特征。这一时期与以往一样，对外关系的主流是友好交往，郑和下西洋就是其中的典型事例。但是，也出现了来自海外的侵略，因此也有反侵略的一面。

同学们，无论是当代的翟墨，还是明代的郑和和戚继光，他们感动我们的是他们身上所体现出来的勇敢、智慧、爱国等伟大的民族精神，这种精神正是我们中华民族生生不息、不断发展的力量源泉。就让我们把这种精神融入到我们的学习、生活中，将它传承发扬下去。

【设计意图】对本课内容进行一个知识的小结和情感的升华。这样的设计，不仅回归了情境，也勉励了学生，将整堂课推向了最高潮。

三、案例设计分析

（一）教学设想

1. 要使情境创设贯穿始终。首先创设一个以“感动中国”历史人物评选为大背景的大情境，让学生结合视频、课文、补充史料及评选推荐了解英雄事迹，并对英雄人物宣读推荐辞，进行情感提升。

2. 教师在教学中要起到组织者、指导者、帮助者和促进者的作用，使学生能在较短时间内体验历史事件的过程。

3. 设计恰当的问题，通过学生讨论、思考、探究，充分发挥学生的主动性，增强学生的思维能力和创新精神，最终达到学生有效地实现对所学知识的意义构建的目的。

（二）创设历史情境的具体实施策略

1. 运用多媒体，创设直观情境。

有研究表明，视听并用的学习效果明显高于单纯的看或听的效果。正如俄国教育家乌申斯基所说："在我们的记忆中，凭直觉得来的印象是特别巩固的，甚至对于抽象概念，也可以轻易地巩固地粿在已经嵌入我们脑中的图册上。"因此，教学必须遵循直观性原则。运用多媒体教学，通过视频文件和图形文件的动态演示，再配以动听的音乐和教师的生动讲解，可以多渠道地向学生传递各种直观的教学信息，使学生运用多种感官对新知识进行多角度吸收并不断内化为自己的知识，从而提高学习的效果。

2. 基于学生特点，调动学生积极参与。

七年级学生对古代史感兴趣，以形象思维为主，具有好表现、思维活跃、乐于参与各种有趣的活动等特点。因此我有针对性地在课堂中设置了砸金蛋的环节，而且还放了三个空蛋，增强了活动的挑战性和趣味性，也激发了学生参与的热情。

活跃的课堂应是合作学习的乐园。在合作学习活动中，学生彼此间就各自的体验、发现进行交流，有利于他们全面深入地体验学习内容。为此，我专门设计了课堂讨论的环节，并针对性地提出了讨论的要求，在这个环节中让全班同学动了起来。学生积极参与，讨论效果好，也突破了教学重点和难点。

3. 融入情感，激发学生的共鸣。

教师必须用情感激发学生的学习欲望，这是有意义学习的情感前提。正如有的学者所指出的，从血管里流出来的是血，从山泉里流出来的是水，从一位充满爱心的教师的教学里，涌腾出来的是一股股极大的感染力。它可以使学生产生同样的、或与之相联系的情感。本课以感动中国为情境主线，要想学生能受到感动，首先教师就要有一个饱满的情感。在备课时我努力使课堂设计让自己感动，在上课时努力让自己的情绪去感染学生。只有激情和真情才会在师生间产生一种互相感染的效应，从而不断激发学生学习的热情，唤起学生的求知欲，诱发学生进入教材的欲望。

（三）创设情境的一些反思

教学有法，教无定法。教师应根据学生的实际情况、教材的不同内容，灵活运用，从而创设出适合学生而又富有感情的教学情境。但情境的创设需把握这样几个原则：首先是趣味性，能激活学生的思维；其次目标要具体、指向性明确；最后是内容的真实性。不可盲目地乱创设，一定要结合课文的内容需要，一定要考虑到学生现有知识水平和生活经验，符合学生的生理和心理特点，简便易行。

用图片讲故事，激发学生学习历史的兴趣

柳州市融安县沙子中学　李玲

在历史教学中，我们的历史教材，我们所用的演示文稿都有大量的图片，图片是我们常用的直观的形象化的教具，能给学生以直观明晰的历史表象，加深学生对历史的认识和理解。初中学生的形象思维和感性思维较强，而理性思维处于形成阶段，图片的生动性和趣味性极易吸引学生的目光。如我在上《秦始皇一统六国》这课时，我首先展示了秦始皇兵马俑的图片，学生“哇”了一声说：老师，这是秦朝的兵马俑。我顺势提问：他为什么做这些陶俑？于是学生七嘴八舌议论开了。可见，教材中能表达教学要点的历史图片很多，它能激发学生学习兴趣，而这种兴趣能转化为学生学习的内在动力。

故事是人类对自身历史的一种记忆行为，人们通过对过去的事的记忆和讲述，记忆和传播着一定社会的文化传统和价值观念，引导着社会性格的形成。讲故事、听故事是所有孩子和大人的乐趣。教师在上课时可以根据所讲授的内容穿插相关的历史故事以强调所讲内容或者用历史故事代替讲课内容吸引学生注意，从而激发学生听课兴趣、启发学生思考，使学生从故事中领悟其中蕴含的道理、掌握基本的历史知识。历史课讲“故事”是以教育目的为核心的，在历史课教学中，“历史故事”能够使学生有饱满的兴趣，从而促进学生识记，使学生有积极的心态去学习。

《通志》曰：“置图于右，置书于左，索象于图，索理于书。”文字叙述在说理，图片则使文字形象化、直观化。把历史图片和

历史故事相结合，既有直观性，又富有想象，学生能看到，能听懂，这就拉近了学生和历史的距离，调动了学生学习的主动性，激发学生学习历史的兴趣。

一、用图讲故事，抛砖引玉，激发学生阅读历史的兴趣

历史教材里的图片是丰富多彩的，每节课几乎都有五六幅图片，当然不是每一幅图片都可以说一段故事的，所以，我会充分利用历史教材图片和故事资源，选择与教学内容相符的，能突出本课教学目标的图片和故事。例如：在上《春秋战国的纷争》时我选择了越王勾践尝胆的图片，课文中小字部分有越王勾践尝胆的材料。课堂中，我让学生看越王勾践尝胆图，并告诉学生我会请他们来讲这幅图的故事，学生认真看图后，会发现“勾践在舔苦胆”“勾践住得很简陋”“勾践坐在什么上面？好像是树枝”等细节。这时，我再请学生来讲故事，学生就会按着课本读出越王勾践尝胆的故事。类似的还有：《战国时期的社会大变革》里徙木立信的图片和故事；《伐无道 诛暴秦》里大泽乡起义的图片和揭竿而起的故事；《汉武帝“大一统”》里昭君出塞的图片和故事等。

历史教材中已经有现成故事，但是没配有图的，如：《西周的分封》里烽火戏诸侯的故事；《甲骨文与青铜器》里甲骨文是怎样发现的故事；《三国鼎立》里火烧赤壁的故事；《六王毕　四海一》里焚书坑儒的故事等。有故事的叙述，没有直观的感官刺激，故事就显得有点平淡。我在设计教学、做演示文稿时就注重了对此类无配图的故事加上配套的图片，图文兼顾，学生更加有兴趣去阅读历史，去说历史，讲历史故事。

二、用图讲故事，激发学生学习兴趣，促进学生对基础知识和重点知识的记忆

学生的求知欲源于兴趣，对某一事物感兴趣时，他们做起来就比较认真，若无兴趣他们就会敷衍了事。历史基础知识和重点知识是需要记忆的，若你让学生死记硬背，他们是不喜欢的。用图片讲故事则可以帮助他们加强记忆。例如：我在《六王毕　四海一》一课讲到秦始皇巩固统一中的文化和经济措施时，受到电视连续剧《大秦帝国之纵横》中商贾巨富猗蔚经商情节的影响，就设计了商人买卖的情景故事，说的是一个商人在战国时期到各国从事贸易所遇到的事情，故事由多幅图片组成，并为每幅图片设计旁白。上课时，请学生扮演商人说故事，并思考解决方法，学生饶有兴趣地听完故事，很快通过课文阅读说出解决方案。课后，学生常常拿这个故事说笑，无形中记忆下了秦始皇巩固统一的措施。记住知识是需要反复记忆的，学生在常说中无形就记住了，同时，他们也会下意识地记忆相关联的知识点。

图片故事结合一定的文字集中阐述一个主题，深刻、细致地刻画人物的精神面貌，或者概括、深入地反映某一件事的发展过程，揭示其内在的思想内涵和社会意义。我们 20 世纪 70 年代的人是在看小人书和连环画中成长的，对小人书和连环画中的人物、事件等，至今记忆犹新。小人书和连环画就是一种图片故事，那么，根据教学目标的需要，自制或者从网络上精选图片制作成图片故事，学生一定是喜欢的。当然，教师就需要注重日常的搜集积累工作了。

三、看图讲故事，激发学生兴趣，更好地对学生进行情感教育

我们常说“读史使人明智”。初中历史课程标准在三维目

标中的情感态度和价值观方面提出了要求："形成健全的人格和健康的审美情趣，确立积极进取的人生态度、坚强的意志和团结合作的精神，增强承受挫折、适应生存环境的能力，为树立正确的世界观、人生观和价值观打下良好的基础。"

七年级的历史教材多有典故和历史成语故事。这些典故和成语故事大都蕴含着一定的民族精神和做人的道理。例如：七年级上册《春秋战国的纷争》一课，在讲到齐桓公称霸的内容时，为了使学生对齐桓公有感性认识，使学生理解成就一番事业需要具备的良好素质，我运用齐桓公拜相的图片，叙说齐桓公不计前嫌重用管仲为相的故事，讲完故事后，我提问学生：为什么齐桓公要拜管仲为相？为什么齐桓公能成为春秋时期第一个霸主？第一问学生回答：因为管仲有才能。第二问学生也纷纷发表自己的见解：因为齐桓公宽容、大度；因为齐桓公重用人才；因为齐桓公心胸宽阔、为了国家利益不计前嫌，等等。最后我及时点拨：齐桓公不计一箭之仇，重用管仲为相，尊为仲父，并按照管仲的方略治理齐国，使齐国迅速强大起来，成为春秋时代的第一个霸主。可见，虚怀若谷的素质，是成就一番事业的重要条件，平时同学之间如果发生小摩擦，就要宽以待人、友好相处，不要斤斤计较。

再如：在前文所述中，学生讲完越王勾践尝胆的故事。我继续提问：为什么勾践要这样做？学生：他要记住自己所受的屈辱；他要报仇；他要做霸主。提问：他花了多少时间来实现自己的目标呢？学生：十年生聚，十年教训（用十年的时间生育人口，聚集财富，再用十年时间教育和训练军队），用了20年，勾践才成为霸主。最后我总结：一个人要成功，都要付出一定的努力，也许要几年甚至十几年的时间，这期间我们会遇到很多困难和挫折，只有不怕苦、不怕累，勇敢面对，想办法解决，才能实现自己的目标。不同的学生对图和故事里所包含的情感体验是不一样的，在教学中仍然需要教师慢慢引导。

情感是一种体验，是内心的一种感受。通过历史图片的视觉刺激，历史故事的听觉享受，学生是喜欢、愉快、厌恶、悲伤或不屑一顾，相应的情感会自然地流露。教师再动之以情、晓之以理，循循善诱地促进学生积极情感的形成，就能很好地达到教育学生的目的。

历史图片是形象的、直观的，它是有吸引力、有情感的；历史故事形象生动，富有吸引力，有教育意义。那么，在历史教学中用历史图片讲历史故事，图文兼顾，能够激发学生学习历史的兴趣，促进学生主动学习历史，从而实现有效的教学。

《郑和下西洋和戚继光抗倭》研修感悟

柳州市第三十五中学　魏建吉

2012年，作为柳州市教科发起的“五个一”教研活动的子课题组成员，我们学校承接了课题研修展示课活动，并选定《郑和下西洋和戚继光抗倭》作为研修课例。在这节课的研修历程中，引发了我的思考，使我对情境教学有了很深的感悟。下面就从本课的研修历程及研修感悟两方面谈谈我的收获。

一、研修历程

一节好课是靠仔细研究和耐心打磨出来的。对本课的研磨，我们经历了以下几个阶段：

第一阶段，校内研讨，初定方案，确定情境。我们将本次的研修主题确定为“合理创设情境，实现有效教学”。确定了以评选“感动中国历史人物”创设大情境，整节课围绕这一情境展开。

第二阶段，城区研讨，确定方案。城区历史教研员韦老师参加了研讨活动，在情境教学方面进行了深入指导，她认为：创设教学情境应关注三个维度，一是情境创设是否合理；二是情境创设能否调动学生的参与；三是情境创设能否有助于达成良好的教学效果。说到底，情境的创设，就是要解决内容与形式的有机统一问题。

为了圆满完成任务，大家开展了热烈研讨，针对可能出现的问题制定了策略：

策略一：课题组成员一致认为“感动中国历史人物”的评选这个大情境很有创意，整堂课紧紧围绕“感动”这条主线展开，让人身临其境，如同身在评选历史人物的现场。

策略二：我们认为在教学中最好能采用竞赛的方式，这样既能很好地落实知识目标，又能激起学生学习的兴趣，还能检测学生预习的效果。

策略三：删除可有可无的视频，节约时间，实现有效教学。

第三阶段，专家引领，提升方案。

市历史教研员李老师对我们采取的创设教学情境的形式给予了肯定，认为在本课中，黄鹤老师以感动中国十大人物的翟墨的事迹导入，并以“感动中国历史人物”的推荐活动为情境组织课堂教学，以填写推荐表的形式学习郑和和戚继光的事迹，体现了学生的自主学习；在推选候选人这一环节中，以小组讨论、自由推荐展开竞赛，将课堂推向高潮。同时，从两位人物的事迹中，感受到了他们身上的可贵品质，实现了从知识的认识到情感的认识，是情感的升华。这些设计符合对教材的理解、符合学习对象的年龄、心理特点。

学习重在过程，也重在反思。结合本次研修以及自己教学方面的实践，谈谈自己的收获。

二、研修感悟

感悟一：创设大情境

历史教材都是按照一定的章节、一定的主题来编写的。平时，我们每课会创设一个或多个具体的小情境，然而教师熟悉、掌握、了解教材后，可以每单元为限创设一个大情境，或者当一节课只有一个大的主题时，我们可以考虑创设一个大的情境。

《郑和下西洋和戚继光抗倭》这一课以“感动中国”这一大的线索贯穿始终，从导入到人物的推荐评选都在大情境中进行授课。创设大情境，有助于学生快速进入学习情境，身临其境，激发了学生们的学习兴趣，不易走神，集中学习的注意力。本课讲了两个大的历史事件，分别是郑和下西洋和戚继光抗倭。而郑和下西洋的内容又很丰富，涉及下西洋的目的、条件、概况和意义等，再加上戚继光抗倭的基本史实，知识点多，学生单独记忆容易混乱。现在将这些知识都放到了“感动中国”人物评选的现场，每个知识点都有了存在的位置，这节课的整体性就非常强。虽然没有明显的框架图，但是已经建构起了学生的思维导图。

为了让这个大情境能更加生动，又创设了如观看视频、小组讨论、砸金蛋等小情境。这些小情境设置异常巧妙，犹如一颗颗小珠珠，在“感动”这条线上不断地跳跃。平时的授课中我们更多地会采取创设小情境，让学生来共同学习，因为小情境创设相对较为容易，效果也很明显，所以更加常态化。

当然，我们也不得不思考，大情境的设计如此巧妙，场面之宏大给人以耳目一新的感觉，那是不是每节课都能这么设计呢？我认为并非如此。创设大情境，首先需要教师有很强的基本功，能将一节课甚至一个单元设计成一个主题式的教学模块，围绕主题展开。因此要提升教师的教学素养和教学基本功。第二，必须贴近学生生活实际，以一个大型活动为主线设置大情境。如本节课教师将《感动中国》这一栏目移植过来，变成“感动中国历史人物”评选，很自然，不牵强。这就启发我们要善于留意身边的事物，挖掘好的教学资源，并且将其有效地运用到教学中，就能起到意想不到的效果。

感悟二：大情境中创设小情境

环节一：播放视频导入，创设情境

本课以播放2009年《感动中国》的视频导入新课，这就抓住了学生喜欢视听效果、爱观看视频的心理特点，马上将学生带入“感动中国”的现场，并且定下了“感动”这个基调。

环节二：播放视频组织砸金蛋活动，创设情境

接着执教教师带领学生走进“感动中国”评选现场，让学生们作为郑和和戚继光等人的代言人来报名，孩子们为自己是英雄的代言人而感到骄傲和兴奋，进入角色很快。接着教师播放关于郑和下西洋和戚继光抗倭的视频，创设问题情境，比比谁搜集的知识多，又设计了砸金蛋环节，把学生继续带入学习的情境，拉近了历史与现实的联系。各个小情境联系紧密，使学生一直在情境中学习，在竞争中体验学习的乐趣，在情境中学习基本的知识点，为后面的环节又做了知识的铺垫。

环节三：合作探究，创设情境。学生此时对本节课的知识点已经有了一定的认识，因此执教教师设计了一个活动，向组委会推荐参加“感动中国”的人物。根据教师的要求，学生们进行讨论，重点要确定推荐谁以及推荐他的理由，而且要为推荐人写推荐辞。这一环节的设计也符合学生学习规律，由浅入深，由易到难。通过学生展示，我们发现，孩子们推荐人物时，理由很充分。推荐郑和的认为，郑和七次下西洋，历时 28 年之久，到达了非洲东海岸和红海沿岸……推荐戚继光的认为，戚继光抗倭保证了人民的人身和财产安全，赶走了倭寇……这样的形式符合学生性格特点，学生们积极地参与到课堂讨论中。接着执教教师还设置了一个悬念情境：为何郑和之后就再也没有后起之郑和了？并让学生在课后思考这一问题，发散了学生的思维，将学习延伸到课后，可以看出教师的用心。

感悟三：如何合理创设情境

首先，合理创设情境，做到内容与形式相统一。在研修的过程中我们发现有些东西是不变的，而有些东西却在不断地改变。

不变的是内容，变化的是形式。我们如何将形式和内容更好地统一呢？要抓住课堂的根本，这就要求教师要有一定的教学功底，能有效地整合教材，并且对学情要充分了解。这样才能合理创设情境，让学生积极参与到课堂中来。

其次，合理创设情境，要注意教师个人的情感，以情激情。教师自己先进入情境，通过注意语音语调和使用形象生动的语言带领学生走进情境。强调发挥教师个人的魅力，感染学生，引导学生。

再次，合理创设情境，要根据教师自身实际需要，选择最有效的手段。情境创设要直观，如能用视频，则不用图片，能用图片则不用史料，能用史料则不用教师讲授。情境创设重在让学生感受，然后学生有感而发。这样才能激发学生学习兴趣，达到有效教学。

再者，合理创设情境，要改变传统教学理念，以学生为本，发挥教师的主导作用和学生的主体作用。在教学活动中设计合理有效的探究活动，学生进行自主合作探究学习。

最后，合理创设情境，要考虑学生的实际情况，基于学情，确定合适的情境。这就要求教师要认真细致地观察学生，了解学生的学习经历与生活经历，还要考虑在教学哪一环节设计情境更为合理有效。

捷克教育家夸美纽斯在《大教学论》中写道：“一切知识都是从感官开始的。”课题研修为我们的学习打开了另一扇大门，鼓励我们一直走在学习的路上，走在探索情境创设的路上。

初中历史教学反思

柳州市融安县教研室 覃汉宽

学习历史知识，可以使学生了解人类历史的发展历程，认识人类文明发展进步的原因和规律，认识历史发展过程中人与人、人与自然、人与社会的关系，可以培育学生的历史智慧和人文素养，培养学生的历史思维能力和改革创新精神，使学生更好地迎接未来社会生活的挑战，可以说历史教学在素质教育中有着不可替代的作用。但是，长期以来，初中的历史课却不受学生欢迎。究其原因，是因为传统的历史教学过分强调知识点的学习，忽略了学习过程，忽略了发现和探究，学生学习历史纯粹是被动接受、记忆的过程。这种学习方式压抑了他们学习历史的兴趣和热情，也阻碍了他们个性的发展。因此，随着教育改革形势的发展，初中历史课程改革势在必行。在课堂教学中如何把学生学习历史的积极性调动起来，给学生以充分发挥的空间，从而得到锻炼，已是一个关键性问题，也是每个历史教师苦苦思索、探索，甚至头疼的事情。在从事历史教学和教研工作20多年中，我深感历史教学任重而道远，是一个长期而艰巨的工程。同时也让我深深体会到历史教学的乐趣，总有让我挖掘不完的东西。下面我对初中历史教学作了一些反思，与大家共勉。

首先，注意激发学生的学习兴趣。爱因斯坦说：“兴趣是最好的老师。”学生只有具备对学习的“热爱”和“探索”精神，才能乐在其中，才能勤奋地学习。很多学生认为历史课枯燥、乏味，所以缺少学习兴趣。因此要想努力让学生在课堂45分钟的学习中一直保持比较持久的注意力，就必须结合历史这门学科的特点进行教学，从激发学生的学习兴趣入手，将激发兴趣贯穿于课堂教学的全过程。例如讲到“炮烙之刑”时，我有意引导说：“商纣王创制的‘炮烙之刑’是一种酷刑，他先叫人将铜柱放在熊熊燃烧的炭火上，等铜柱烧得通红时，就把‘犯人’的身体贴在铜柱上，刚一贴上去，只听到‘哧’的一声，‘犯人’身上立即冒起缕缕青烟，几乎都是被活活烫死的。”这样，学生仿佛“亲眼看到了”和“亲耳听到了”，产生一种犹如身临其境的感觉，从而加深了对商纣王残暴统治的认识。

初中学生年龄偏小，活泼好动，注意力容易分散。教师在授课过程中，如果巧妙地插入一个小故事，调节学生的情绪，活跃课堂气氛，就会收到良好的教学效果。如讲“明朝君权的加强”时给学生讲述“露马脚”故事的由来，这样既增强学生学习的兴趣，又拓宽了学生的知识面。又如在学习“中外的交往与冲突”讲到戚继光抗倭时，给学生讲述体育课的口号“稍息”“立正”的由来，学生听了以后非常感兴趣，由此学习历史的兴趣也更浓了。

其次，努力营造一个宽松、民主的教学氛围。孔子说：“知之者莫如好之者，好之者莫如乐之者。”历史学习的过程应成为学生一种愉悦的情绪生活和情感体验。心理学研究发现，如果教师对学生有积极的态度或高期望，在平时教学中经常用微笑、手势、语言等方式进行肯定和鼓励，学生就能最大限度地展现自己的潜力，用内心的体验与行为参与到学习中去。因此，我在教学中，总是努力注意学生的主体地位，让每个学生都感受到自己的存在。在与学生交流的语气上，尽量用平和的、商量的、欣赏的口吻，让学生感到这仿佛是朋友间的谈话。在这样的交流中，学生的心态完全开放，思维十分活跃，他们的回答总能给人惊喜，学生的潜力在轻松愉快的氛围中不知不觉地表现出来。通过师生间的这种交往，让学生体会到了平等、民主、尊重、信任、友善、宽容，同时受到了激励和鼓舞，师生关系也走向和谐、民主和平等。在此基础上，师生间的教学关系形成了一个良性互动的关系，彼此形成了一个“学习共同体”。教师作为“学习共同体”的一员，是以学生学习的伙伴和促进者的角色出现在课堂上，同时也能从学生的学习活动中学到许多，真正做到“教学相长”。例如，初中《世界历史》第一册《人类历史的开端》这一课，属于阅读内容。但是，这一课对于了解人类历史的起源，拓宽学生的知识面，树立科学的历史观有着重要作用。因此，我首先发挥了作为教师的主导作用，提出了一些问题：你知道关于人类的起源有哪些传说吗？人类到底是由什么进化而来的？是怎样进化发展的？关于人类的起源还有哪些说法？你赞成哪种说法？为什么？这些问题点燃了学生思维的导火索，他们积极动脑，纷纷展示自己所了解的有关知识，智慧的火花不断闪现，其信息之多、之广，令大家都有眼界开阔、耳目一新之感。不同的观点此起彼伏，竟成了一场激烈的辩论会，学生的临场应变、语言表达能力也发挥得酣畅淋漓。这是意外的也是预料中的发现和收获。在这个“学习共同体”中，我不时发挥主导的作用，适时调整，引导学生的思维朝科学靠拢，向课本外更广阔的天地发散。评价时也不是简单地判断“对”或“错”，而是肯定他们的知识丰富，勇于表达自己的观点，更鼓励他们在课余继续搜集信息，并关注科学界在此方面的动态。在这堂课上，师生互相学习，气氛热烈而轻松，大大激发了学生的学习积极性，他们的质疑精神、竞争意识也在课中被充分激发，历史课堂“活”了起来。课后，一些学生意犹未尽，多次将他们搜集的资料同我交流并探讨，这正反映了新课改的更深入学习的理念。

再次，注意培养学生的自主学习能力。在教学中，我认识到现在应该教的不是书本上死的东西了，那些学生都能知道，“读史可以明志，学史可以鉴身”，现在教给他们的应是就某个知识该怎样分析理解，并从中得到启发。所以要努力改变学生原有单纯接受式的学习方式，注重培养学生的独立性和自主性，让他们主动地去认识、学习和接受教育影响，从而达到所预期的学习目标。在上导言课时，为了激发学生学习兴趣，培养学生主动探索知识的能力，我设计了“科举制的创立”这个内容，先假设教师接任了一个新班，要在班上选几位品德好、关心集体、办事能力强的班干部，用什么办法选举呢？从而引出话题，再结合本课的相关内容，让学生想象如果自己是古代的封建帝王该如何选拔官吏呢？短时间内便创造出了浓厚的学习气氛，学生的主体性得到了很好的体现，使学生真正做了课堂的主人，享受到了历史课堂的快乐。

除此之外我还采用大家所熟知的“温故知新”教学法，让学生首先温历史之“故”而知“新”。例如，要讲中国的改革开放，可以先通过商鞅变法的例子来分析。商鞅变法得到多数人的支持的史实，使学生体会到商鞅变法是时代发展的需要，也是秦国统一大业的需要，符合大多数人的利益。古今同理，当今我国的改革开放宏伟大业同样也得到广大人民的拥护、支持并取得了举世瞩目的成就。这样通过温习以前的旧知识来理解、深化当前新知识，还可以巩固旧知识。

以上这些是我个人的一些心得。总之，历史教学不是一朝一夕的事，需要我们每位历史教师坚持不懈，勇于创新。在课程改革的春风吹拂下，我们每位历史教师只有把握住新课程的主旋律，向每位学生敞开学史之门，指明知史之路，让每位学生畅所欲言，施展聪明才智，才能增强历史学科的魅力，不断地向课堂注入“活水”，真正“点燃学生思辨的火把”，打造出高效幸福的历史课堂。

激发学习兴趣　提高教学质量

——关于如何在教学过程中激发学生兴趣的几点看法

柳州市第四十七中学　施茜

瑞士著名教育家皮亚杰曾说过："所有智力方面的工作都要依赖于兴趣。"这句话揭示了兴趣的重要性，在历史学科学习过程中，学生一旦对学习历史产生兴趣，必将成为他学习的内在动力。那么，如何增强历史课堂教学的趣味性，激发学生学习的兴趣？如何使学生的学习变被动为主动，从而提高教学质量？下面我结合自身历史教学的实践，浅谈几点在课堂教学中激发学生兴趣，增强课堂教学效果的体会。

一、讲好开头，激发兴趣

俗话说："好的开头，是成功的一半。"每节课能否都有个好的开头，常常直接关系到这节课的成败。教师必须依据教材内容和学生实际，精心设计好每一节课的开讲方式，努力用别出心裁的开头来激发学生的学习兴趣，使学生从一开始就能积极主动地投入学习。

例如我在上八年级上第11课《中国共产党的成立》时，先给学生看了一个视频，剪接了电影《建党伟业》里面关于中共"一大"开会的内容，包括在上海的会址以及在南湖游船上他们讨论党章的内容，看到自己熟悉的电影明星在诠释经典的历史事件，学生们一下子兴趣高涨，看得非常认真。这样的开头，让学生明白历史是纵贯古今的，时时与自己的生活息息相关，除了课本上的文字，历史也经常会变成生动的影视作品，引起人们的关注和重视。再如讲到八年级上《全民族抗战》一课的“南京大屠杀”这个内容时，我给学生播放热播电视剧《四十九日祭》的一个片段，引起学生们的热烈讨论，对接下来新课的教学起到了非常有效的铺垫作用，视频给学生留下了深刻印象，还可以帮助他们记忆知识点以及培养他们的爱国情怀。

历史课开头的方式有很多，大家常用的有图片、音乐、故事、视频、情景剧、游戏等等，事实证明，只要我们花心思讲好一个开头，就能大大提高学生的学习兴趣和增强学生的学习效果。

二、用好插图，引发兴趣

现在历史教科书的一个重要特点是插图多，直观性强，形象生动。用好课文中的有关插图，对引发学生兴趣，增进学生的求知欲，增强学生记忆，提高教学质量有重要作用。经过教师讲解，既能引发学生的兴趣，又可以使学生进一步掌握知识。

如对七年级上第 13 课中“秦始皇”插图，可从外貌特征再到其精神世界引导学生理解，“他头戴冕旒，旒上挂满了珠宝，每边 12 排，这是当时最为高贵的标志。他身穿龙袍，腰缠玉带，脚登赤舄，右手抓住佩剑，左手指点江山，好一派唯我独尊、君临天下的气概，反映出千古一帝秦始皇的气质和精神面貌”。再如，讲述八年级上第 1 课《鸦片战争》时，“林则徐”的画像及“虎门销烟”图形象地再现了他面对鸦片大量输入给中国社会带来的无穷灾难，为了民族利益，不畏强权与外侮，奋起抗争的光辉形象。图片中人物的神情、举止激发了学生强烈的爱憎情感。我们再结合课本中相关史实进行必要的讲解和引导，“虎门销烟”与林则徐这个历史人物就在学生脑海中留下了深刻的印象。这样结合插图讲授，历史人物就呼之欲出，其形象就会生动具体、栩栩如生，也容易感染学生，激发学习兴趣。

在讲述插图故事的过程中，我们一定要注意语气、表情的生动，这样一来，会吸引学生，引发学生的兴趣，对于学生理解记忆本来很书面化的文字起到了重要的辅助效果。

三、巧设疑问，解疑激趣

学习新知识，实际上就是一个设疑和解疑的过程。教师在教学中要有意识地、准确地设置一些疑问，把它摆在学生的面前，当学生根据疑问思考、讨论最后得到解决后，就会产生一种成就感。这种成就感又能激发学生进一步学习的兴趣，从而帮助学生更好地理解、记忆知识点。

例如，在讲授七年级上第18课《秦汉的科学技术》第一目“造纸术”时，为了让学生能够更进一步地认识到我国发明的造纸术对人类文化发展所起的巨大作用和对世界文明做出的巨大贡献时，我作了这样的设计，首先提问：同学们都知道，纸在人们日常生活中有着非常重要的作用，哪位同学能够说出首先发明纸的国家和时间？当学生作出“中国”和“西汉前期”的正确答案后，我又提出第二个问题：有谁知道我国在纸发明以前用什么作书写材料？有同学回答“龟甲、竹木简或帛”后，我简要向学生介绍在纸张发明前我国书写材料的变革：殷商时期主要是龟甲和兽骨，也有铜器和玉石器；西周时期主要是铜器；春秋时期竹木简盛行，并开始用帛书写；东汉时期竹木简和帛仍是重要的书写材料。继而我又提出第三个问题：与纸相比，竹木简和帛的缺点是什么？在学生回答“竹木简太笨重，帛的价格昂贵”后，我指导学生看彩图《汉代木简》，指出这就是汉代以前的书。看到这种用木简绳串做成的书，引发了学生很大的兴趣，这时我又加上一句话：“要是同学们书包里的书写材料还是木简的话，这么多门学科该有多少木简？会有多重？”学生听后，情不自禁地议论纷纷，都感到纸的发明太伟大了。我紧接着提出第四个问题：西汉发明了纸，为什么东汉蔡伦又要改进造纸术？由于课文中没有涉及这个问题，学生的回答很难到位，而这个问题又是必须了解的。我告诉学生：在蔡伦之前造的纸质量差，易脆裂，厚薄不一，急需改进。我又指着“蔡伦”像说：东汉蔡伦在公元105年改进了造纸术，造纸原料请同学们在书中找出。

就像这样一环扣一环的设疑解难，激发了学生的兴趣，也更好地让学生理解了造纸术是中华民族对世界文明的巨大贡献这一伟大意义。

四、创设情境，情中求趣

前苏联教育家苏霍姆林斯基在《给教师的建议》中说：“让学生体验到一种自己在亲身参与掌握知识的情感，乃是唤起少年特有的对知识的兴趣的重要条件。”在历史教学中，我们可以依据教学内容和学生的特点，创设能激发学生情感、有吸引力的环境，把学生引入课文内容所描述的情境中，使学生深受感染，从而达到激发学生学习兴趣的目的。

如在讲八年级上第14课《红军长征》一课时，为了让学生更好地理解“长征精神”，可以用一个小故事来创设情境：“一支长长的红军队伍，在云中山的冰天雪地里，顶着混沌迷蒙的飞雪前进。严寒把云中山冻成了一个大冰坨，狂风像狼似的嗥叫着，要征服这支装备很差的队伍。这支队伍奉命向前挺进，为后续部队开辟一条通道，等待他们的将是十分恶劣的环境和十分残酷的战斗。”讲到这里，很多学生开始感叹红军长征时所面临的极其恶劣的情况。“前面的队伍忽然放慢了行军的速度，有许多人围在一起，不知在干什么。原来，是一个冻僵的老战士，倚靠一棵光秃秃的树干坐着，一动也不动，好似一尊塑像。他浑身都落满了雪，可以看出镇定、自然的神情，却一时无法辨认面目，半截卷好的旱烟还夹在右手的中指和食指间，烟火已被风雪打熄。他微微向前伸出手来，好像要向战友借火……”许多学生听到这里痛心不已，很想知道下文。“这支队伍的将军既痛心又愤怒地寻找军需处长，想质问他为什么没有给老战士发一件厚一点的军衣。可是最后大家才发现，这位冻僵的老战士，正是军需处长……”学生们听到这里，已经被红军战士大无畏的革命精神和不怕牺牲的坚韧品质深深感染。“雪更大了，风更狂了。大雪很快覆盖了军需处长的身体，他变成了一座晶莹的碑！”

通过故事情境的生动感受，以情感人的教学，使学生对“长征精神”有了深刻的理解和感知，达到了良好的教学效果。

捷克著名教育家夸美纽斯说过：“求知与求学的欲望应该采用一切可能的方式去在孩子们身上激发起来。”激发学生学习历史兴趣的重要性不言而喻，而方法和途径其实还有很多。只要我们教师精心设计，巧妙安排，就一定能在教学中充分激发学生学习历史的兴趣，使他们的学习化繁为简，让他们在充满兴趣的教学中，既能接受爱国主义教育，又能增长知识，提高教学质量，真正达到学史明志、知史做人、以史为鉴的目的。

教育随笔——夕阳无限好

柳州市柳江县里高中学　覃同惠

教了一辈子的政治课，临近退休之年又改上了历史课，接到课本的那一刻同事笑着对我说："老覃啊！这回够你忙了，历史课既难教，学生又难学，再加上现如今每个班都得装上多媒体，单是学电脑就够你受了。"

同行的话不无道理，在农村，像我这种年近花甲的教师来说，电脑是个可望不可用的东西，先不说课件制作，就连简单的拼音输入都无法办到，我们是"先天"不全啊！所以，身逢教学"硬件"现代化的潮流，我也只能感叹：夕阳无限好，只是我这个"软件"已近黄昏了。

不管怎样，都要面对现实吧，谁叫自己是一名人民教师呢。于是我找来了计算机教材，在女儿的帮助下，跌跌撞撞学会了五笔输入法和简单的课件制作。

曾记得上中国历史八年级下册《农村与城市的改革》一课时，为了讲清"农村为什么要实行包产到户？城市为什么要实行改革"时，我以大环境、小环境两个部分为历史背景创设了以下情境：

一、大环境

1. “大跃进”和人民公社化运动时期（1958—1960 年）

肥猪赛大象，就是鼻子短，全社杀一口，足够吃半年

一个萝卜千斤重，两头毛驴拉不动

1958 年 9 月 18 日，《人民日报》报道广西环江县水稻卫星亩产 13 万斤

人民公社的食堂，菜肴胜过大宾馆

小结：这个时期的特点是：农业“大跃进”，即大放卫星，“亩产超万斤”；工业“大跃进”，即“大炼钢铁”。

“大跃进”和人民公社化运动严重破坏了我国的社会生产力，导致国民经济发展水平失调，人民生活水平下降，造成了我国 1959—1961 年连续三年的困难时期，国民经济跌入空前的萧条低迷。

如何摆脱生产生活物资长期匮乏的局面，解决人民的吃饭问题？党和国家领导人在苦苦地探索着，全国人民在急切地盼望着！

2.“文化大革命”（1966—1976 年）

工人搞批斗，工厂停了工

农民搞批斗，田地抛了荒

政府机关搞示威，大事小事无人理

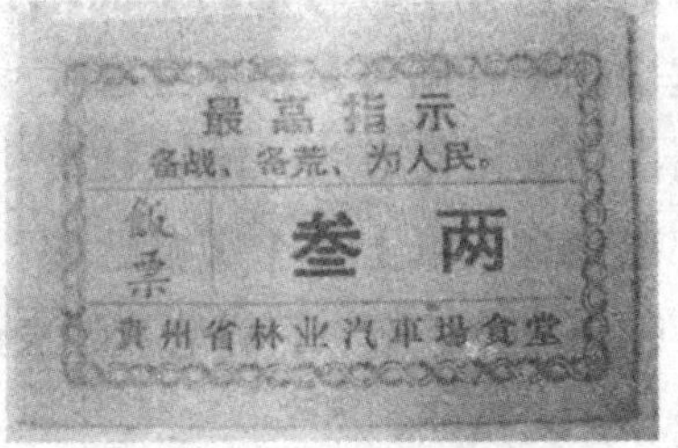

物资匮乏，啥都凭票供应

小结：“文化大革命”的十年期间，按照叶剑英同志（1978 年 12 月 13 日在中共中央工作会议闭幕式上）的说法，浪费了 8000 亿人民币。如果再加上李先念同志（1977 年 12 月 20 日在全国计划会议上）说的国民收入损失 5000 亿，浪费和减收共计 13000 亿人民币，这是多么巨大的损失！在那个以“阶级斗争为纲”的年代，人民群众在温饱线上挣扎，中国的国民经济处于崩溃的边缘。

二、小环境

1.18 位社员在大纸上摁上了自己的手印。

1978 年 11 月，安徽省凤阳县一个普通社员的家里，发生了一件不太寻常的事儿：小岗大队的十几个社员在生产队长严俊昌的带领下，偷偷摸摸签订了一份包干合同，把生产队的地给分了。对他们来说，这份包干合同可是押上身家性命的“生死文书”，18 位社员都在那张大纸上摁上了自己的手印。“摁手印”，对老百姓来说，那意思再明白不过：生死由命，义无反顾。

这年夏天，安徽大旱，夏收时分麦子，小岗村每个劳动力才分到 3.5 千克。全队 18 户，只有 2 户没讨过饭。队里严国昌等几位老人找到严俊昌商量：再这样下去不行了，得想想办法，于是就有了上面的一幕。

“我豁出去了，要是我被抓起来，村上人会养活你们娘几个儿的。”决定一搏的严俊昌事前很悲壮地对自己的妻子说。这个冒着身家性命危险带头实行了“大包干”的人后来回忆：这是逼出来的，不然只有死路一条。“不改革只有死路一条”，这也正是邓小平反复告诫人们的话。

2. 小岗村的变化：1979 年，小岗村就获得粮食、油料大丰收，这个自农业合作化以来从未向国家交过一斤粮食的生产队，第一次向国家交了公粮，还了贷款。当年，凤阳县 70% 的农户实行了联产承包，粮食产量比历史上的最高年份几乎翻了一番。老百姓高兴地唱道：大包干，就是好，干部群众都想搞。只要搞上三五年，吃陈粮烧陈草。个人集体都能富，国家还要盖仓库。

小结：小岗村的成功让人们看到了希望，谁也没想到，当18位农民趁着夜色，走进那座破败的农家茅屋时，其实正是中国农村改革的黎明。

如今小岗村被公认为“中国改革第一村”。可以说，中国没有一座村庄，会像小岗这样导致人民公社的彻底解体，并从根本上孕育了社会主义市场经济，动员起13亿中国人改变了自己的命运！

哎！上了一辈子的课，从不像今天这么惬意过，这都是情境教学课题研究带来的功劳啊！

教师的语言描述能力再强，总不如多媒体的图文并茂，直观醒目，音频、动画丰富多彩，鼠标触击，身临其境。有了情境创设使教师教得轻松，学生学得愉快，只缘身逢好年代啊。记得有位老教师曾对我说，教了一辈子的书，桃李满天下，只可惜开出的花、结出的果都是同一种颜色，这种教法不无遗憾啊！

朝霞无限好，夕阳亦满天。随着教学设施的日益现代化，教师一味地“灌”，学生被动地“填”，已是一去不复返了。新教师也好，老教师也罢，都应尽自己所能，好好珍惜每一节课，珍爱每一个学生，为历史教学开辟一片肥沃的土地。

历史课堂中的感恩教育

柳州市融安县实验中学 侯远姣

案例背景：

感恩是中华民族的传统美德，中国历来就有“滴水之恩，当涌泉相报”、“投之以桃，报之以李”的感恩思想。感恩之心是一个人幸福的源泉，一个心存感激的人，往往就是最快乐的人。在感恩的氛围中，人们面对很多事情都可以平心静气；在感恩的环境里，人们可以认真、务实地从最细小的事情做起；在感恩的空气中，人们自发地真正做到严于律己、宽以待人；在感恩的气氛中，我们将不会感到孤独。因此，感恩教育是培养健康心理的基本要求，也是培养中华民族优秀道德传统的基本要求，加强感恩教育就是要培养健康的学生，让他们继承中华民族的优良传统，做品德高尚的人。

历史课是中学必修的基础知识课程，也是一门思想性、教育性很强的课程。《初中历史课程标准》明确指出：“历史课程是人类社会科学中的一门基础课程，对学生的全面发展和终身发展有着重要的意义”、历史课程要“使学生认同中华民族的优秀文化传统，增强爱国主义情感，坚定社会主义信念……逐步树立正确的世界观和人生观”。“以人类优秀的历史文化陶冶学生的心灵……提高人文素养，逐步形成正确的价值取向和积极向上的人生态度，适应社会发展的需要。”可见，在历史学科教学中，有的放矢地进行德育渗透，是历史教师义不容辞的责任，也是当前历史教学改革的一大课题。历史学位于社会科学的前沿阵地，集科学性、思想性和知识性于一体， 历史教材有着丰富的德育教育资源，作为历史教师应该充分利用这些德育资源，利用历史课对学生进行德育渗透，从不同方面加强对青少年的德育教育，特别是要注重对学生进行感恩教育，这样培养出来的学生，才能拥有一颗阳光的心灵、积极乐观的人生态度，才会感恩社会、感恩父母、感恩教师和同学，从而学会与人、社会和谐相处。

案例描述：

我是一名普通的中学一线历史教师，我一直觉得中学历史课堂应该是学校德育的主阵地，因而在教学中，我非常注意挖掘教学资源，利用一些小故事、小案例、小情境对学生进行情感教育，这不仅使学生把注意力集中到了课堂，提高了对历史课的兴趣，也使他们在潜移默化中受到了情感熏陶，效果很不错。例如：我在上九年级下册第4课《资本主义世界经济危机和罗斯福新政》时，用故事对学生进行感恩父母的教育就收到了很好的效果：

师：同学们，老师知道，你们这段时间学习任务很重，看到大家像打蔫的花朵一样，老师也很心疼（学生笑，有些本来还趴在桌上的也坐了起来），我们这节课就来调节一下，你们想听故事吗？

生（非常兴奋）：“想，太想了，老师快讲一个啊！我们的大脑都快成机器了！”“老师您太好了，我就喜欢上历史课，有故事听！”

师：好，老师给大家讲一个故事：

从前，美国有个小男孩，他几乎认为自己是世界上最不幸的孩子，因为患脊髓灰质炎而留下了瘸腿，而且牙齿参差不齐且突出。他很少与同学们游戏或玩耍，老师叫他回答问题时，他也总是低着头一言不发。

有一年春天，小男孩的父亲从邻居家讨了一些树苗，让孩子们每人栽一棵在房前。父亲对孩子们说，谁栽的树苗长得最好，就给谁买一件最喜欢的礼物。这个小男孩也想得到父亲的礼物，但看到兄妹们蹦蹦跳跳提水浇树的身影，不由得心灰意冷，因此浇过一两次水后，再也没去搭理它。

几天后，小男孩再去看他种的那棵树时，惊奇地发现它不仅没有枯萎，而且还长出了几片新叶子，与兄妹们种的树相比，显得更嫩绿、更有生气。

父亲兑现了他的诺言，为小男孩买了一件他最喜欢的礼物，并对他说，从他栽的树来看，他长大后一定能成为一名出色的植物学家。

从那以后，小男孩慢慢变得乐观向上起来。

一天晚上，小男孩躺在床上睡不着，看着窗外那明亮皎洁的月光，忽然想起生物老师曾说过的话：植物一般都在晚上生长，何不去看看自己种的那棵小树。当他轻手轻脚来到院子里时，却看见父亲用勺子在向自己栽种的那棵树下泼洒着什么。

顿时，他一切都明白了，原来父亲一直在偷偷地为自己栽种的那棵小树施肥！他返回房间，任凭泪水肆意地奔流……

几十年过去了，那瘸腿的小男孩虽然没有成为一名植物学家，但他却成为了美国总统，他的名字叫富兰克林·罗斯福。

（停顿了一下）我说：故事讲完了，好听吗？

很多学生还沉浸在故事的情节中，有几个女孩眼睛红红的，都忘了回答，我知道达到了预期的效果，要趁热打铁，加强效果。

我打开多媒体设备，《感恩的心》顿时环绕课堂："感恩的心，感谢有你，伴我一生，让我有勇气做我自己，感谢命运，花开花落，我一样会珍惜……”

师：同学们，听着这首熟悉的旋律，你的心灵深处是否有某种触动，生活中需要我们感谢的人很多很多，我们首先要感激的是我们的父母。从只会在襁褓中哇哇啼哭，到我们喃喃学语叫出第一声爸妈，到第一次踩着小脚丫跌跌撞撞地走路，第一次背着书包走向学校，第一次拿回考试成绩，第一次离开父母……

也许你从没注意到在这无数次的第一次中，在这漫长的成长道路上，父母付出了多少心血倾注了多少爱。你的每一次微笑，每一次成功，甚至是每一次失败，每一次犯错误，父母都会牢牢记在心头，陪在你身边，给予你默默的支持。

当我们遇到困难，能倾注所有一切来帮助我们的人，是父母；当我们受到委屈，能耐心听我们哭诉的人，是父母；当我们犯错误时，能毫不犹豫地原谅我们的人，是父母；当我们取得成功，会衷心为我们庆祝，与我们分享喜悦的，是父母；而现在我们远在外地学习，牵挂着我们的依然还是父母。

母爱就是一句关爱的话语，一个温柔的抚摸，却给了我们无尽的温暖；父爱就是一个默默的眼神，一个淡淡的微笑，却给了我们无尽的力量。

听到这些，学生脸上有沉思，有回忆，更有感动。

师：世上最大的恩情，莫过于父母的养育之恩。值得我们用生命去珍爱，用至诚的心去感激，用切实行动去报恩！

全班同学报以掌声，在掌声中，我看到了他们的泪花，看到了他们成长！

案例分析：

感恩是中华民族的传统美德。现在的家庭独生子女居多，他们都是家庭的中心，是家中的“小皇帝”、“小公主”。家中四五个大人围着他们转，孩子要什么，就给什么，真是“含在嘴里怕化了，捧在手心怕掉了”。这样使得他们中相当一部分过着衣来伸手，饭来张口的生活却不知感恩。他们觉得父母为他们服务是理所当然的，说话做事我行我素，很少顾及父母的感受，责任感、奉献意识薄弱，久而久之，孩子的心中就只有自己，没有别人了，这些孩子长大后常常是只顾自己的利益，将父母、亲人、师长、朋友、同学的帮助视为理所当然、天经地义。这种现象的发生，我们应当深刻反思，教育的失误是导致这一切不正常现象的根源！我们的教育，应该回归到以育人为首要目标的体系中去，对孩子进行感恩教育是非常有必要的。世上值得感恩的人很多很多，但首先应当感激的是父母，不懂得感恩父母的人很难想象能够感恩老师、感恩朋友、感恩社会。毕竟，一个连自己父母都不能热爱的人，又怎么能爱他人、爱事业、爱国家呢？因而，感恩教育应从教育学生感恩父母开始。

通过这个故事（教师应适时指出故事是来源于生活但高于生活的，此故事为虚构），让学生意识到“爱是生命中最好的养料，哪怕只是一勺清水，也能使生命之树茁壮成长。也许那树是那样的平凡、不起眼；也许那树是如此的瘦小，甚至还有些枯萎，但只要有这养料的浇灌，它就能长得枝繁叶茂，甚至长成参天大树”，让他们知道感恩是一种生活态度，是一种品德，拥有感恩之心，心存感激之情，是做人最基本的标准。使他们感恩父母、感激父母的艰辛付出；同时感知挫折在个人成长过程中的磨砺作用，从而有意识地培养承受挫折、积极进取的人生态度和对国家、民族的历史责任感。

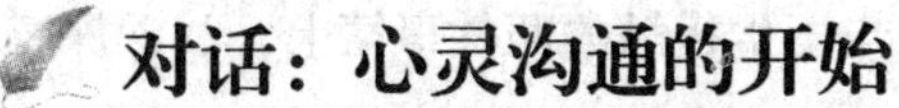

对话：心灵沟通的开始

柳州市融安县实验中学　肖英

苏霍姆林斯基说过："教育，这首先是人学。"我们打交道的对象与其说是学生，不如说是人。孩子首先是人，其次才是学生。沟通，是人与人交流的一种重要方式，作为教育工作者，如何更好地与学生进行心灵上的沟通是一门艺术。从一定程度上来讲，教育就是双方智慧、思想和情感的沟通，没有沟通就没有真正意义上的教育。教育是心灵与心灵的沟通，是灵魂与灵魂的交融。一次成功的沟通，就是一次成功的教育。沟通是教育过程不可缺少的重要环节，教育中如果缺乏沟通，或沟通不畅，教师如果不了解学生的真实想法、真正需求，学生如果对教师的教育不领情，甚至反感，结果只会是双方互不理解，感情日益疏远，师生关系紧张，进而影响教育教学效果。

陶行知告诉我们："真教育是心心相印的活动，唯独从心里发出来的，才能达到心的深处。"要想走进学生的心里，必须用心做教育。沟通是教师打开学生心灵的钥匙，教师的教与学生的学是在师生之间的沟通中进行的，教师必须重视与学生的沟通艺术，才能调动学生的主体性和积极性，使教育成为教师和学生合作互动的沟通过程。谈话，是我们平时用得最多的一种沟通方式，然而，今天我想提的是对话，人与人之间平等的对话。只有这样的对话，学生才会愿意敞开心扉，教师才能真正了解学生。

这个学期，我担任九年级的历史教学任务。因为从今年中考开始，历史已经闭卷考试了，所以，相比以往，学生对历史重视了一些。在与学生接触的两件事情上，我深深感受到，作为一个教育工作者，要经常做到与学生对话，了解学生的意愿，了解学生的想法。第三单元的最后一课设计了一个历史知识竞赛，我便在课堂上征求学生的意见，问他们是否愿意在初三忙碌的学习中抽出时间来参加历史知识竞赛。这个时候，我看到大家都很兴奋，连平时上课懒洋洋的那部分学生也表现出很大的兴趣，下课了还围在讲台问我什么时候比、怎么比。孩子爱玩、爱参加活动的天性此时此刻显露无疑。我想，这个活动的出现应该是激发学生对历史学科兴趣的一个良好契机。让我触动更深的是，就在我宣布这一消息的那个晚上，有一位女生主动用 QQ 加我，我们从历史竞赛的事情开始到对学习、对生活的看法前后聊了三个小时。这位女生成绩中等偏上，平时学习挺认真的，就是胆子有些小。QQ 聊天是种不错的沟通方式，可以消除紧张感。她在 QQ 上告诉我，对历史竞赛很期待，觉得听起来挺有趣的，还告诉我应该每个人都想参加，不管是成绩好的还是不理想的。于是，我告诉她我的初步打算，各班先筛选然后在年级中进行比赛。我还提到了由于有 6 个班，可能我的工作量会比较大，没想到她马上表示愿意帮忙，还建议两个班之间互相出题考对方。瞧，我们的学生多有智慧。其实有时候，学生的视角会看到一些我们平时没有在意的东西，学生的认知也不一定像我们想象的那么低。而且，一旦让学生成为主人，你会发现，他们真的比你想象的还要棒。“现在的学习让我们觉得很无聊，希望多一些有趣的活动”，“要让我们学习一些，参与一些，可以在玩中学习，在学习中玩”，“让我们真正地学起来，课会上得很快且很积极”，“兴趣是最好的老师”，原来学生的认识与教育专家的看法不谋而合，你能说我们的学生不优秀吗？只能说我们平时对学生的认识、挖掘还远远不够。只有走进学生的心灵，真诚倾听，他们才敢于吐露真情。这位同学还主动告诉我“我们喜欢老师像朋友一样可以谈心，但有些老师会让我们有戒备”，而我属于前者。聊着聊着，我们说到刚刚开过的家长会，“现在的家长并不了解自己孩子真正的想法，他们只是认为满足我们的物质要求就行了，其实他们不了解我们，我们要的更多是精神上的”。后来，她还向我吐露学习的烦恼，“我觉得我要读书，不然我不知道干嘛”，“我的毅力不太好，我小学不是老师眼中的优等生，成绩也不好”，“长大了会想很多，也看透很多，懂得了很多”，“感觉自己在社会中好小，像沙漠里的一粒沙一样”。她的话虽然有几分稚嫩，但也透露着几分早熟。“我很少跟人谈心，也许跟很多人谈不来，距离真的可以让友谊变淡”，“我很不喜欢什么都闷在心里的朋友”。如果我们在平时的教育教学工作中把学生当作与自己平等的独立的个体来看待，我想我们的学生可能会多很多释放自己的机会吧。最后她还不忘关心我“早点休息，别忘了身体是革命的本钱噢”，“多喝点水”。此时的她，不仅是我的学生，更是我的朋友。如果没有开始的平等对话，她能和我说这么多心里话吗？值得思考。

由于我已经积累了几年的历史教学经验，所以有几个班级的历史教学在段考过后也由我接手了，其中有一个班级的学生素质比较高。我的学生时代大多是老师“填鸭式”的教育，所以，我深知对于学生不应该扼杀他们的主动性。我试图在我的课堂上营造平等、民主的氛围，尝试让学生尽可能多地主动探究问题。鉴于我是中途接手，而原来的老师更多时候是为了教学而教学，灌输的多，感悟的少，我便先调查学生的意愿，问他们是愿意像原来那样，坐着等老师教，还是愿意自己成为思考者、探究者，自己参与课堂。调查结果很出人意料，全班只有一个同学愿意像原来那样“坐享其成”。要知道，因为历史原来是开卷考试，很多学生已经习惯开卷科目考试翻资料，平时不理会了。当时我的想法是，可能很多学生是由于面子问题而被迫举手的。于是，我马上说：“大家是怎么想的就怎么说，不要怕老师责怪。在课堂上，我是为大家服务的，你们才是上帝。”举手的情况仍旧没有变化，倒是那位“孤军作战”的同学有些不好意思。“也许两年多以来，我们很少有同学真正感受到了学习的快乐。今天我想与大家分享：真正的学习是快乐的。当我们认真、投入地做一件事，而且当这件事是我们本身愿意做的话，我们收获的一定是快乐。为什么我们很多人并没有体会到这一点呢？也许更多的时候，我们的学习，外界干涉得太多了，我们是被压着学习。不管多快乐的事情，如果失去了自由，还会有快乐吗？我不希望大家失去快乐，所以我希望至少我的课堂大家是快乐的。很高兴看到这么多的同学愿意和过去告别，建立新的学习思维、学习习惯。在这个过程中，我愿意帮助大家，我会帮大家设计一些问题，让大家的探索之路少几分茫然……”没等我说完，雷鸣般的掌声响起了，没想到这掌声来得是那么突然却又那么容易。学生为我鼓掌，这不仅是对我的肯定，也是对他们自己的肯定，这掌声不仅是送给我的更是送给他们自己的。正如中国教科院陈守尧教授所说“对话是一种平等、开放、自由、民主、协商、富有情趣和美感、时时激发出新意和遐想的交谈”，我与学生的对话，打破了师生的隔阂，也打破了以往师生间不对等的关系。在那以后的每节课，我或者用小黑板、或者用学案将学习提纲以问题的形式体现出来，一方面让学生“有章可循”，懂得如何着手；另一方面充分调动学生自主学生的积极性。后来，我们还开展了更多形式的教学活动，比如：讲故事比赛、历史课本剧表演等等。让我感到欣慰的是，我在课堂上看到了一张张忙碌的、带着笑容的脸。笑，是因为他们靠自己能够解决很多问题，找到了成就感，更重要的是，这是他们自己愿意接受的课堂模式，他们的学习是快乐的、是幸福的，他们体验到了学习历史的快乐，增强了学习历史的兴趣，在快乐中成长。

“亲其师，信其道。”只有感受到了教师的真诚和理解，学生才会对你所传之道信服。作为教师，我们应该蹲下来，与学生对话，让学生觉得自己是被尊重的。只有这样，才能使得学生放下心理防线，真正敞开心扉，才会有心灵与心灵的沟通。只有这样，我们的教育才有可能是满足学生发展需要的教育，才真正是以人为本的教育，才能让学生在快乐中成就自我，从而让师生从中体验到幸福和快乐。

图书在版编目(CIP)数据

打造初中历史“幸福课堂”/李荣学主编．—长沙：岳麓书社，2015．10
(2024．9重印)
ISBN 978-7-5538-0453-8

Ⅰ．①打… Ⅱ．①李… Ⅲ．①中学历史课—教学研究—初中
Ⅳ．①G633．512

中国版本图书馆CIP数据核字(2015)第225977号

DAZAO CHUZHONG LISHI XINGFU KETANG

打造初中历史“幸福课堂”

主　　编：李荣学
责任编辑：刘　亮　李伏媛
封面设计：刘　峰　刘　娟

岳麓书社出版发行
地址：湖南省长沙市爱民路47号
直销电话：0731—88804152　88885616
邮编：410006
岳麓书社网址：www.yueluhistory.com
岳麓书社天猫网：http://lzfts.tmall.com

2015年10月第1版　　2024年9月第2次印刷
开本：890×1240　1/32
印张：9.5
字数：320千字
印数：1—1 000
ISBN 978-7-5538-0453-8/G·1178
定价：78.00元

承印：唐山楠萍印务有限公司

如有印装质量问题，请与本社印务部联系
电话：0731—88884129